KB213843

나는 레이첼 헬드 에반스의 글처럼 이토록 솔직하고 진솔한 날것의 신앙문을 본 적이 없다. 혹자는 그의 언어에 지나치게 의심이 담겨 있다고 비판할 수 있다. 특히 너무 "여성적"이라고 비난할 수도 있다. 하지만 그와 함께 더불어 생각하기를 멈추지 않는 사람은 결국 자신과 이웃을 바라보는 시선에서 우리와 함께하시는 하나님의 동행을 만나지 않을 수 없다. 의심의 은총, 그것이 오늘날 우리의 삶을 하나님께 나아가게 한다. 신앙의 전체주의로 고통받는 이들에게 그의 마지막 책을 권한다.

김혜령, 이화여자대학교 호크마교양대학 부교수

레이첼이 말한 것처럼, 나도 여러분도 다른 사람들에게 예수가 되어 주는 것이 임무라고 확신하면서 그만큼 다른 사람이 나에게 예수님이 되어 줄 수 있는 많은 기회를 놓쳐 왔을지 모른다. 예수 그리스도의 사랑을 증거해야 한다는 생각에 이미 세상에서 일하고 계신 그리스도의 사랑을 증언할 기회를 놓쳤을 수도 있다. 하지만 레이첼의 글은 스스로에게 의심을 품기 시작한 독자들의 자학적 자의식을 바로 옆에서 들리는 음성처럼 부드럽게 어루만진다. 그녀의 글은 처음 접할 때부터 느꼈지만 치유적이다. 나에게 절실히 필요한 문장이 있는데 그게 무엇인지는 모르다가 어떤 문장을 읽고는 내가 기다려 온 문장이 바로 이것임을 깨닫는 순간.『온 마음 다하여』를 읽을 때 독자들은 문장마다 그런 순간을 만나게 될 것이다.『온 마음 다하여』는 아직 교회에 남아 신앙을 지키며 참 자아로, 다시 처음인 듯 살아가고 싶은 이들을 위한 책이다.

김효경, 산돌교회 목사,
기독교영성을 나누는 환대의 공간 '레미제라블' 대표

인간은 구도적인 존재다. 스스로 종교를 갖지 않은 사람이라고 말할지라도 무신론자라고 말하는 사람일지라도, 찬찬히 들여다보면 구도적인 부분을 찾아낼 수 있을 것이다. 누군가는 여러 가지 이유로 일찌감치 어떤 종교의 테두리 안에서 성장하게 되고 누군가는 인생의 대부분을 종교와는 거리를 두고 살아가게 된다. 그리고 종교와는 조금 다르게 누군가는 신앙 안에서 살아가고 누군가는 신앙과 상관없이 살아간다. 신앙인으로 살아간다는 것의 의미가 흔히 범할 수 있는 오류는 신앙은 이성을 배제하고 감상적인 마음을 필요로 한다는 것이다. 신앙과 이성은 양립하기 어렵다는 이상한 착각에 휩싸여 맹목적이고 무조건적인 마음과 행동을 요구하는 경우가 생긴다. 하지만 이성이 없다면 그 존재를 인간이라 할 수 있을까. 우리가 신앙의 길을 찾아가기 위해서는 이성과 감정의 조율이 필요하며 신앙 또는 믿음은 스스로의 의지 또한 필요로 한다.

　모태 신앙으로 성장한 나의 경우도 그렇지만 기독교 신앙을 가진 많은 사람들이 흔들림을 경험했을 것이다. 어떤 질문들은 스스로의 믿음을 조금 더 성장하게 해 주었겠지만 어떤 의문들은 아직도 해소되지 않은 채 출렁이고 있을 것이다. 사실 기독교인들은 주저함이나 다양한 의문, 명확한 대답을 즉각적으로 할 수 없는 상황을 두려워한다. 그것이 마치 자신의 신앙의 약함을 보여 주는 것 같기 때문이다. 내면에 존재하는 갈등을 다른 사람이 알아챌까 전전긍긍하게 된다. 그런 질문들이 하나님과 나와의 관계를 망칠까 봐 두려운 것이다. 레이첼은 그런 우리에게 단단하고 밝은 조언을 해 준다. 그런 질문들과 담대하게 마주하라고 말이다. 그 대면이 지금까지의 신앙을 어떻게 변화시킬지 장담할 수는 없지만 하나님을 제대로 만나고자 하는 갈망은 의미가 있는 것이고 그분은 우리를 만나 주실 것이라고 말한다.

　우리가 다양함을 인정하고 존중한다면 스스로도 더욱 자유로워질 것이고 유연해질 것이다. 그것이 방종과 상통하지 않음을 인지한다는 것을 전제로 말이다. 『온 마음 다하여』는 바로 그런 점에서 우리가 스스로를 바라보고 받아들이는 데 마음을 놓을 수 있는 자리를 마련해 준다. 그 자신도 보수적인 신앙 환경에서 성장하면서 점차 마주치게 되는 다양함과 이질감 사이에서 고민하고 탐구하고 논쟁했던 레이첼은 지금 그런 상황에 있는 사람들(기독교인이든 비기독교인이든)에게 이 책을 통해 응원과 격려를 보낸다. 괜찮다고, 그건 이상하고 잘못된 것이 아니라고 말해 준다. 레이첼의 단단하고도 부드러운(그녀의 말을 인용한다면 "얼굴은 두껍게, 마음은 부드럽게"가 될 것이다) 어조를 따라가다 보면 스스로의 신앙에 대해, 구도에 대해, 하나님을 알아 간다는 것에 대해 작은 용기 한 줌 얻게 될 것이다. 더 이상 그의 신작을 기대할 수 없게 되어 아쉬움이 크지만 그의 전작들과 신간으로 든든한 친구를 하나 얻는 느낌을 받게 될 것이다. 이 책과 함께 진리가 주는 자유에 대해 생각해 보시기 바란다.

신지혜, 칼럼니스트, 작가, 전 CBS 아나운서

『다시, 성경으로』를 통해 처음 만난 그녀는 용기 있고 솔직했다. 책을 읽는 내내 반갑고 놀랐고 부러웠다. 그녀는 내게 정의와 공의를 향한 용기와 확신을 선물해 주었다. 『온 마음 다하여』로 다시 만난 그녀는 내내 나를 설레게 했다. 내가 그리스도인이 된 것이 무엇 때문인지 알려 주었고, 내가 그리스도인으로 어떻게 살고 싶은지 그려 보게 했으며, 내 믿음에 확신을 얹어 주었다. 이 벅찬 설렘을 모든 그리스도인들과 공유하고 싶은 마음에 이 책을 추천한다.

오선화, 작가 겸 청소년 활동가, 『청소년이라는 우주』 저자

레이첼…… 한참을 서성이다 이름을 불러 봅니다. 사랑하는 일에 실패했던 절망의 계절, 겨울나무처럼 초라한 어느 날 그대를 마주했지요. 거침없이 굳게 닫힌 휘장을 열어젖히고 그대가 어둠의 복판으로 나아갈 때마다, 낮아짐으로 수용하는 품을 펼칠 때마다, 숨을 멈추고 웅크린 채 일어나지 못할 것 같았던 내 마음은 봄날에 민들레 홀씨를 받아 든 연한 흙처럼 부풀었지요. 자신의 아픔은 뒷전이면서도 타인의 고통을 오롯이 받아 내고야 마는 모습에서 나도 모르게 그만 일어나 버렸어요. 베다니 마리아가 온 마음을 다해 부어 드린 사랑의 향기가 그랬을까요. 아니면 먼저 받은 사랑에 시신마저 섬겨 드리고픈 막달라 마리아의 향품이 그랬을까요. 온 마음을 다한 그 사랑의 향기 덕분에 일어났어요. 덕분이에요. 실은 아주 오래전부터 그대의 여정에 보폭을 맞추어 동행하고 싶었던 게 분명해요. 주춤거리는 나의 리듬까지도 기꺼이 반겨 주리라는 믿음이 싹텄어요. 이 책의 행간에서 진하게 울려오는 메아리를 들었기 때문이에요. 울리는 꽹과리의 텅 빈 소음이 아닌, 사랑과 생명으로 가득한 물노래였어요. 이 글을 읽는 이들도 그 충만한 물노래를 듣게 되겠죠? "일어나 함께 가자"라는 그대의 온기 가득한 물노래를!

진희경, 어린양교회 목사

보수 복음주의를 넘어 기독교가 나아갈 길을 탐색하는, 제프 추의 손을 빌려 완성된 레이첼 에반스의 울림 있는 에세이집.…… 레이첼 헬드 에반스는 현대 기독교의 가장 강력한 인물 중 하나였다.

「뉴요커」

레이첼 에반스는 37세에 세상을 떠났지만, 아름다운 새 책이 그녀의 대담한 시각을 고스란히 담아냈다.…… 레이첼의 산문이 지닌 시적 표현력은 시선을 사로잡는다.…… 독자들은 이 책에서 재미있고 불손하고 호기심에 많고 현명하고 용서할 줄 알고 쉽게 재단하지 않는 인간미 넘치는 누군가를 만날 것이다. 나 역시 그랬다. 그녀는 신앙의 사람도 의문을 갖고 분노를 품으며 때로 기독교의 어떤 면과는 화해하거나 덮어놓고 그냥 받아들일 수 없다고 인정한다. 딱 우리 자신의 모습을 보여 준다.

「워싱턴 포스트」

에반스의 영적 여정과 독특한 글쓰기는 하나님을 찾고자 갈망하는 신자들의 공동체를 형성했다. 그녀의 목소리는 친근하고 솔직하며 강렬하여 복음주의자들 동네에서 흔히 듣던 것과는 차이가 있었다.…… 에반스는 질문하고 의심 속에서 안전을 찾고 새로운 방식으로 믿음을 배우려는 수많은 이들을 위한 만남의 공간을 만들어 냈다.…… 이 책에서 에반스는 은혜, 의심, 희생 같은 주제와 씨름하는 한편, 제1저자가 제2저자에게 해 주었던 충고, "얼굴은 두껍게, 마음은 부드럽게"를 구현해 낸다.

「뉴욕 타임스」

에반스는 기독교가 가르쳐지고 인식되는 방식을 변화시키기 위해 싸운 진보적 기독교 여성들의 선구자 중 하나였다. 특히 교회에서 상처받거나 환영받지 못한다고 느낀 사람들에게 에반스는 격려와 과감한 수용이 가득한 안전한 안식처를 제공했다.

「애틀랜틱」

레이첼의 다른 모든 저작처럼, 『온 마음 다하여』 역시 따뜻함과 지혜, 친밀함을 전해 준다……. 레이첼은 무지한 이들에게 수치심을 안기지 않는다. 지식의 길을 탐험하는 도중 지혜에 이르는 기쁨을 맛보게 한다. 그녀를 비판하는 이들이 왜 그토록 길길이 날뛰는지 알 것 같다. 레이첼은 그들에게서 독을 뽑아내고 치유를 가져오고자 한다.

「크리스천 센추리」

에반스는 인터넷 시대에 가장 인기 있으면서도 논쟁을 불러일으키는 인물 중 하나로 특별한 위치를 차지했다.

복스 채널

레이첼 헬드 에반스가 쓴 모든 글을 너무 좋아한다. 깊고 따스하고 영특한 그녀의 스토리텔링이 너무 좋다. 신학적 통찰을 전해주는 그녀의 책은 읽을 때마다 늘 매료되고 신이 나고 깨우침을 얻는다.

앤 라모트, 『나쁜 날들에 필요한 말들』 저자

레이첼과 같은 목소리는 오래전 써 놓은 글의 타임머신을 타고 와서도 여전히 살아 숨 쉰다. 그 목소리를 사랑하는 모든 사람을 대표해서 제프 추에게 고개 숙여 감사드린다. 레이첼이 품었던 것과 같은 비전은 한 사람의 생애를 넘어선다. 그녀가 발견한 것, 그녀가 우리에게 알게 해 준 것을 이어가는 일은 이제 우리 몫이다.

바바라 브라운 테일러, 『세상의 모든 기도』 저자

근사하고 마음을 울리는 슬프고도 아름다운 책. 레이첼 헬드 에반스는 하나님의 사랑이 모든 사람을 위한 것이라고 모두를 설득하는 일에 그 아름다운 삶을 바쳤다. 마침내 우리는 그녀를 믿을 수밖에 없다.

케이트 보울러, 『모든 일에는 이유가 있어』 저자

이 아름다운 책은 슬픔과 기쁨 모두를 간직한 성소다. 문장마다 레이첼의 목소리가 이토록 생생히 들려오도록 그녀의 글을 묵묵하고 충실히 완성해 준 제프 추에게 감사드린다. 광야를 헤매고 있는 우리 같은 사람에게, 이 책은 가장 신뢰하는 우리들의 대장이 보내온 휴식처다.

사라 베시, 『페미니스트 예수』 저자

티끌만큼이라도 내적 분열을 느낀다면, 『온 마음 다하여』는 그 분열된 조각들을 다시 하나로 모으도록 도와줄 것이다. 이 책은 특별한 선물이다. 나는 벌써 두 번, 세 번 다시 읽었다. 책장마다 정직하고 인간다운 온전함으로 당신을 초대한다.

브라이언 맥클라렌, 『의심 뒤의 신앙』 저자

기독교가 지금 또 한 번의 종교개혁을 거치고 있다면, 레이첼은 우리의 마르틴 루터였다……. 그녀는 주류 그리스도인들이 예수님을 더 이상 두려워하지 않도록, 복음주의자들이 하나님의 사랑을 알도록 도왔다.

마이클 커리, 미국 성공회 대주교

신학과 예전에 대한 풍성한 탐색, 위대한 전통들의 핵심을 되울리는 예배로의 열정적인 부름이 새롭게 관심을 받고 있다. 기독교의 주변부야말로 이런 일이 가장 뚜렷하게 나타나고 있는 곳이며, 레이첼 헬드 에반스보다 그것에 더 매력적인 목소리를 부여하는 사람도 없다.

크리스타 티페트, 〈On Being〉 진행자

마법에서 깬 그리스도인들을 위한 생명줄. 그녀의 마지막 말을 듣게 된 우리는 행운아다.

「영성과 실천」

레이첼은 자신의 신앙을 근본주의에서 해방시키기 위해 탐험을 떠났다가 자신을 열렬하게 따르는 광범위한 팬들을 얻었다.…… 기독교의 가르침과 그녀가 대체로 믿는 (그러나 언제나 그런 것은 아닌) 하나님을 향한 정직한 질문은 신자든 무신론자든 할 것 없이 공감을 불러일으킬 것이다.

「라이브러리 저널」

『온 마음 다하여』는 누구라도 좋아할 책이다. 책 모임에는 알찬 토론 소재를, 자녀를 사려 깊은 그리스도인으로 양육하고자 애쓰는 부모들에게는 지지와 격려를, 목회자에게는 주일 설교를 위해 제격인 예화를 제공한다.

「프레스비테리언 아웃룩」

귀한 책이다. 소장하고 반복해서 읽을 가치가 있다.

「잉글우드 리뷰 오브 북스」

온 마음 다하여

온 마음 다하여

살며 사랑하며 믿는 것에 관하여

WHOLEHEARTED

FAITH

레이첼 헬드 에반스 · 제프 추 지음

백지윤 옮김

바람이불어오는곳

헨리와 하퍼에게
　　신앙의 여정이 너희를 어디로 데려가든
　　온 마음 다하여 살고 사랑하기를

캐트린 글리슨에게

질 노가에게

차례

읽기 전에

나는 그날 레이첼이 했던 말보다 그 어조를 정확히 기억한다. 뭔가 잘못된 게 분명했다. 레이첼은 허둥대며 나를 불렀고, 자기 노트북을 봐 달라고 했다. 나는 레이첼의 작업실로 가서 노트북의 '다시 시작' 버튼을 눌렀다. 그랬더니 그놈의 은빛 조개가 나타나 제멋대로 자동 업데이트를 했고, 워드 프로세서는 이전에 열려 있던 모든 문서를 화면에 띄웠다. 하지만 레이첼이 찾고 있던 글은 거기에 없었다. 신중하게 선택하고 공들여 정리하여 제자리를 찾은 수천 개의 단어들이 사라지고 없었다. 레이첼은 새 책의 20퍼센트 가량을 마친 상태였다. 이제껏 맺은 가장 큰 출판 계약의 첫 책이었다. 그런데 이제 그 대부분이 이진법 기술의 무덤 속으로 사라져 버린 것 같았다.

'괜찮아. 당황할 것 없어. 해결할 수 있을 거야.' 레이첼의 남편인 동시에 레이첼의 기술 담당자인 나는 '자동 저장'과

16

백업 절차를 마련해 둔 터였다. 이제는 그저 장황한 음료 이름
으로만 기억되는 과거의 추억이 되었지만, 우리는 저 끔찍했
던 '차이티 라떼 사건'에서 이미 교훈을 얻은 바 있다. 그 사건
은 처음으로 우리에게 몇 가닥의 흰머리를 남겼거니와, 시간
이란 완충 장치를 거쳐서 비로소 남 얘기 하듯 웃으며 말할 수
있게 되었으니 말이다.

그러나 기술적 문제가 대개 그렇듯, 내 백업 시스템은 내
킬 때만 작동했고 무슨 이유에서인지 이번에는 작동하지 않
았다. 파일 검색? 검색 결과가 없다. 가장 최근 백업 파일? 적
어도 한 달 전 파일뿐이다. 레이첼은 더는 못 보겠다며 자리를
떴다. 다행히 구글은 아직 작동했다. 몇 차례의 필사적인 검색
끝에 희미하게 깜빡거리는 희망의 불빛을 발견했고 의욕은
들불처럼 타올랐다. 마침내 나는 파일 검색으로는 나타나지
않는 '임시 자동 저장 파일'이 들어 있는 숨은 폴더가 있다는
사실을 알아냈다. 나는 레이첼을 불렀고, 몇 번의 클릭 끝에
마침내 해냈다. 불과 몇 분 전까지만 해도 영영 사라져 버렸다
고 생각했던, 그녀의 다음 책을 위한 초벌 원고 1만 1천 개의
단어를 모두 살려 낸 것이다. 때마침 배고픈 우리의 세 살배기
아기가 낮잠에서 깼다.

한 달 뒤 레이첼은 아팠고 다시 일어나지 못했다. 2019년
5월 4일, 그녀는 세상을 떠났다. 그날 우리가 찾아낸 1만 1천
개의 단어는 지금 여러분의 손에 들려 있는 이 책의 일부가 되
었다. 이 책은 레이첼이 원래 그리던 모습이 아니다. 오늘 우

리 가족의 삶 역시 그녀가 그리던 모습이 아니다. 서른일곱 살에 죽는 것도 그녀가 그리던 모습이 아니었다. 그러나 바로 그것이 미래를 그리는 일의 본질이 아닌가. 미래를 그린다는 것은 늘 정확히 미래를 맞히는 것이 아니다. 그보다는 무엇이 옳은지를 끊임없이 배우고, 그것을 이루기 위해 매진하는 것이다. 레이첼이 그리던 미래, 레이첼의 비전이 바로 그러했다. 그녀에게는 사람들에게 희망을 주고, 소외된 자들에게 도움이 되는 생각을 불러일으키려는 비전이 있었다. 그러한 그녀의 비전은 죽지 않고 여전히 계속 살아 있다. 더 나은 미래를 바랐던 레이첼의 단단한 소망은 모두를 아우르는 것이었다. 레이첼은 우리 곁에서 짧은 시간을 살다 갔지만, 자신보다 두 배로 나이 많은 사람들 대부분보다 더 많은 삶을 살아 냈다. 레이첼은 중요한 일을 잘 해내는 것을 우선순위에 두었고, 자신의 불완전함일랑 가벼운 농담으로 그날그날 넘겨 버렸다.

내가 싱크대의 젖은 수세미를 가지고 전전긍긍하는 동안, 레이첼은 주변부로 밀려난 이들과 함께하기 위해 어떻게 하면 자신의 커져 가는 영향력을 가장 잘 사용할 수 있을까 하는 생각에 골몰했다. 내가 지출 항목의 마지막 1원까지 가계부 프로그램에 잘 입력했는지 확인하는 동안, 레이첼은 재능은 있지만 아직 주목 받지 못한 이들의 말과 글에 주목했다. 내가 일 년 뒤에 업데이트가 필요할 웹 사이트의 코드를 작성하는 동안, 레이첼은 평생의 가치를 지닐 글을 썼다.

레이첼이 세상을 떠난 밤, 제프 추는 병원에서 숙소까지 나와 동행해 주었다. 다음 날 아침, 이 쓰라린 상실의 소식을 정확히 어떤 방식으로 세상에 알릴 것인지 결정할 때에도 그는 그 자리에 함께 있었다. 그 후 「뉴욕 타임스」는 몇 주에 걸쳐 레이첼의 부고를 실었다. 힐러리 클린턴은 트위터에 애도의 말을 올렸다. 제프는 나를 위해 밥을 차려 주러 뉴저지주에서 테네시주까지 와 주었다. 그는 요리 솜씨만 좋은 게 아니라 출중한 작가이기도 하다. 전국에 발행되는 출판물에 폭넓게 글을 써 온 제프는 가차 없는 편집자이자 신의 있는 친구이다. 레이첼이 떠난 후, 나는 그에게 레이첼의 미출간 원고 일부와 구체화시키지 못한 아이디어들을 엮어 하나의 새로운 원고로 완성해 달라고 부탁했다. 두서없이 쏟아낸 말이었지만 내가 무슨 일을 부탁하고 있는지 헤아리자마자, 그는 조금의 망설임도 없이 알았다고 했다. 이 시기를 함께한 여러 친구들이 그랬던 것처럼, 제프 역시 우리 곁을 지켜 주었다.

　이 책에서 여러분은 레이첼의 목소리를 발견할 것이다. 하지만 그보다 나는 여러분이 그녀의 꿈을 볼 수 있기를 바란다. 여러분이 레이첼을 기억하는 가장 좋은 방법은, 그녀가 타인에게 다가간 방식, 그녀가 믿음과 의심에 다가선 방식, 그녀가 깨지기 쉽고 덧없는 삶을 헤쳐 나간 방식을 여러분 자신의 삶으로 구체적으로 살아 내는 것임을 이해하면 좋겠다. 온 마음 다하여 말이다.

다니엘 존스 에반스

서문을 읽지 않는다고?

사랑하는 레이첼,

전에는 알지 못했던 나의 이런 면을 밝혔을 때 경악을 금치 못하던 당신의 얼굴 표정이 기억난다. 믿을 수 없다는 표정과 뭔가를 깨달았다는 표정이 반반으로 섞인 얼굴이었지. 그래, 당신이 결혼한 사람은 바로 그런 사람이었어. 당신 눈에서 불꽃이 튀는 걸 보고, 나는 당신이 이런 상황을 대비해 이미 장난스럽게 신랄한 어조를 준비해 두었구나 알 수 있었지. 그 불꽃에 이어 따뜻하게 잘못을 지적하는 당신의 말이 불길처럼 따라왔어. "서문을 읽지 않는다고?" "응, 보통은 안 읽어, 나…… 나는…….' 어쩌면 나의 중대한 부주의로 인해 우리의 짧은 결혼 생활이 여기서 끝날 수도 있음을 깨달았어. 나는 내가 전달하고 있던 이 나쁜 소식에 가장 어울리는 말투를 고민하며 말을 더듬기 시작했지. "나는 보통 1장부터 읽기 시작해." "자기야! 어떻게 그럴 수가!"

당신이 내가 저지른 잘못이 얼마나 심각한 것인지 설명하는 동안 나는 이것이 당신에게 그토록 중요한 문제라면 내가 할 수 있는 일은 단 하나밖에 없겠다고 결정했어. 더 세게 나가는 거지. "중요한 내용은 책이 정말로 시작되고 나서 나올 거라고 생각했을 뿐이야." 내게는 우리가 악의 없이 옥신각신할 때 점점 수위가 높아지는 빈정거림이 우리의 상반된 주장보다 더 소중했어. 하지만 내가 당신의 입장을 대신할 수는 없겠지. 우리의 관계가 그런 고비를 넘기고 계속될 수 있었던 것은 오직 당신의 넓은 마음 때문이었다고 생각해.

이 책 『온 마음 다하여』의 서문을 읽었어. 눈물 없이는 끝까지 못 읽겠더라. 취약함을 강점으로 보는 법을 배우지 않았다면("고마워요, 브레네!"), 나는 내 눈물을 내가 옳았음을 뒷받침해 주는 반박거리로 삼았을 거야. 제프는 정말 훌륭하게 해냈어. 그는 당신의 말과 어조, 정신으로 당신의 책을 완성했어. 당신이 이 책을 볼 수 있다면. 당신이 이 책을 읽을 수 있다면 얼마나 좋을까.

당신은 '예'라고 답하는 일의 위험성에 대해 말했지. 나는 여기 남아서 그 책임을 다하기 위해 노력하고 있어. 우리는 '예'라고 대답했지. 당신과 나는 위험을 무릅쓰겠다고, 죽음이 우리를 갈라놓을 때까지 함께 살겠다고, 아이들을 갖겠다고 '예'라고 답했어. 당신과 나는 헌신에 따라올 알 수 없고 미리 볼 수 없는 결과를 받아들이겠다고 '예'라고 답했어. 한때 나는 "죽음이 두 사람을 갈라놓을 때까지"라는 말이, 한쪽 배우자가 죽어서 작별하는 것을 의미한다고 생각했어. 이제 나는 어떤 헌신은 두 사람 모두가 무덤에 갈 때까지 계속된다는 것을 알겠어. 나는 당신의 일부분을 계속 이어 가기 위해 애쓰고 있어. 아니, 어쩌면 당신의 일부분이 나를 이끌어 가는 것 같기도 해. 나는 당신의 일부가 우리 아이들에게, 우리의 친구들에게, 그리고 당신으로 인해 삶이 변화된 독자들에게 계속 살아 있기를 바래. 나의 약한 부분들에 균형을 잡아 준 당신에게 감사해. 그리고 비록 내가 이 땅에서 당신의 가장 훌륭한 부분을 충분히 이어 갈 힘을 항상 찾진 못하더라도, 이제는 내가 새 책을 집어 들 때 서문을 읽는다는 걸 당신이 알아주었으면 해.

사랑을 담아
댄

서문

"제가 어떻게 도와드릴까요?"

나는 그렇게 레이첼 헬드 에반스를 처음 만났다.

내 책이 출간되기 몇 달 전, 나와 작업하는 출판사는 그녀에게서 이메일을 한 통 받았다. 그녀는 이미 유명한 크리스천 블로거였는데 이제 유명한 크리스천으로 급상승하고 있었다. 나는 뉴욕에 사는 전업 저널리스트였다. 몇 년 동안 교회를 떠나 있다가 최근 망설이며 한 교회에 출석하던 터였다. 나는 크리스천 블로그는 고사하고 어떤 블로그의 글도 읽지 않았다. 그녀의 책도 접한 적이 없었다. 나는 그녀가 누구인지 전혀 몰랐다. 그런데 한 친구가 레이첼이 〈더 뷰〉에 나온 적 있는 '거물'이라고 알려 줬다.

"제가 어떻게 도와드릴까요?"

전혀 모르는 사람에게 도대체 누가 이렇게 말한단 말인가?

23

레이첼이 그랬다.

　결국 그녀는 나에게 자기 블로그에 특별 기고를 할 기회를 주었다. 그 후로 그녀는 때로는 이메일로, 때로는 문자 메시지로 내 삶에 불쑥불쑥 나타났다. 언제나 힘을 북돋워 주고, 언제나 거침없이 신랄한 의견을 쏟아놓고, 언제나 소망의 말을 건네면서 말이다. 우리는 컨퍼런스나 행사에서 마주치기 시작했다. 내가 테네시주에 갔을 때, 그녀와 댄은 나를 자기네 집에 머물게 해 주었다. 그때 우리는 멋진 시골로 드라이브를 갔다가 사과를 사기 위해 한 농장에 잠시 들렀다. "농촌 체험 관광!" 레이첼이 말했다. 별난 유머 감각과 드넓은 마음에서 뿜어 나오는 사랑으로, 그녀는 보스처럼 내 삶에 성큼 들어와 자리를 잡았다.

　2015년 레이첼과 나디아 볼즈웨버가 '왜 그리스도인인가?'(Why Christian?)라는 컨퍼런스를 시작할 때, 그녀는 나에게 선택식 강의를 하나 해 달라고 초대했다. 그러더니 이듬해에는 주강사로 내 이야기를 들려 달라고 부탁했다. 나는 타고난 강사가 아니다. 아직도 강단이나 설교단에 설 때마다 다리가 후들거린다. 지금처럼 나는 글로 내 이야기를 나누는 쪽을 훨씬 선호한다. 그러나 내 인생에서 가장 고집 센 사람 중 하나인 레이첼은 나의 본능적인 '아니요'가 망설이는 '예'로 바뀌도록 나를 꼬드겼다. 2018년 그녀는 사라 베시와 '진화하는 신앙'(Evolving Faith) 컨퍼런스를 시작할 때에도 똑같이 했다. 첫 번째 컨퍼런스가 끝나고 몇 달 뒤 내게 전화를 걸어서는 그 모임의 파트너가 되어 달라고 부탁했다.

우리의 관계가 그려 온 궤적은 그다지 특별하지 않다. 나는 자신의 시간과 에너지, 연락처와 플랫폼을 공유하는 레이첼의 관대함을 증언할 거대하고 다양한 무리 가운데 하나일 뿐이다. 그녀는 특히 인종 차별, 동성애 혐오, 여성 혐오, 장애인 차별, 성전환자 혐오, 혹은 정체성에 대한 또 다른 어떤 부당한 편견 때문에 전형적으로 교회 주변부로 밀려나는 우리 같은 사람들을 응원하고 싶어 했다. 누군가 우리에게 침묵을 강요하거나 가만히 있으라고 말하려 하면, 레이첼은 가능한 모든 수단을 동원해 우리의 목소리를 증폭시키고 우리가 들고 일어설 수 있게 해 주었다.

레이첼은 내게 너무도 많은 존재였다. 나의 가장 훌륭한 스승, 나의 가장 좋은 편지 상대, 작가로서 나의 모델, 목회적인 동시에 예언자적인 목소리의 표본, 나의 가장 성실한 지지자, 그리스도를 닮은 사랑과 짓궂은 유머를 세상에서 가장 가감 없이 구현하는 사람이었다. 그러나 그 무엇보다 그녀는 나의 친구였다. 지혜로운 충고를 해 주고, 내 말을 귀 기울여 들어 주고, 눈물을 닦아 주고, 짓궂게 나를 놀리고, 모유 수유를 하다가 내 생각이 났다며 이게 성령께서 내가 죽었을지 모른다고 말씀하시는 이상한 상황이 아니길 바란다고 문자 메시지를 보내는 사람.

레이첼은 내게 "얼굴은 두껍게, 마음은 부드럽게" 하라고 셀 수 없을 만큼 자주 일깨워 주었다. 근거 없는 비판일랑 그냥 무시하는 법을 배울 필요가 있다는 뜻이었다. 내가 선함과 사랑에 나 자신을 열어 놓는 위험을 감수하려 할 때마다 그녀는 "비판하는 사람들은 늘 있을 거야"라고 말해 주었다. 때로 나는 그 "부드럽게"가 '발끈하다'이거나 '지나치게 예민하다'이거나 '고도로 비판적인' 걸 말하는 거라면, 이미 나는 상당히 소질이 있는 것 같다고 반쯤 농담으로 대꾸하곤 했다(이 부분을 쓰고 있자니, 레이첼이 "제프 추!"라고 소리 지르며 꾸짖는 소리가 들리는 것 같다). 그러나 내가 망설인 또 다른 이유는, 우리 자신을 선함과 사랑에 열어 놓으면 상실과 고통의 가능성에도 노출되기 때문이다.

2019년 5월의 어느 이른 아침, 나는 프린스턴의 한 카페에 앉아 신학교 마지막 학기의 최종 과제를 허둥지둥 마무리하고 있었다. 핸드폰이 울리기 시작했고, 화면에 이름이 떴다. 댄이었다. '왜 그리스도인인가?' 컨퍼런스가 끝난 직후 레이첼이 아팠고, 신체 기능이 정상으로 돌아오기를 기대하며 인위적 혼수상태에 들어가게 되었고, 지역 병원에서 내슈빌의 밴더빌트 대학 병원으로 이송되었다고 했다.

"헤이, 댄." 나는 조심스럽게 말을 뗐다. 목소리가 떨리지 않게 하려고 애썼지만, 귀에서 내 심장 박동 소리가 쿵쿵댔다.

"헤이, 친구." 그가 말했다.

갈라진 그의 목소리와 이어진 침묵에서 내가 알아야 할 거의 모든 것을 알 수 있었다.

"작별 인사를 하고 싶다면 가능한 한 빨리 와야 할 거야."

그가 말했다.

해 질 녘에 나는 병원의 레이첼의 병상 옆에 서 있었다. 댄이 사진과 기념품으로 병실을 아늑하게 만들려고 노력했지만, 생명 유지 장치의 기계음이 윙윙거리는 방은 레이첼이 따뜻함의 전형이었던 만큼이나 차갑게 느껴졌다. 내가 그녀의 손을 잡고 그녀의 귀에 무슨 말을 속삭였는지는 여기에 적지 않겠다. 어떤 것은 친구끼리만 간직해야 하는 법이니까. 다만 내가 말할 수 있는 것은, 내가 흘린 눈물은 어마어마한 슬픔인 동시에 한없는 감사의 눈물이었고, 내가 아는 가장 깊은 슬픔과 가장 깊은 고마움이 뒤섞인 눈물이었다는 것이다.

그날 늦은 밤, 삶의 경험과 신학은 각각 다르지만 하나님이 사랑하시는 이 자녀를 향한 사랑만큼은 똑같이 공유한 가족과 친구들이 그녀 주위에 모였다. 우리는 '눈크 디미티스'(시므온의 찬송)로 기도했고, 몇몇 사람은 '내 평생에 가는 길'을 불렀다. 몇몇이라고 말한 것은, 내 영혼은 결코 평안하지 않았기 때문이다. 전혀 그렇지 못했다. 나는 단 한 소절도 부르는 시늉조차 할 수 없었다.

제가 어떻게 도와드릴까요?

레이첼에게 마지막 작별 인사를 하고 몇 달이 지난 뒤, 댄에게서 전화가 왔다. 레이첼이 시작한 책을 마무리해 줄 수 있겠냐고 그가 물었을 때, 나는 당연히 거절하고 싶었다. 나는 레이첼이 아니다. 나는 남부 출신의 침례교인이었다가 성공회교인으로 전향한 이성애자 백인 여자와는 세상에서 가장

27

거리가 먼 사람이다. 나는 아이의 부모가 되어 본 적이 없다. 레이첼처럼 폭넓게 책을 읽지도 않았다. 그녀처럼 한꺼번에 여러 가지 일을 할 수 있는 능력도 없다. 그녀처럼 트위터에 용기 있고 자유분방하게 글을 올리지도 않을 것이다. 이제는 크림슨 타이드 팀의 경기는 고사하고 어느 미식축구 경기도 끝까지 볼 수 있을지 모르겠다. 레이첼이 우리 많은 사람을 위해 해 주었던 역할을 나는 여러분을 위해 해 줄 수 없다. 그러나 나는 승낙할 수밖에 없었다. 언젠가 내가 (레이첼이 "내가 믿는 날에는……"이라고 말한 것처럼) 그녀를 다시 볼 수도 있겠고, 그때 내가 나서서 돕지 않았다고 그녀에게 혼날 거란 생각을 견딜 수 없어서였다.

짧은 추억 하나만 더 들어 주기 바란다. 장례식 전날에 나는 레이첼이 살던 집에 들러 그녀의 책상이 있는 지하실로 내려갔다. 그녀의 자리에 앉았다가 그러면 안 될 것만 같아서, 거의 불경스러운 일처럼 느껴져 금방 일어섰다. 나는 선 채로 책상 위 게시판에 그녀가 핀으로 꽂아 둔 자기 격려의 말들과, 여러분을 위해 그리고 여러분에게 책을 쓸 때 기억하려고 적어 둔 말들을 들여다보았다. 눈에 가장 확 들어오는 말은 "진실을 말하라"였다.

그래서 진실을 말하건대, 이것은 레이첼이 쓰려고 했던 책이 아니다. 그렇지만 여전히 속속들이 그녀의 책이다. 책장을 넘기면서 나는 여러분이 레이첼의 반짝이는 비교 불가한 목소리를 들을 수 있기를 바란다. 현명하고, 재치 있고, 호기심에 차 있되 용감하고, 신실하고, 은혜로운 그녀의 목소리를 들을 수 있기를 바란다. 어디에도 비길 수 없는 레이첼의 존재감을 느낄 수 있기를 바란다. 그녀의 위대한 소망, 따뜻한 포용력, 엄청난 가능성을 알아보는 감각을 느낄 수 있기를 바란다. 그리고 특히 교회 때문에 상처 받은 적이 있다면, 그녀의 진심 어린 연대의식을 느껴 보길 바란다.

세상을 떠날 때 레이첼은 『온 마음 다하여』(Wholehearted Faith)라는 잠정적인 제목을 붙인 책의 상당 부분을 마친 상태였다. 이어지는 책 내용의 대부분은 그 미완성 원고에서 나왔다. 나는 사후에 조사한 것을 보탰다. 레이첼이 남긴 흔적을 뒤쫓으면서 나는 그녀가 내디딘 어마어마한 걸음을 따라가려고 최선을 다했다. 또한 댄은 토막글과 단편적인 기록, 제안과 묵상, 읽은 책에 대한 메모, 그녀가 신뢰했던 하나님에 대해 상상한 것이 저장된 레이첼의 하드 드라이브 역시 열어 볼 수 있게 해 주었다. 때로 여러분에게 친숙한 이야기의 메아리가 들리기도 할 것이다. 이 책에 나오는 이야기의 일부는 레이첼이 한 강연과 그녀가 작성한 트윗, 그녀가 한 설교에서 가져왔기 때문이다. 그 모든 것에 그녀의 생각, 그녀의 신학(그녀와 나는 절대로 모든 것에 동의하지는 않았다!), 그녀의 마음이 스며들어 있다.

한 가지 어려웠던 점은, 레이첼이 매체마다 다른 방식으로 글을 썼다는 점이다. 트위터에서는 짧고 예리하게 썼다면, 강연에서는 스스로 사색의 여유를 좀 더 즐겼다. 책에서는 고대와 현대를 아우르는 자료를 사용하고 장황함도 개의치 않았으며 큰 보폭으로 이곳저곳을 돌아다니면서 가장 괴짜스럽고 가장 매력적이고 가장 유려한 말솜씨를 자랑하는 자아를 드러냈다. 그렇지만 이것 하나만큼은 그녀의 모든 글에 적용될 텐데, 그녀는 가장 진실한 글이란 가장 개인적인 글이라고 믿었고, 그녀 스스로도 글을 쓸 때면 언제나 자신의 삶에서 경험했던 것에 근거해 쓰고자 했다. 모든 것이 살아 있는 간증이다. 그녀가 결코 자신을 떠나거나 버리지 않으실 거라고 믿었던 하나님에 대한 신실한 증언이자, 그녀가 자신의 진실함과 자신의 주장을 걸었던 분에 대한 거룩한 고백이다. 또한 이 책의 몇몇 장은 그녀의 블로그에 저장된 글뿐만 아니라 나와 교환했던 서신에 의존해 쓰였다.

이야기의 빈 구멍을 메꿔야 할 때면 그녀와 가장 가까웠던 이들에게, 즉 그녀의 아버지 피터, 여동생 아만다, 무엇보다 그녀가 사랑한 댄에게 도움을 청했다. 이 사랑스러운 사람들에게 깊이 감사드린다. 더 깊은 생각과 묵상으로 채워져야할 빈 공간이 있는 지점에서는, 너무도 준비되지 못한 내가 그일을 해낼 수 있도록 성령께서 나를 만나 주시기를, 그리하여 쓸 말이 거덜 나고 지혜가 부족하다고 느낄 때마다 적절한 문장과 문단을 공급해 주시기를 기도했다.

이 책을 읽는 여러분이 레이첼의 목소리를 들을 뿐 아니라 여러분 곁에서 함께 걷고 있는 레이첼을 느낄 수 있기를 바란다. 그 특유의 호기심으로 캐묻고, 여러분 자신의 여정 내내 따라다니던 질문에 귀 기울이는 레이첼을 느낄 수 있기를 바란다. 이 책을 통해 여러분도 내가 만났던 레이첼을 경험할 수 있기를 바란다. 신실한 친구이고, 한결같은 동반자이며, 거듭해서 "제가 어떻게 도와드릴까요?"라고 묻는 온 마음 다한 순례자를 만나기를 바란다.

제프 추

들어가며

—

그들이 '예'라고
답했기 때문에

결혼 생활을 12년쯤 하고 나면, 아내가 아이를 낳기 위해 힘을 주고 있을 때 정확히 어떤 종류의 유머를 구사해야 그녀가 좋아할지 알게 된다. 댄은 자신의 유머가 내게 자신감과 안전감을 줄 것을 알았기에 그날 밤 분만실 전체가 배꼽을 잡게 만들었다.

댄이 했던 말은 대부분 기억나지 않지만, 의사가 너무 웃은 나머지 막 태어난 우리 아들의 탯줄을 자르도록 댄에게 가위를 건네주다가 그만 떨어뜨릴까 봐 걱정이 되었던 것은 기억한다. 그리고 깜짝 놀란 우리 아기의 미끈거리는 조그만 몸이 내 가슴에 놓였을 때 인생에서 가장 행복한 사람이 되었던 것도 기억한다.

그 후에 이어진 수많은 낮과 밤은 모두가 이구동성으로 말하듯 흐릿하게만 남아 있다. 처음으로 신생아를 돌보는 일에 요구되는 신체적, 감정적 필요에 준비되어 있는 사람은 아무도 없을 것이다. 그래도 나는 운이 좋은 편이라 분만과 산후 경험이 비교적 순조로웠다. 우리 부부의 삶은 수유와 트림시키기, 소아과 의사에게 보고할 아기 기저귀에 묻은 내용물을 표에 꼼꼼히 기록하는 일로 완전히 소진되었다. 우리는 완벽하게, 민망한 줄도 모르는 딱 그런 부모였다.

부모가 되는 일은 우리의 최선을 요구하고 조금 더 요구한다. 육아에는 우리가 알고 있던 우리 자신의 용량보다 더 많은 것이 요구된다. 현저한 수면 부족 상태에서 (아이의 것인지 우리의 것인지 구분할 수 없는) 눈물과 웃음의 파도를 타고 넘으면서 때마다 상황에 대처해 가는 우리 자신을 보노라면, 어디서 그런 힘이 나오는지 신기하기만 하다.

마침내 낮은 낮으로, 밤은 대부분의 경우 밤으로 돌아갔다(우리는 아직도 가끔은 새벽 3시에 호출을 받는다). 조그만 녀석의 기동성이 커질수록 개성도 더 많이 드러났다. 이 아이는 운동 신경을 타고났고, 겁이 없고, 영리하고, 호기심이 많고, 세련된 유머 감각을 지녔고, 블루그래스 음악을 좋아한다.

물론 내가 이 아이를 사랑하리란 것은 알았지만, 이 정도일 줄은 몰랐다. 그 모든 일에 '예'라고 답하기를 정말 잘했다.

오해하지 말기 바란다. 나의 '예'가 단순하지만은 않을 수 있

다. 어떤 날 그리고 어떤 밤에는 너무 피곤하고, 너무 낙심이
되고, 이 세상의 모든 아름다움과 모든 악함에 그저 압도된다.
한 아이를 그러한 경이와 그러한 공포에 기꺼이 내놓고 있다
는 생각에 나는 꼼짝도 할 수 없게 되어 더 이상 그에 대해 생
각조차 하고 싶지 않다.

　그런 날과 밤에는 "당신은 왜 그리스도인입니까?"라는 질
문에 대한 나의 가장 솔직한 답변은 그냥 "모르겠어요. 딱히
아닐 이유도 없으니까요"이다. 시시하고 희미한 버전의 '예'처
럼 보이겠지만, 어쨌든 예는 예다.

　좋든 싫든, 우리가 신앙을 붙드는 시절이 있으면 우리의
신앙이 우리를 붙드는 계절도 있게 마련이다. 후자의 경우에
나는 과거와 현재의 모든 성도들, 곧 '예'라고 답했던 이들, 그
들의 신앙으로 나의 신앙을 지탱해 주는 이들에게 그 어느 때
보다 감사한다. 내가 믿는지 확신이 들지 않을 때, 그런 나를
위해 그들은 믿는다. 내게서 소망이 고갈되었을 때, 그런 나를
위해 그들은 소망을 붙든다. 나 스스로는 사도신경 전체를 온
마음 다하여 고백할 수 없는—'내가 정말로 이것을 믿는 걸까?'
되뇌는—주일마다, 그런 나를 대신해 그 고대(古代)의 말을 빠
짐없이 암송해 주는 성도들이 있으니, 회중석 옆자리의 할머
니와 내 뒷자리의 꼬마다. 내가 하나님께 할 수 있는 말이라고
는 입이 가장 거친 내 친구도 얼굴을 붉힐 만한, 그래서 여기
에는 옮기지 않을 그런 말밖에 없을 때, 그런 나를 위해 그들
은 기도한다.

나는 온 마음 다하여 믿는다는 것이 단지 내 안의 고동치는 심장을 받아들이는 일만이 아님을 믿게 되었다. 온 마음 다하여 믿는다는 것은 하나님이 어떻게 나의 심장을 그 할머니의 심장, 그 꼬마의 심장과 하나로 엮어 놓으시는지를 이해하는 일이기도 하다. 온 마음을 다한다는 것은 보다 큰 신앙의 가족 안에서 나의 자리를 발견하고 이해하는 일이다. 부모가 되는 일이 생물학적, 사회적 구성단위 안에서 나의 역할에 대한 이해를 바꾸어 놓은 것처럼 말이다. 온 마음을 다한다는 것은 우리 가운데 그토록 많은 이들이 구하는 바 서로에게 소속되기 위해 상처와 혼돈을 기꺼이 감수하는 일이다.

내가 그리스도인인 것은 내가 행한 어떤 일 때문이 아니라, 역사상 가장 위험한 시기에 팔레스타인 점령지에 살았던 한 십대 소녀가 '예'라고 답했기 때문이다. 내가 이 놀랍고도 심오한 현실을 그 어느 때보다 더 잘 아는 것은 아마 육아와 돌봄이 한창인 시절에 있기 때문일 것이다. 그 소녀는 하나님께 '예'라고 답했다. 도저히 이해할 수 없는 온 마음을 다한 부르심에 그녀는 '예'라고 답했다. 사회의 판단 앞에서 취약해지는 것에, 임신과 출산에 따르는 적지 않은 위험에, 유선(乳腺)이 막히고 머리에 토하고 수유를 하기 위해 밤중에 수백 번 일어나는 일에, 겁부터 덜컥 나는 발열과 경험으로 배워 가는 것들과 온라인 의학백과처럼 1세기에도 흔했을 잘못된 의학 정보의 위협에 그녀는 '예'라고 답했다. 통치자를 끌어내리고 겸손한 사람을 높이며, 부한 사람들을 빈손으로 보내고 주린 사람을 좋은 것으로 배불리며, 교만한 사람을 흩어 버리고 비천한 사람을 모으는 임무를 띤 그녀 자신과 그녀의 어린 아들의 비전에, 그녀 자신과 자신의 아들의 안전을 보장하지 않는 삶에 그녀는 '예'라고 답했다.

나는 그리스도인들이 부활의 사람임을 안다. 하나님의 이야기에서 죽음이 결코 끝이 아님을 일깨워 주는 부활 이야기를 우리가 좋아하는 것은 당연하다. 그러나 성육신 이야기에 비하면 부활 이야기는 그 절반만큼도 매력적이지 않다.

성육신 이야기. 한 여인의 부드러운 자궁벽에 착상한 수정란 크기로 작아진 하나님, 손가락과 발가락이 자라는 하나님, 자궁 안에서 발길질을 하고 딸꾹질을 하는 하나님, 천천히 산도를 내려와 피범벅인 채로 세상에 나오고 그리하여 아마도 침착하게 기다리던 산파의 손에 안기는 하나님, 배고픔에 울어대는 하나님, 엄마의 젖을 찾는 하나님, 완전히 느긋하게 눈을 감고 통통한 작은 팔을 머리 위로 들어 올려 전적인 신뢰의 자세를 취하는 하나님, 엄마의 무릎에서 휴식을 취하는 하나님이라니! 이것을 믿기란 거의 불가능하다.

우리가 기독교라고 부르는 이 이야기를 믿는 수많은 날과 밤에도 나는 이 이야기를 온전히 이해하지 못하겠다. 하나님이 한 여성의 돌봄에 자신을 완전히 전적으로, 온전히 육체의 형태로 내맡기셨다. 하나님이 생존하기 위해 여성을 필요로 하셨다. 예수님은 빵과 포도주, 그분의 살과 피로 우리를 먹이시기 전에 그분 자신을 먹여 주는 여성이 있어야 했다. "이것

은 너를 위해 주는 내 몸이란다"라고 말해 주는 여성이 그분에
게 필요하셨다.

하나님이 취약해지셨다.

　나는 그 이야기를 이런 식으로 읽을 수밖에 없다. 하나님
은 자신을 낮추셔서 특정 시간, 특정 장소, 특정 가족에 뿌리
내리기로 결정하셨다.

　나사렛 공동체가 어떤 곳이던가. 나쁜 신학을 고수하고,
뒷얘기 하기 좋아하고, 정치 성향이 다르면 언제든 연을 끊고,
고대의 약속("여호와의 말씀이니라. 너희를 향한 나의 생각을 내가 아나
니……"[1])을 그 문맥과 상관없이 가져와 학교 기념 앨범과 인스
타그램 포스트에 도배하는 증상을 1세기 식으로 앓던 사람들
로 가득한 곳이 아니었던가. 마리아 자신이 이런 공동체의 일
원이었음을 고려할 때 이는 더욱 놀랍기만 하다. 하나님조차
신앙적 역기능 가정에서 태어나셨으니 말이다. 하나님은 이
상적 조건이 조성되기를 기다렸다가 나타나지 않으셨다.

　우리는 우리 자신이 취약하다고 생각하고 싶지 않은 것
처럼 하나님이 그렇게 취약하다고 생각하고 싶지 않다. 하나
님에게 누군가가 필요하다고 생각하고 싶지 않다. 만약 하나
님마저 누군가의 도움이 필요하신 분이라면, 영원한 존재도
아니며 다른 이들의 도움이 필요하다는 사실을 잘 알고 있는

우리에게 그런 하나님이 무슨 소용이 있단 말인가?

바로 이런 이유 때문에 사람들이 마리아의 이야기와 위치, 역할에 깨끗하게 칠을 하고 위생 처리를 하는 게 아닐까. 개신교 전통에서는 마리아를 추앙하면 어떤 식으로든 예수님의 영광이 깎여 나가기라도 하는 것처럼 대체로 마리아를 축소시켜 왔다. 로마 가톨릭 동네에서는 때로 마리아를 너무 높인 나머지 그녀의 인간적인 면모는 간과하거니와 심지어 일각에서는 마리아가 고통 없이 분만했다고 주장하는 데까지 나아간다. 나는 다른 신앙 전통의 형제자매들을 존중하지만, 과연 마리아의 경험을 비인간화하는 것이 필요하거나 유익한지는 잘 모르겠다. 그녀가 나머지 우리들과 마찬가지로 두려워하고 분투했음을 안다고 해서 마리아의 가치가 줄어든다고는 생각하지 않는다. 실은 더 커진다고 생각한다.

마리아의 인간적 면모와 예수님 이야기에서 그녀가 차지하는 중심적 역할은 성육신의 진정한 기적을 우리에게 일깨워 준다. 하나님이 우리와 함께하신다는 기독교의 핵심 신념말이다. 하나님은 특별할 것 없는 오래되고 평범한 우리와 함께하신다. 하나님은 우리의 두려움과 고통 속에, 우리가 겪는 입덧과 귀찮이 중에, 난민 사태와 우리가 견디는 제국의 횡포속에, 냄새 나는 헛간과 특별할 것 하나 없는 후미진 마을에서, 처음으로 아이를 출산하는 엄마의 고통과 조그마한 신생아의 울음에서 우리와 함께하신다. 이 모든 것에서, 하나님은 우리와 함께하시며 우리를 위하고 계신다. 그리고 마리아의 예에서 보듯이, 하나님은 사랑의 위험을 무릅쓰라고 우리를 초대하신다. 설령 그로 인해 상처 입고, 두렵고, 실망할 가능성에 의심할 여지 없이 우리를 열어 놓아야 할지라도 말이다.

성육신의 아름다움은 단지 하나님이 인간의 모습으로 우리에게 오셨다는 사실에만 있지 않다. 성육신에 내재하는 진실은 하나님이 관계를 구현하기 위해, 사랑은 인격적이며 또한 사람들 간의 관계임을 일깨워 주기 위해 오셨다는 것이다.

나는 내가 그리스도인인 것은 마리아와 마리아의 산파, 그리고 마리아의 영적 조상인 라합, 룻, 밧세바, 다말 때문이라고 믿게 되었다. 내가 그리스도인인 것은 성매매 종사자, 난민, 성폭행 생존자, 시아버지가 자신을 죽이려고 할 경우 어떤 영향력을 행사할 수 있도록 그를 유혹하기 위해 성매매 종사자인 척했던 여인 때문이다.

내가 그리스도인인 것은, 그녀의 출산 경험이 문화적 기대나 사회의 규범에 들어맞지 않는다는 이유로 수십 년간 잔인한 억측에 시달려야 했던 마리아의 사촌 엘리사벳 때문이다. 엘리사벳의 뜻밖의 임신은 마리아의 임신과 비슷한 시기에 이루어졌고, 그녀는 마리아에게 위로자이자 친구가 되어 주었다. 삶의 다른 부분과 마찬가지로, 부모가 되는 것 역시 혼자서 감당해야 하는 일이 아님을 알려 주는 표지가 되라는 하나님의 부르심을 받아들인 것이다. 자신의 아들 요한이 사촌 예수에게 세례를 베푸는 것을 볼 만큼 그녀가 오래 살지는 못했을 가능성이 높지만, 엘리사벳은 종교적 권위들에 반대할 줄 알고 광야에서 메뚜기와 석청으로 연명하는 생존 기술을 가진 아이를 키워 냈다.

내가 그리스도인인 것은 살아남기 위해 해야 하는 일을 했고, 살아남기 위해 해야 하는 일을 하도록 자신의 아이들을 가르친 여인들 때문이다.

내가 그리스도인인 것은 성경 전체에서 유일하게 하나님에게 새로운 이름을 붙이는 대담함을 가졌던 사람 하갈 때문이다. 강제로 임신하게 된 노예 여성 하갈은 하나님께 등을 돌릴 이유가 충분했다. 그러나 광야에서 그녀는 하나님이 자신을 보셨음을 깨달았고, 그래서 하나님을 '엘로이'라고 선언했다. 이 히브리 단어는 약간 모호하지만 종종 '나를 보시는 분'으로 번역된다.[2]

내가 그리스도인인 것은 수산나, 요안나, 막달라 마리아, 베다니의 마리아와 마르다, 그리고 일일이 구분할 수 없을 만큼 엄청나게 많은 또 다른 마리아들 때문이다. 예수님이 그 모든 여정에서 경비를 감당하고 노상 사역에 필요한 음식과 숙소를 해결하도록 도와줄 사람이 필요했을 때, 그분은 여인들에게 의지하셨다. 이 여인들은 그저 예수님의 사역에 자금만 댄 것이 아니다. 그들 중 많은 수가 그분과 함께 다녔고 그분과 함께 밥을 먹었다. 그들은 그분의 발아래에서 가르침을 들

었고, 그런 뒤 자신의 이웃들에게 그 이야기와 설교, 교훈을
전해 주었다. 그들은 그분의 후원자요 제자요 친구였다.

내가 그리스도인인 것은 취약하고 고통당하는 것이 무엇
인지 알았던 여인들, 자신들의 번영을 가로막는 왜곡된 제도
안에서 일하는 것과 자신들이 이기는 게 원천적으로 가능하
지 않도록 고안된 위계질서를 견디며 살아가는 것이 무엇인
지 알았던 여인들 때문이다.

내가 그리스도인인 것은, 상황이 내리막길로 향하고 모
든 신호가 실패를 가리킬 때 그리하여 예수님이 체포되신 뒤
거의 모든 남자들이 그분을 버리고 도망쳤을 때 여전히 자리
를 지켰던 여인들 때문이다. 친구의 마땅한 도리를 다하듯 십
자가 아래에서 끝까지 증인의 자리를 지킨 것은 여인들이었
다. 사역은 끝장난 것처럼 보이고, 군중은 뿔뿔이 흩어져 사라
져 버리고, 제국이 그 추한 고개를 쳐들고 무고한 이들의 생명
을 빼앗아 갈 때, 이 친구들은 단결하여 자리를 지켰다.

내가 그리스도인인 것은, 첫 번째 성금요일의 정신없이
돌아가던 그 마지막 몇 시간 동안 여인들이 끝까지 예수님을
사랑했기 때문이다. 매장하기에 전 시신에 향유와 향품을 바
르는 일은 전통적으로 여인들의 일이었다. 그러나 예수님은
그런 일을—사실은 어떤 일도—할 수 없는 안식일 전날에 십
자가에 달리셨다. 이 여인들의 심정이 어땠을지 상상해 보라.
일을 마무리하지 못해 불안하고 불완전하다 느꼈을 그 심정
을 말이다. 해가 빨리 져서 안식일이 지나가기만을 바랄 뿐 성

토요일에 그들은 무엇을 할 수 있었을까? 기도했을까? 함께 모여 앉아 울다 지친 눈으로 침묵하고 있었을까? 방금 벌어진 도저히 이해할 수 없는 사건을 고통스럽게 하나하나 되짚으며 다시 떠올리고 있었을까?

내가 그리스도인인 것은, 마가복음에 따르면 "누가 우리를 위하여 무덤 문에서 돌을 굴려 주리요?"[3] 하고 서로 묻던 여인들 때문이다. 슬픔의 한복판에서도 그들은 실행 방법을 걱정하고 있었다.

내가 그리스도인인 것은, 어쨌든 그녀들이 일요일에 해가 뜨자마자 장례용 향품을 손에 들고 예수님의 무덤에 나타났기 때문이다.

내가 그리스도인인 것은 그 자리에 나타난 여인들 때문이다.

내가 그리스도인인 것은 '예'라고 답한 여인들 때문이다.

복음서 이야기는 수많은 세부 사항에서 차이가 난다. 그러나 겉으로 보이는 이러한 불일치는 한때 그랬던 것처럼 더 이상 내 신앙을 위협하지 않는다. 이제 나는 그 차이를 프리즘을 통과한 빛의 굴절로 본다. 각 복음서가 서로 다른 증인에 의해 서술되었으니 말이다. 그것은 빛 자체를 조금도 축소시키지 않는다.

복음서마다 일치하는 한 가지는 예수님의 부활을 처음 증언한 이들이 여인들이었다는 사실이다.[4] 이것이 신학적으로 함축하는 의미는 중요하다. 우선, 때로 의심 가득한 회의론자인 나는 단순히 그들이 거기에 있었기 때문에, 즉 그들이 그 자리에 나타났기 때문에 첫 번째 증인이 되었다는 사실에서 힘을 얻는다. 때로 반쪽짜리 마음으로 자리에 나타나는 것만이 나 자신의 신앙 경험에서 끌어낼 수 있는 전부일 때가 있다. 손에는 나 자신의 장례 향품을 들고 나와 예수님 사이에 놓인 그 돌을 어떻게 굴려 낼 수 있을지 모르는 채로 말이다.

설교단에서 여성이 복음을 전하는 것을 처음으로 들은 것은 내가 이십대 후반이 되어서였다. 이제 기독교 신앙 전체가 여성들의 증언에 달려 있음을 이해하게 된 나로서는 이러한 사실이 굉장히 화가 날뿐더러 괴상해 보인다. 어떤 전통에서는 막달라 마리아를 사도들의 사도로 합당하게 존중한다. 그녀는 "내가 주님을 보았어요!"라고 외친 첫 번째 사람이었고, 또 다른 마리아와 함께 다른 제자들에게 가서 "그가 죽은 자 가운데서 살아나셨다"고 말하도록 지시 받은 첫 번째 사람이기도 했다.[5] 부활 주일에 도처에서 한목소리로 "그가 살아나셨다!"고 외치는 회중들은 실은 온전한 복음을 처음으로 전했던 사람 마리아의 목소리를 되울리고 있는 셈이다.

그러나 이제 나는 설교단에서 전해진 복음을 넘어서 내 엄마와 할머니를 포함한 수없이 많은 다른 여성들이 전한 복음을 들어 왔음을 깨닫는다.

엄마는 재미있고 사교적이며 멋진 남부 여성이 가졌을 법한 모든 매력을 갖춘 분이었다. 교회 야유회나 결혼 축하연이 열릴 때마다 그곳에 생기를 불어넣었다. 주일 예배 후 엄마가 사람들과 이야기를 마칠 때까지 교회 주차장의 후덥지근한 차 안에서 하염없이 기다리던 기억이 난다.

어찌된 일인지 그처럼 사교성이 뛰어나고 맵시 있는 엄마에게서 고도로 내성적이고 지나치게 진지한 딸이 태어났다. 그 아이는 화장을 하거나 핸드백을 들지 않았고, 습진 부위를 긁고 돌아다니면서 자신의 피부병이 자기 몸에 지닌 바울의 가시라고 불평을 늘어놓았고, 교회 교우의 출산 축하 파티에서 영원한 형벌 이야기를 꺼내는 게 왜 적절하지 못한지 이해하지 못했다. 이 모든 것은 내가 교회에서 여자들이 모이는 장면에 잘 어울리지 못했음을 의미하거니와, 내가 알기로 엄마는 분명 적잖이 힘들었을 텐데도 내가 그로 인해 불편함을 느끼지 않게 해 주셨다. 4대째 교사인 엄마는 항상 괴짜 같은 아이들에게 특히 관심을 기울였고, 다르다고 해서 잘못된 것이 아님을 내가 어릴 적부터 가르쳐 주셨다.

내가 밤을 무서워할 때면 엄마는 나에게 자기 침대로 찾아 들어오게 해 주셨다. 나는 안전한 엄마 품에 안겨 엄마가 나긋한 목소리로 불러 주시는 '내 평생에 가는 길'과 '오 신실하신 주' 같은 엄마의 신앙을 증언하는 노래를 들었다. 이 노래들에 담긴 풍요로운 신학은 오랫동안 나의 생각을 잠잠하게 하고 나의 마음을 차분하게 달래 주었다. 비록 여러 해가 지나서야 알아차린 것이지만, 나는 하나님의 목소리가 여자 목소리에 더 가깝게 들리기 시작했다.

엄마는 독립적이고 근본주의적인 침례교인으로 자랐기 때문에 페미니즘 운동에 참여할 멋진 기회를 갖지 못했다. 그러나 그런 엄마가 나에게는 스스로 사고력을 갖추고, 불의에 맞서 목소리를 내고, 망할 가부장제(나의 표현이지 엄마의 표현은 아니다)를 해체시키되 감화력 있는 남부인의 매력을 약간 가미해서 상냥하게 하도록 격려했다.

엄마는 여전히 전통적인 남부 복음주의 여성이지만, 내가 그리스도인인 것은 엄마 때문이며 엄마가 이 모든 것에 '예'라고 답했기 때문이다.

리투아니아 이민자였던 할머니의 이름은 메리 로즈다. 할머니는 두 동생인 로즈 메리, 로즈메리와 함께(농담이 아니다) 독실한 로마 가톨릭 가정에서 자랐다.

어렸을 때 소아마비를 앓았던 할머니는 평생 다리를 절었고, 앉거나 일어설 때마다 통증 때문에 소리 없이 움찔거리셨다. 할머니는 상존하는 이 고통을 견디는 데 도움이 되었을 술에 의존하게 되었고, 그런 상태는 나의 아빠의 어린 시절 대부분 동안 지속되었다.

할머니는 고집이 셌다. 한번은 댈러스에 있던 집 앞마당에서 아빠가 건넛마을에서 온 흑인 아이들과 같이 놀도록 허락한 일 때문에 거의 마을 전체와 싸움을 벌인 적도 있었다. 자세한 내용은 대부분 역사 속으로 사라졌지만, 내가 분명히 아는 것은 할머니의 결기에 결국 동네 사람들이 꼬리를 내렸다는 것, 그리고 할머니와 할아버지는 사회적으로 자신들에게 득이 되는 일이 아니었음에도 흑인 인권을 위한 일에 적극적으로 계속 참여하셨다는 것이다.

할머니를 알코올 중독에서 구해 주신 예수님은 공교롭게도 개신교와 복음주의 동네의 예수님이었다. 개신교로 넘어올 때 할머니는 자신이 개종하는 이유를 설명하는 열두 장짜리 편지를 써서 교황에게 보내셨다. 따라서 아빠와 내가 복음주의자로 자란 것은 할머니 때문이다. 나는 여름 성경학교와 학생부 수련회라는 아름답고 흠도 많은 전통 속에서, '어드벤처인 오디세이'*와 '세계학생기도주간'**을 통해서, 카멘과 오디오 아드레날린을 초대한 닭살 돋는 기독교 뮤직 페스티벌에서, 그리고 미국 복음주의의 언어와 문화 속에서 예수님을 처음 소개받았다. 그리고 지난 30년간 나는 이 세계를 사랑했고, 미워했고, 붙들고 씨름했다.

때로 나는 이 모든 것에 대해 할머니에게 감사해야 할지 탓을 해야 할지 헷갈린다. 그러나 내가 그리스도인인 것은 할머니 때문이며 할머니가 이 모든 것에 '예'라고 답했기 때문이다.

---

* 어린이용 기독교 오디오 이야기 시리즈.
** 1990년 미국 텍사스에서 소수의 학생들이 학교 국기 계양대에 모여 함께 기도한 것이 계기가 되어 시작된 학생 기도 운동으로 현재에도 매년 20여 개가 넘는 나라에서 3백만 명 이상의 학생이 참여하고 있다.

나의 생애 첫 20여 년 동안 여성이 설교하는 것을 들을 기회는 없었지만, 나를 가르치신 분들은 두 명의 주일 학교 선생님을 포함해서(짧은 머리 린다 선생님과 긴 머리 린다 선생님) 모두 여자 선생님이었다. 내가 그리스도인인 것은 그분들 때문이다.

내가 그리스도인인 것은 우리 교회에 계셨던 어느 은퇴한 여성 때문이다. 이제는 그분의 이름조차 기억나지 않지만, 그분이 교회의 모든 고등학생들을 위해 애들이 졸업할 때까지 하루도 빠짐없이 헌신적으로 기도하셨다는 것과 이웃 편에 서서 이웃 사랑의 본을 보여 주셨던 것은 분명히 기억한다.

내가 그리스도인인 것은, 영적으로 완전히 탈진하여 교회나 성경이나 기독교와 관련된 것은 무엇이든 건드리면 곧 터질 듯한 폭탄처럼 느껴지던 때에, 흥미로운 제목과 표지에 타투를 한 루터교 설교자 사진이 있는 책 한 권을 집어 들었기 때문이다. 책 제목은 『여자목사』(*Pastrix*)였다.

타투를 한 이 루터교 설교자는 세례와 성찬식, 성경과 십자가에 대해 내가 한 번도 듣거나 경험해 보지 못한 방식으로 썼다. 그녀의 말과 그녀의 비교 불가한 목소리에서 그 개념들은 다시 한 번 생생하고 참되게, 엄밀히 말해 안전하게는 아니지만 분명 생생하고 참되게 보이기 시작했다. 어찌된 일인지 그녀가 들려주는 이야기에 귀를 기울이다 보니, "우리가 뭔가를 잘못 행하거나 바로 행하기 전에 하나님은 우리를 당신의 소유라 부르셨고 주장하셨다"는 그녀의 말이 믿어졌다.[6]

　내가 그리스도인인 것은, 바로 이 나디아 볼즈웨버가 자신의 부르심에 충실했기 때문이며, 나디아와 그 외의 수많은 나의 스승들이 '예'라고 답했기 때문이다.

인간은 변덕스럽고, 믿음은 연약할 수 있고, 이 변덕스러운 이들과 연약한 이들을 잡다하게 모아놓은 교회는 깨어진 복잡다단한 조직이다. 온 마음 다하여 믿는다는 것은 바로 그러한 조직과 그러한 사람들에게 상처 입을 위험 앞에 자신을 내놓는다는 뜻이다.

　그러나 나는 이 교회의 어느 구석에서도 은혜가 침투해 들어올 수 없다거나 은혜가 자랄 수 없을 만큼 영적 자원이 희박한 곳을 발견하지 못했다. 상처받을 가능성에 자신을 취약하게 노출시킬 때 그와 동시에 우리는 치유의 소망과 그 터무니없는 은혜로 채워질 소망에 우리 자신을 열어 놓는 것이다.

　그 은혜는 너무도 자주 여성의 몸과 마음과 영혼 안에서, 여성의 몸과 마음과 영혼을 통해서 나타났다. 지금도 사랑은 출산의 위험과, '예'라고 답하는 동료 순례자가 되는 위험과, "이것은 너희를 위해 주는 내 몸이다" "그분이 너를 사랑하셔" "그가 살아나셨다!"라고 선포하며 좋은 소식의 희망을 끌어안는 여성으로 살아가는 위험을 감수한다.

매들렌 렝글 역시 그러한 여성 중 하나다. 그녀가 '예'라고 답하는 일의 생생하고도 피할 수 없는 위험에 대해 쓴 글은 나를 일깨워 주었다. "이 우주가 사랑의 힘으로 창조되었고 그 모든 창조세계가 선하다고 단언할 때 나는 그 세계가 안전하다고 선언하는 게 아니다. 안전이 약속되었던 적은 없다. 창조성이 약속된 것은 맞지만, 안전함은 약속되지 않았다. 모든 창조성은 위험하다."[7]

우리 중 많은 이들이 그녀의 주장에 담긴 진리에 깊이 공감한다. "이야기를 쓰거나 그림을 그리는 것은 실패할 위험을 감수하는 일"이라고 그녀는 말을 잇는다. 그녀가 묘사한 종류의 사랑은 취약함 그리고 대담함이라는 두렵고도 경이로운 형태를 띤다. "누군가를 사랑할 때 우리는 그 사랑을 돌려받지 못하거나 베푼 사랑조차 잊힐 수 있는 위험을 감수하는 것이다. 그러나 사랑은 그런 위험을 감수할 가치가 있으며, 출산 역시 완수할 가치가 충분하다."[8]

대부분의 날에 나는 이것을 믿는다. 그리고 어떤 날에는 그저 믿고 싶을 뿐이다. 그런 날에 나는 길고도 영광스러운 동시에 때로는 고통에 찬 합창을 함께 부르기 시작한다. 지난 수천 년 동안 희망에 찬 이들과 마음이 상한 이들, 짓밟힌 이들과 버려진 것처럼 보이는 이들, 엄마와 선생님, 생존자와 활동가, 성도와 목사, 제자와 친구들이 불러 온 그 노래를 부르기 시작한다.

내가 '예'라고 답하는 것은 그들이 '예'라고 답했기 때문이다.

1부

온 마음
다하여
믿는다면

1

내가 믿는 날에는

내가 믿는 날에는, 동부 테네시 언덕을 타고 넘어오는 태양이 녹색은 한 가지 색이 아니라 백만 가지 색깔임을 일러 준다. 무한히 깊고 푸른 하늘은 나를 통째로 삼킬 듯한 끝 모를 허공이 아니라 정처 없이 걷는 우리 모두를 손짓해 부르는 자유롭고 너그러운 이의 초대처럼 느껴진다.

내가 믿는 날에는, 우리 아이들의 요란한 웃음소리가 웅장한 교향곡의 전주곡같이, 장차 다가올 순전한 기쁨의 약속처럼 들린다.

내가 믿는 날에는, 우리 집 부엌 창밖에 핀 튤립을 유심히 바라보며 배운다. 깊이 뿌리를 박고 있으나 유연한 튤립은 계절에 순응하여 꽃 피는 계절에는 벌과 나비에게 풍성한 꿀을 주고 그 후에는 새와 다람쥐에게 씨앗과 그늘을 내어 준다.

내가 믿는 날에는, 나 자신의 이야기보다 훨씬 더 큰 이야기 안에 내가 둘러싸여 있음을 느낀다. 그것은 자신의 질문과 의심을 붙들고 씨름하고, 자신을 둘러싼 사회 제도와 구조에 의문을 제기하고, 그 모든 것을 어떻게 하면 이해할 수 있을지 고민하고, 자신이 어딘가에 소속되어 사랑받고 있는 존재인 지 알고 싶어 하는 당신과 나와 같은 사람들, 곧 수천 세대를 아우르는 성도들을 하나로 묶어 주는 이야기다. 그것은 예수 라는 이름을 가진 사람이자 동시에 신이신 분에 대한 담대한 주장을 하며, 우리를 향해 두 팔 벌리신 그분의 품으로 우리를 부르는 이야기다.

내가 믿는 날에는, 기도가 마치 길고 긴 대화 중에 등장하 는 또 하나의 아름다운 리듬처럼 느껴진다. 어떤 것도 배제되 지 않고, 탄식이든 할렐루야든 모든 것이 제자리를 찾는다. 모 든 것이 응답되었다는 확신이 든다. 그 기도는 나를 사랑하시 고 내가 사랑하는 분, 내게 귀 기울이시는 하나님의 귀에 대고 속삭이는 소리이기 때문이다.

하지만 다른 날, 그렇지 않은 날도 있다.

어떤 날에는, 기도할 말을 찾을 수가 없다. 다행히 그런 날에 나는 아주 오래전에 쓰였고 소망에 차 있거나 굶주렸던 이들 이 말했던, 하나님을 향한 편지에 기댈 수 있다. 예컨대 나는 오래된 기도문, 사실 가장 오래된 기도 중 하나인 특정 기도문을 떠올린다. 비옥한 초승달 지대의 진하고 길한 땅에서 고역에 시달리던 한 유목 부족의 언어로 처음 표현되었던 청동기 시대의 기도, 3천 년이 넘는 긴 시간 동안 해가 뜨고 질 때마다 드려진 기도다.

이스라엘아, 들으라. 우리 하나님 여호와는 오직 유일한 여호와이시니, 너는 마음을 다하고 뜻을 다하고 힘을 다하여 네 하나님 여호와를 사랑하라.[1]

인간이 하나님이라 부르는 신비에 대해 진술할 수 있게 된 순간부터, 우리는 온전한 헌신에 대해 혹은 적어도 그 가능성에 대해 말했다.

마음과 뜻.

몸과 영혼.

존재 전체를 감싸는 사랑.

망설임 없이.

두려움 없이.

성경이 "네 자녀에게 부지런히 가르치며, 집에 앉았을 때에든지 길을 갈 때에든지 누워 있을 때에든지 일어날 때에든지 이 말씀을 강론할 것이며"라고 말하는 바에 따라,[2] 나도 이 기도문을 오래전에 암송했다.

이 기도문에 함축된 메시지는 이것이다. 반쪽짜리 마음으로는 믿음의 삶을 살아 낼 수 없으며, 내가 고백하고 내 아이들에게 물려줄 신앙은 다름 아닌 절대적 충성을 요구한다는 것이다.

하지만 내가 하나님을, 적어도 내가 자라면서 배웠던 그런 하나님을 과연 믿는지 확신할 수 없는 날에는 이 모든 것이 복잡해진다. '충성'이라는 단어부터가 거기에 실린 문화적, 정치적 함의로 인해 씁쓸하기만 하다. 게다가 순전한 헌신이라는 언어는 불확실성과 회의론의 공격에 시달려 왔다.

그럴 때 나는 이 유명한 쉐마 기도를 확장하여 거기에 두 번째 성경적 가르침을 담은 1세기 팔레스타인의 한 랍비에게서 도움을 받는다. 한 율법학자로부터 성경의 가장 중요한 계명이 무엇이냐는 질문을 받았을 때, 예수님은 여타의 훌륭한 유대인처럼 쉐마를 약간 윤색하여 대답하셨다. 사람들이 흔히 '쉐마'라고 부르는 이 기도의 이름은 그 기도문의 첫 단어에서 온 것으로, 히브리어로 '들으라'라는 뜻이다. 예수님은 "네 마음을 다하고 목숨을 다하고 뜻을 다하여 주 너의 하나님을 사랑하라"고 말씀하신 뒤에, 둘째 계명도 "그와 같으니"라고 하시며 "네 이웃을 네 자신같이 사랑하라"고 덧붙이셨다.[3]

내가 하나님을 믿기 위해 몸부림치는 날에도 내 이웃의 존재를 부정할 수는 없다. 가장 문자적인 의미에서 내 이웃인 앞집의 스미스 씨는, 바로 이 순간 자기 집 앞마당에 세워 놓은 내 신경을 긁는 정치 구호가 적힌 팻말을 피해 가며 잔디를 깎고 있다. 플라스틱 골판지에 유성펜으로 쓴 그 구호는 우리를 분열로 몰아가는 모든 것을 떠올린다. 길 건너편에 사는 이 이웃을 사랑하는 법을 배운다고 해서 온 우주에 약동하는 하나님의 기운에 내가 접속되는 일이 좀 더 앞당겨질 것 같지는 않지만, 어쨌든 그게 시작일 것이라고는 본다.

이어질 다음 몇 장에서는 행하기 쉽지 않을 때, 확신이 들지 않을 때에도 하나님을 사랑하고 우리의 이웃을 사랑하는 일에 대해 말할 것이다. 한쪽 다리만 걸치는 게 더 안전할 수 있을 때에 **최선을 다하는** 것에 대해 말할 것이다. 하나님과의 관계뿐 아니라 모든 중요한 관계가 얼마나 취약하고 위험해질 수 있는지에 대해 말할 것이다. 그리고 우리의 마음과 뜻, 몸과 생명을 다하여 사랑하라고 말씀하시는 하나님이라면, 오래 유지되어 온 믿음과 권력 구조에 의문을 제기하는 일에서도 동일하게 마음과 뜻, 몸과 생명을 다하는 것을 별안간 막으실 리 없는 이유에 대해 말할 것이다. 또한 신앙에 불가피하게 따라오는 불확실성과 씨름하는 나 자신의 분투에 대해 그리고 내 소망의 원천에 대해서도 말할 것이다.

이어지는 장들에는 자신을 사랑하는 일에 대한 내용도 담겨 있다. 시종일관 한결같아야 하는 신앙을 믿으며 자란 우리이건만 모순적이게도 교회 문 앞에서는 우리 모습의 중요한 부분을 접어두고 들어가야 한다고 배웠다. 그래서 나는 특히 자신의 의심이나 정치 성향, 생물학 지식, 문화적 유산, 질병, 성적 성향, 지적 성실성, 직감, 불확실성, 슬픔, 기쁨 등은 신앙에서 배제해야 한다는 거짓된 말 때문에 어려움을 겪고 있는 이들을 위해 여러 장을 쓸 것이다.

자기 이웃을 자기 자신처럼 사랑하려면 자기 자신을 사랑하는 법을 배워야 한다고 말하는 사람이 내가 처음은 아닐 것이다. 자신을 사랑한다는 것은 자기 집착이나 자아도취를 말하는 게 아니다. 어쩌면 자신을 **잘** 사랑하는 것은 그런 것들과 다르다고 말하는 편이 더 나을 수 있겠다. 자신을 **잘** 사랑한다는 것은 자신의 강점에 대한 겸손한 자각과 자신의 약점에 대한 명확한 이해에 근거하여, 이 세상에서 자신이 있는 자리를 솔직함과 은혜 안에서 생각하는 것이다. 자신을 **잘** 사랑한다는 것은 자신이 원하는 것과 자신에게 필요한 것을 구별할 줄 아는 것이다. 자신을 **잘** 사랑한다는 것은 하나님이 만드신 아름다운 피조물을 폄하하지도 않고 그 사람에 대한 부풀린 이미지를 조장하지도 않는 것이다.

이렇게 살고 사랑하기란 쉽지 않다. 쉽고 자연스럽게 되는 일이라면 우리에게 쉐마 기도 같은 게 필요하지 않았을 것이다. 쉐마가 명하는 바를 우리가 잘 해냈다면 우리는 그 가르침을 듣고 또 들어야 할 필요가 없었을 테고, 그 기도는 역사 속으로 사라졌을 것이다. 그 기도가 사라지지 않고 지금까지 이어진 것은 정확하게 그것이 말하는 바가 그토록 도전이 되기 때문이며 그토록 반문화적이고 반직관적임에도 분명 기억할 만한 가치가 있기 때문일 것이다.

이렇게 살고 사랑하다 보면 우리는 자신의 참 자아가 속한, 우리 자신보다 더 거대한 전체를 향해 나아가게 된다. 거룩함을 잃은 종교가 우리 존재의 파편화에 기여해 왔다면, 건강한 신앙은 우리 존재의 회복을 기대하게 한다. 신앙은 사람들로 하여금 자신의 경험에서 의미를 이끌어내고 자신이 삶을 온전함과 치유라는 더 큰 서사의 일부로 볼 수 있게 해 주는 언어와 이야기를 제공한다. 최선의 신앙은 확실한 것 **없이도** 살아가고 보장된 것 **없이도** 소망하는 법을 가르쳐 준다. "믿음은 바라는 것들의 실상이요 보이지 않는 것들의 증거"라고 무명의 성경 저자는 썼다.[4] 최선의 신앙은 위험을 감수하는 법을 가르쳐 준다.

이렇게 살고 사랑한다는 것은 거룩한 위험 속에서 살고 사랑하는 것을 말한다. 때로 우리는 사랑이 우리의 마음과 영혼과 자아를 위한 안전한 영적 공간을 세우는 데 필요한 건축재료라고 생각한다. 사실은 정반대다. 사랑은 벽을 허물고 인간 존재의 황무지로 우리를 손짓하여 부른다.

앤 패칫은 그녀의 소설 『커먼웰스』에서 이렇게 쓴다. "우리는 사람들을 안전하게 지키는 이야기를 우리 자신에게 들려준다."[5] 우리 자신에게 들려주어야 할 더 나은 이야기는 사랑을 향한 분투가 충분히 가치 있다는 것이리라. 사랑은 우리 가운데 너무도 많은 이들의 삶을 규정해 온 파편화에서 우리를 건져 준다. 그리고 사랑은 하나님이 우리 안에서 이루어 내실 뿐 아니라 하나님 자신이 삶으로 보이신 온전함을 향해 우리로 나아가게끔 한다. 하나님도 온 마음 다하여 사랑하신다.

　최근까지 나는 위험과 취약함에 관한 한 우리가 혼자가 아니라는 사실을 이해하지 못했다. 우리를 위해 우리에게 **최선을 다하실** 때 하나님께도 위험과 취약함이 있다. 종교적인 사람들은 하나님이 취약할 수 있다고 생각하고 싶어 하지 않는다. 우리는 하나님을 강하고 모든 것을 통제하는 분으로, 체스판의 말을 냉철하게 움직이는 주권적인 체스의 대가로 묘사하는 신학과 이미지를 선호한다. 그러나 나는 하나님의 취약함이 슈퍼맨의 힘을 뺏는 크립토나이트처럼 신성을 약화시키는 역할을 한다고 믿지 않는다. 오히려 취약함은 아름다움이고, 결속이며, 강함이다.

　가장 좋은 날에 그리스도인들은, 하나님의 가장 중요한 사랑의 행위가 이 위험하고 엉망진창인 세상 한가운데서 하나님을 가장 잘 드러낸다고 믿는다. 십대 소녀의 자궁에 착상한 조그만 태아로, 엄마의 젖을 찾는 배고픈 신생아로, 결혼식에서 술을 마시고 장례식에서 울었던 사람으로, 심장이 터지고 솟구치고 뛰기를 멈췄다가 어느 날 완전히 멈춰 버린 한 인간으로 오신 하나님을 말이다. 진정한 사랑은 강요하거나 조종할 수 없는 것이기에, 하나님은 돌려받을 보장이 없음에도 이 모든 일을 행하신다. 모든 사랑이 그렇듯, 하나님의 사랑은 값없이 주어지고 우리는 값없이 받는다. 하나님은 결코 우리를 외면하지 않겠다고 약속하시지만, 우리는 그분을 외면할 수 있고 실제로 외면했다. 거듭 반복해서.

앞서 쓴 여러 책에서 나는 신앙이 진화하고, 교회를 붙들고 씨름하며, 성경을 이해하는 방식이 바뀌었던 나 자신의 경험에 대해 썼다. 어떤 사람들은 내가 파편화된 나 자신의 종교성의 다양한 조각들을 하나씩 검토해 보았어야 한다고 말할지 모른다. (어떤 사람들은 그 조각들이 영적인 것이지 종교적인 것이 아니라고 말할 수도 있겠지만 내 삶의 증거는 여전히 내가 상당히 종교적인 것을 보여 주며, 따라서 내가 굳이 그 말을 반박할 필요는 없을 것이다.) 이 책에서 나는 그와 같은 과거의 탐색에서 도움을 받아 새로운 영역을 탐색할 텐데, 나는 여전히 진화하고 있고, 여전히 씨름하고 있으며, 여전히 변화하고 있고, 여전히 숙고하고 있기 때문이다. 예수님이 우리를 초대하시는 믿음의 풍성한 삶이란 과연 무엇일까? 기독교 이야기의 맥락에서 온전하다는 것은 과연 어떤 의미일까?

온 마음 다하는 삶에 최근 몇 년간 사람들의 관심이 새롭게 쏟아지고 있지만, 우리는 그것을 일시적인 유행으로 착각해서는 안 된다. 인스타그램 인플루언서의 라이프스타일을 따르는 것 같은 영적인 패션인 양 축소시켜서도 안 된다. 충만하게 살고 사랑하며, 인간의 취약함을 이용하기보다는 껴안고, 깨지기 쉽지만 아름다운 이 세상에서 우리가 서 있는 자리를 이해하기 위해 노력하고, 하나님의 사랑과 정의를 선포하는 우리의 역할을 이해하고자 애쓰는 삶. 이는 세대에 세대를 거쳐 이어져 내려온 삶이다. 이는 가장 위대한 예술 작품을 창조해 내고 고요함과 다정함이 깃든 깊은 순간을 일구어 내는 탐험이다. 이는 매일 찾아오는 아침을 맞이하고 매일 저무는 저녁에 순응하라고 우리를 부르는 약속이다. 이는 인류의 가장 오래된 기도들이 담고 있는 최고의 소망이다. 내가 믿는 날에만 아니라 내가 믿지 않는 날에도 말이다.

2

심히 부패한
나의 작은 마음

내 나이 일곱 살. 부스스하게 뭉친 내 갈색 머리와 한참 씨름하던 엄마는 대롱거리는 양 갈래로 단정히 묶고 고데기로 예쁜 컬까지 넣은 다음 진홍색 리본으로 마무리한다. 나는 흰색 타이즈에 체크무늬 원피스를 입고 검정색 메리제인 구두를 신었다. 80년대 후반, 착한 그리스도인 여자아이가 교회에 갈 때 하는 전형적인 복장이다. 예배당 앞쪽에서 내가 마이크 가까이 다가서자, 회중은 기대와 기쁨에 찬 눈으로 나를 바라본다. 나는 교회에서 사랑받는 아이다. 주일 학교에서 주저 없이 질문에 답하고, 여름 성경학교에 친구를 더 데려올 수 있는 스티커를 받았고, 그리하여 예수님께 조금 더 가까운 그런 아이 말이다. 행사 후엔 헤어스프레이 냄새와 구강 청정제 민트 향이 진동하는 교회 집사님들이 나를 둘러싸고 안아 주려고 할 것이다. 집사님들은 내 미래가 교회에 있을 거라고 확신 있게 말할 것이다. 주일 학교 교사나 어쩌면(꿈을 크게 가져라!) 사모가 될 수도 있을 거라고 말이다. 미래의 나는 그분들이 내게 가르쳐 준 많은 것에 문제가 있음을 깨닫게 되겠지만, 어리고 세상사에 어두운 나는 내가 중요한 사람이고 사랑받고 있다고 느낀다. 그런 칭찬을 대단하게 여긴다.

어린이 예배이기는 하지만, 어두워진 창문은 예배당에 엄숙한 기운을 불어넣는다. (주일 저녁에 교회에 있는 사람은 진심인 것이다.) 부모님은 평소 주일 오전 예배 때 앉는 자리보다 좀 더 앞쪽 줄에 앉아 계신다. 익숙하지만 뭔가 과장되었고, 예상했지만 뭔가 낯선 사람들과 장소. 모든 게 약간 초현실적인 풍경이다.

나는 크게 심호흡을 한다. 이 순간을 위해 몇 주 동안 보고 또 보았던 스프링 노트의 페이지들을 머릿속에 떠올린다. 코팅한 종이에 적힌 단어들이 보이고, 글자를 따라 왔다 갔다 하는 손가락이 느껴진다.

나는 선생님의 신호를 기다린다. 신호가 떨어지자 고개를 길게 늘여 마이크에 입을 대고 앨라배마 억양으로 마음을 다해 선포한다. "만물보다 거짓되고 심히 부패한 것은 마음이라. 누가 능히 이를 알리요마는. 예레미야 17장 9절 말씀."

나는 어린아이들이 전혀 이해하지 못한 내용을 외울 때처럼 무음조로 읊조린다. 그런 뒤 키득거리는 다른 2학년 아이들을 지나 내 자리로 씩씩하게 돌아와 앉는다. 심히 부패한 나의 마음은 거짓된 안도감으로 들떠 콩닥거린다.

우리 교회의 어와나 프로그램을 통해 나는 다섯 살 때부터 열세 살이 될 때까지 성경 구절을 수백 개 암송했다. 어와나(AWANA)는 '인정받는 일꾼은 부끄러워하지 않는다'(Approved Workmen Are Not Ashamed)의 약자인데, 사회주의 청년당의 구호와 의심스럽게 유사한 그 이름은 지금 생각해도 웃음이 난다. 사실 이 유명한 성경 암송 커리큘럼은 "너는 진리의 말씀을 옳게 분별하며 부끄러울 것이 없는 일꾼으로 인정된 자로 자신을 하나님 앞에 드리기를 힘쓰라"라는 디모데후서 2장 15절에서 그 이름을 가져왔다.

다섯 살 때 침대 모서리에 앉아 아빠와 함께 예수님을 마음에 모시는 기도를 드린 순간부터, 인정받는 사람이 되는 것은 내 인생의 목표가 되었다. 하지만 궁금했다. 예수님이 들어와 거하신 뒤로 내 마음은 부패함에서 조금이라도 벗어났을까? 아니면 여전히 죄악으로 뒤덮인 영적 흡연실 같을까?

이런 질문들을 잠재우기 위해 나는 최선을 다했다. 적어도 거기서 빠져나오려고 애썼다. 우리 가족은 일주일에 최소 두 번은 교회에 갔다. 우리 자매는 기독교 사립학교에 다녔고, 아빠는 기독교 교육 분야에서 일했고, 엄마는 교사 일을 그만두고 집에 머물며 우리를 양육했다. 우리는 기독교 음악을 들었고 수많은 기독교 서적을 읽었다. 안 믿는 동네 사람들과도 어울렸지만, 그런 교류에는 항상 그들을 주님께로 이끌어야 한다는 끊임없는 부담감이 따라붙었다. 여름마다 나는 내가 사는 이스트 버밍햄 지역 전도 계획에 착수했다. 옆집의 몰몬교 신자, 길 건너의 가톨릭 신자, 길 끝에 사는 게이 커플이 주요 대상이었다. 날씨에 대한 가벼운 대화를 나누다가 우리 죄를 위해 죽으신 그리스도의 대속적 죽음에 관한 진지한 대화로 화제를 바꾸어 놓는 기술에서는 나를 따라올 사람이 없었고 나보다 더 악명 높은 사람도 없었다. 다채로운 색깔의 노끈으로 장식한 중고 허피 자전거를 타고 내가 길거리를 활주하면, 이웃들은 재빨리 블라인드를 내렸다.

그렇지만 내 이야기는 나와 같은 세대, 같은 문화에서 자란 수많은 다른 이들과는 조금 다른 방향으로 나아갔다. 나는 종교적 근본주의의 실현 불가능한 요구를 충족시키려다 내 내면마저 뒤틀려 버리는 일은 피할 수 있었다. 이는 모두 내 부모님인 피터와 로빈 헬드 부부가 고집스럽고 당당하게 그리고 거침없이 **은혜**에 헌신되어 있었기 때문이다. 부모님은 당신들의 가정을 은혜의 성소로 만들었다. 그 결과 어쩌면 회고록 작가로는 자격 미달이라 할 정도로 나는 행복한 유년기를 보냈다.

모든 부모가 그런 것처럼, 나의 부모님도 물론 실수를 하셨다. 만물보다 거짓된 것이 사람의 마음이라(예레미야 17장 9절) 하지 않는가? 그러나 부모님은 가장 중요한 것에서만큼은 분명하셨다. 부모님은 어떠한 경우에도 내가 사랑받아 마땅한 가치 있는 존재임을 확신하게 해 주셨다.

하나님이 나를 존귀한 존재로 지으셨다는 메시지는 정반대의 메시지를 내는 이 사회와 문화의 소음보다 더 크고 지속적으로 내 안에 울려 퍼졌다. 선생님, 목사님, 친구들, 기독교 변증 서적, 심지어 하도 많이 봐서 가장자리가 말리고 온통 형광펜으로 칠해진 내 사랑하는 성경책마저 한목소리로 내가 마음 깊은 곳까지 속속들이 부패하여 아무 소망이 없음을 반복해서 일깨울 때에도, 어쩐지 나는 그 소리를 그대로 믿을 수 없었고 믿지도 않았다. 아무리 최선의 노력과 최신의 과학을 동원한다 해도 맞지 않는 장기가 이식되면 몸이 거부 반응을 보이는 것처럼, 나도 그 소리를 거부했다.

일찍부터 나는 내가 믿어야 하는 것과 내가 실제로 믿는 것 사이에서 엄청난 단절을 느꼈다. 집에서 부모님은 질문을 막지 않으셨고 답을 모를 때에는 모른다고 말씀하셨다. 그러나 주일 학교에서 나의 조숙한 질문은, 이마를 찡그리고 헛기침을 하며 모름지기 좋은 그리스도인은 그런 무례한 질문은 하지 않는다는 분명한 암시를 담은 반응과 마주해야 했다. 집에서 우리가 이야기하는 세상은 깨어졌지만 아름답고 우리가 그 위에 흔적을 남기기를 기다리는 곳이었지만, 오순절 계열의 초등학교에서 내가 배운 세상은 길모퉁이마다 마귀들이 숨어 있고, 빌 클린턴은 적그리스도이며(나는 우리 할아버지가 대통령 선거에서 클린턴을 찍었다는 것을 알고 울었다), 나머지 세상은 '어둠' 속에 살아가는 곳이었다. 우리 교회에서는 여자가 있어야 할 곳은 집이라고 가르쳤지만, 우리 집에서 아빠는 내가 원하면 무엇이든 될 수 있다고 말씀해 주었다. 내가 읽은 기독교 서적들은 내 마음을 따라가면 반드시 길을 잃게 될 거라고 했지만, 엄마는 내 직감을 따르라고 가르쳐 주셨다.

그렇다고 부모님이 보수적인 복음주의의 가르침을 거부한 것은 아니었다(부모님은 오늘날까지도 그 대부분을 고수하고 계신다). 두 분은 그런 신념을 신중하고 유연하게 붙드셨고 공감하는 마음과 겸손한 태도를 잃지 않으셨다. 두 분은 아는 것과 모르는 것, 자신들이 믿는 것과 다른 이들이 믿는 것, 확신과 의문 사이의 긴장을 조금도 두려워하지 않으셨던 것 같다. 부모의 용기는 아이에게 놀랍도록 전염성이 강하다.

이처럼 상대적으로 열린 태도 때문에 나의 부모님이 성경을 믿고 진화를 부정하고 공화당을 지지하는 우리 공동체와 불화했을 거라고 짐작할지 모르겠다. 하지만 가장 완강한 근본주의자들조차 헬드 부부를 지혜롭고 점잖은 사람으로 존중했다. 바로 이것이 은혜의 매력이요 신비이며 아름다움이다. 사람들은 자기도 모르게, 이유도 알지 못한 채 은혜의 아름다움에 이끌린다.

나는 이 모든 인지 부조화를 과잉 보상하는 방식으로 소화해 냈다. 고등학교 시절에는 부모님보다 더 종교적으로 열심을 내는 방식으로 반항했다. 테네시주로 이사한 뒤로 공립학교에 다니게 되었는데, 이것은 전도의 영을 가진 내게 하나님이 주신 분명한 축복 같았다. 나는 이 학교가 내 십대 시절

꿈꾸던 선교의 현장이 될 것이라고 확신했다.

매일 아침 나는 건포도색 립스틱을 바르고(1994년경), 〔드라마〈프렌즈〉의〕 레이첼 스타일로 머리를 손질하고(1997년경), 디씨 토크의 '예수쟁이'를 들으면서(1995년경) 반 친구들에게 복음을 전할 또 하루를 위해 마음을 다졌다. 예수님을 위해 액세서리를 달았는데, 내 장스포츠 백팩에는 빨간색 덕트 테이프에 네임펜으로 "하나님 최고"라고 쓴 쪼가리가 자랑스럽게 붙어 있었고, 왼손에는 순결 반지가 반짝였다. 어떤 사람들에게는 과외 활동이었을 것이 내게는 핵심 활동이었다. 나는 성경 동아리 회장이었고, 교내 방송에서 경건의 시간을 인도했으며, 매년 '세계 학생 기도의 날' 행사를 이끌었다.

이 모든 활동 중 어느 것도 당신이 생각하는 것만큼―혹은 다른 지역에서는 충분히 그럴 수 있었을 만큼―나의 사회 관계를 황폐하게 만들지 않았다. 우리가 이사 간 곳은 바로 주 전체에서와 남부를 통틀어서뿐 아니라 전국적으로도 종교적으로 가장 보수적인 동네로 정평이 난 테네시주 데이턴이었다. 1925년 그 유명한 스콥스 원숭이 재판이 벌어졌던 그곳 말이다. 우리가 데이턴으로 이사 왔을 때 5,500명쯤 살고 있던 이 마을에는 '하나님의 교회'와 '예언의 하나님의 교회'를 포함해 스무 개가 넘는 교회가 있었다. (그렇다면 전자는 '예언 없는 하나님의 교회'였을까?) 마을 주민 대부분이 이미 그리스도인이었다. 따라서 나는 누군가를 전도하고 싶은 마음이 간절했지만 사실상 전도할 사람이 없었다.

그래도 매일 아침 내 방에서는 쿵쿵 하는 베이스 음에 맞춰 다음 노래가 울렸다.

내가 예수에 미친 걸 알면 사람들은 뭐라 생각할까?
그 사실을 알면 그들은 어떻게 할까?
사람들이 나를 예수쟁이라 불러도 난 괜찮아.
진실은 가려지지 않는 법이니까.[1]

실은 그렇지 않았다. 나는 괜찮지 않았다. 나는 사람들이 나를 예수쟁이라고 불러 주기를 절실히 바랐다. 예수 그리스도가 내 심장에서 큰 소리로 약동하고 있음을 그들이 듣고 보고 알기를 간절히 원했다.

못 말리는 나의 예수쟁이 꿈이 어디에서 왔는지 조심스럽게 돌아보고 분석해 보건대, 아마도 그 영감의 주요 원천 중 하나는 미국 복음주의 신화의 심장 언저리에 자리한 박해 서사였음을 인정하지 않을 수 없다. 이 서사에 등장하는 인물들을 당신도 일부 알 것이다. 성탄절에 싸움을 걸어오는 이교도들, 학교에서 기도하다 체포되는 공립학교 교사들, 정치적으로 올바르지 못하다고 예수쟁이들을 공격하는 북부인들이 그들이다. 여기에는 반격을 부추기는 군사적 뉘앙스가 있었다. 그러

69

한 서사가 지금 나에게는 분명 사실과 반대일 수 있지만, 당시에 나는 어린이용으로 맞춤 제작된 하나님의 전신갑주를 입고 전쟁터에 나갈 만반의 준비가 되어 있었다.

돌이켜 보니 나의 신학이 품고 있던 날카로운 칼날이 나 자신을 향하지 않았던 것은 나 자신의 특권 때문이었다. 나는 백인이며 이성애자다. 어린 시절에는 내가 신앙하는 교파가 다수인 마을에서 자라면서 이 나라에서 가장 대중적이고 보호받는 종교의 인정을 받는 모범적인 아이였다. 두려움에서든 신앙심에서든 아니면 양쪽 모두 때문이든, 나는 즐겁게 그 모든 규칙을 따랐다. 하지만 어린 시절의 나는 내가 특권을 누리고 있는지도 몰랐다. 그리스도의 어리고 열성적인 대사로 섬기는 것을 특권이라고 한다면 모를까.

그 시절의 학교 친구들 대부분은 이렇게 사회적으로 강요된 기독교적 규율과 기대를 내재화했다. 성 정체성을 숨겼고, 인종차별적 표현에 낄낄댔다. 의심은 가급적 드러내지 않았고, 학대 앞에서 침묵했다. 내가 다닌 테네시주의 고등학교에서는 성경 구절을 암송한다고 해서 괴짜 취급을 받지는 않았지만, 게이처럼 보이는 남자애나 남자처럼 옷 입는 여자애는 괴상한 사람으로 여겨졌다.

당시에 내가 이런 점에 대해 전혀 깨닫지 못했다니 얼마나 안타까운 일인지 모르겠다. 내가 쌓아올린 틀 속에 하나님이 계시다고 굳게 확신한 나머지, 나는 하나님이 가장 좋아하시는 주변부에서 그분을 찾으려고 하지 않았다. 그렇지만 나를 아는 사람 중 내가 **최선을 다했다**는 것을 의심한 이는 한 명도 없었다. 신앙은 내게 그 무엇보다 중요했고, 나는 불완전하고 민망하기 짝이 없는 나만의 방식이지만 마음과 생명과 뜻과 힘을 다하여 하나님을 사랑했다. 진실은 가려지지 않는 법이니까.

최선을 다하는 것의 문제는 그 기초가 흔들릴 때 가공할 만한 추락이 따라온다는 점이다. 정확히 그런 일이 내게 일어났다. 고등학교를 졸업하고 나는 보수적인 기독교 대학에 다녔는데, 오랫동안 나를 따라다니던 기독교 교리에 관한 내 모든 질문의 답을 거기서 찾게 되리라 기대했다. 하지만 내가 만난 대학은 오히려 그 교리를 선전하기에 급급했다. 나의 가장 중요한 질문은 이것이었다. 선하고 사랑 많으신 하나님, 나의 부모님을 떠올리게 하는 은혜와 긍휼의 하나님이 어떻게 운 없게도 때와 장소를 잘못 타고났다는 이유로 이 행성에 사는 대다수의 인간을 지옥 형벌에 처하게 하실 수 있는가? 오직 복음주의 그리스도인만 천국에 간다면, 그것은 예수님의 이름을 들어 보지도 못한 수백만의, 어쩌면 수십억의 사람들은 배제된다는 뜻 아닌가? 다른 신앙 전통에서 자란 모든 대륙과 모든 세대의 남녀노소를 모두 배제해 버리는 것 아닌가? 안네 프랑크까지도 말이다.

우리는 중학교에서 『안네 프랑크의 일기』를 읽었다. 켈리 선생님은 안네와 그 언니가 장티푸스에 걸려 결국 히틀러 치하에서 죽었다고 말해 주었다. 그 말을 듣고 나는 하나님이 어떻게든 사후에라도 기적을 일으키셔서, 내 생각에 확실히 부당해 보이는 영원한 불구덩이 형벌에서 그녀를 건져 주시기를 몇 주간 기도했다. 선하시고 사랑 많으시며 은혜로우신 하나님이 안네 프랑크를 영원한 불 형벌에 처하게 하신다니, 도저히 받아들일 수 없었다.

몇 년 후 나는 우리를 가르치던 한 신학 교수님에게 질문했다. 나치에게 살해된 유대인보다 나치 쪽에 구원의 가능성이 더 많다고 보는 신앙을 어떻게 의롭고 정당하다고 할 수 있냐고 말이다. 내게 돌아온 답은, 내 세계관이 세속적 인문주의에 오염되었으며 나의 지나친 예민함과 감상주의, 즉 **내 감정**이 내 신앙을 잠식했다는 것이었다. 나는 '무르고' '유약한' 신자였다.

"하나님의 길은 우리의 길보다 높습니다." 수업 후에 교수님은 대수롭지 않게 안경을 닦으면서 렌즈에 묻은 얼룩을 닦아 내듯 내 질문을 간단히 일소해 버렸다. "감히 우리는 전능하신 분께 의문을 가져서는 안 됩니다."

그 격동의 몇 해 동안 내가 의견을 구했던 많은 친구와 교수님, 목사님으로부터 나는 이와 크게 다르지 않은 대답을 들었다. 내 질문에 좀 더 사려 깊게 관심을 보이며 반응한 이들도 있었지만, 대부분은 결국 똑같은 결론에 도달했다. 복음주의 기독교나 그들의 성경 해석, 그들의 교회, 그들의 하나님은 문제가 없었다. 내가 문제였다. 지나치게 감상적이고 충분히 성화되지 못한 내 마음이 문제였다.

내가 성경의 폭력적이고 가부장적인 본문을 불편해 하고, 화석 기록이 진화를 뒷받침하는 강력한 증거라 생각하고, 성 소수자들을 있는 그대로 받아들이려 하고, 공화당의 여러 정책에 의문을 제기하고 고민하다가 결국 민주당에 투표한 것은 내 마음이 하나님께 반역하고 있기 때문이었다. 잠언 3장 5절의 표현처럼 내가 내 명철을 의지하기 때문이었다.

이처럼 심히 부패한 나의 마음에 옳고 그른 것, 선하고 악한 것, 거룩하고 타락한 것을 구별하는 일을 믿고 맡길 수는 없는 노릇이었다. 나는 너무 많이 느끼지 말아야 했다. 대신 생각을 해야 했다. 그렇지만 너무 많이 생각해서도 안 되었다. 물론 너무 많이 질문해서도 안 되었다.

요컨대 그냥 믿어야 했다. 그러나 그럴 수가 없다면?

한때 내가 붙들던 신앙이 이제 내게 내면의 분열을 요구했다. 물론 나는 머리를 사용할 수 있었다. 다만 그것이 과학, 성경 해석, 공공 정책과 관련해 미리 정해진 옳은 결론으로 이끌기만 한다면 말이다. 물론 나는 마음을 사용할 수 있었다. 다만 그것이 그릇된 사람에게 공감하거나 복잡한 도덕적 문제에서 잘못된 편에 서게 하지 않게만 한다면 말이다. 물론 나는 양심을 사용할 수 있었다. 다만 그것이 교회의 특정 가르침과 행동이 불편하게 다가오지 않는 한 말이다. 물론 나는 몸을 사용할 수 있었다. 다만 그 몸이 이성애자이자 시스젠더*의 몸이며, 매력적이되 너무 매력적이지 않고, 여성적이되 너무 여성적이지 않으며, 소박하고, 단정한 옷을 입고, 절제되고, 얌전하고, 단순하고, 특히 결혼 첫날밤까지 성적으로 동면 상태에 있다가 한순간에 남편을 위한 성적 축제의 장으로 마법처럼 변할 수 있기만 하다면 말이다.

달리 표현하자면 반쪽짜리 마음과 반쪽짜리 영혼, 반쪽짜리 정신과 반쪽짜리 몸으로(그러면 결국 4분의 1짜리 몸으로) 하나님을 사랑하는 한 나는 그리스도인일 수 있었다. 체리센하이트에 굴복하는 한 나는 그리스도인일 수 있었다.

'체리센하이트'(Zerrissenheit)는 내적 갈등과 파편화를 뜻하는 독일어 단어로, 철학자 윌리엄 제임스의 인상 깊은 번역처럼 '갈기갈기 찢긴 상태'를 의미한다. 우리 대부분은 그게 어떤 상태인지 어느 정도 안다. 그 단어의 철자나 발음은 모를지라도, 그 파괴적인 효과를 뼛속까지 느껴 보았을 테니 말이다. 우리가 두려움과 수치심에 사로잡혀 행동할 때 겪게 되는 파편화되고 분절된 감각이 바로 그것이다.[2]

그동안 종교는 수많은 사람을 갈기갈기 찢어 놓았다. 종교가 순수함을 추구하고, 확실함을 위해 운동을 벌이고, 생존을 위해 투쟁할 때마다 사람들은 큰 대가를 치러야 했다. 너무도 많은 이들이 양심을 버리고, 믿지 않으면서 믿는 척하고,

---

*   생물학적 성과 성 정체성이 일치하는 사람. 트랜스젠더의 반의어.

맞지 않는 성 역할과 문화적 규범에 자신을 끼워 맞추고, 욕망은 그 심지부터 잘라 버리되 재능은 허비하고, 주중에는 이렇게 살다가 일요일 아침에는 저렇게 살고, 아들과 딸을 순응의 제단에 희생시키고, 확실한 체하고, 행복한 척하고, 완벽해지려 하고, 불의 앞에서 눈을 돌렸다. 참으로 인간됨의 일정 부분 포기해 버린 것이다.

감정적으로든 지적으로든 관여하지 말라고 가르치는 체제 아래서는 건강한 개인이 만들어질 수 없다. 번영하는 공동체도 자라나지 못한다. 우리의 몸과 마음과 생명을 끊임없이 길들이려 해서는 그것을 창조하신 분을 영화롭게 하지 못한다. 다른 곳에서도 썼다시피, 만일 하나님이 주신 우리의 양심을 살펴 무엇이 옳은지 판단할 수 없고, 하나님이 주신 지성을 발휘해 무엇이 진실인지 판단할 수 없고, 하나님이 주신 직감을 의거해 무엇이 위험한지 판단할 수 없다면, 당신은 총체적으로 세상에 관여할 수 있는 능력을 잃은 셈이며 그렇게 분열된 당신을 이용해 먹으려는 이들의 먹잇감으로 전락할 위험에 놓이게 된다.

우리는 자신을 선택적으로 무감각하게 만들 수 없을뿐더러 그래서도 안 된다. 신앙에 관한 것이라면 무조건 받아들이고 보는 습관을 들인다면, 우리는 관계와 건강, 일과 놀이, 서로에 대한 도덕적 윤리적 의무에 대해서도 그렇게밖에 할 수 없게 된다. 결국 우리는 우연히 통제권을 쥐게 된 그 누군가의 명령을 생각 없이 따르는, 반은 살아 있으나 반은 죽어 있는 영적 좀비처럼 되어 이곳저곳을 헤매고 다니게 될 것이다. 내가 아는 어떤 부부는 동성애자 자녀와 밥도 같이 먹지 않는데, 그랬다가는 결국 온 가족이 지옥의 불구덩이에 떨어지고 말거라는 어느 유명 목사의 경고를 들었기 때문이다. 내가 아는 어떤 착한 이들은, 신실한 그리스도인은 약물 치료나 전문 심리 상담을 받지 않아야 한다는 글을 책이나 페이스북에서 읽고는, 자신들이 앓고 있는 충분히 경감시킬 수 있는 정신 질환의 모든 증세를 필요 이상으로 고스란히 겪어 내고 있다.

　이런 것은 예수님이 약속하신 풍성한 삶이 아니다. 이것은 건강한 삶이 아니다. 평화가 아니다. 온전함이 아니다.

이보다 풍성한 삶에 가까운 무엇이 분명 있을 거라는 나의 의심은 나를 복음주의 기독교에서 멀어지게 했다. 풍성한 삶에 대한 더 나은 이해를 바랐던 나는 영적 황무지에 들어섰고 결국에는 성공회 교회의 회중석에 이르렀다. 이렇게 말하면 내가 지나온 길이 마치 단선적인 과정처럼 들리겠지만, 사실 나의 영적 여정은 지금도 갈팡질팡하고 있고 릴케의 매*처럼

---

*　이 어구가 나오는 릴케의 시 일부를 옮겨 싣는다. "나는 하나님 주변을, 그 태고의 탑 주변을 맴돈다. / 수천 년을 맴돌고 있다. / 그리고 아직 모른다. / 나는 한 마리 매인가, 폭풍인가, 위대한 노래인가?"

원을 그리며 맴돌고 있다. 나는 더 이상 안네 프랑크가 지옥에 있다고 믿지 않지만, 우리가 죽을 때 무슨 일이 일어나는지 확신 있게 말하지도 못한다. 정의, 성, 정치, 인종에 대한 나의 관점은 계속 진화하고 있지만, 섹스와 낙태, 폭력과 전쟁 등과 관련된 윤리적 질문에 대해서는 여전히 한 발짝도 나아가지 못하고 있다. 나는 예수님의 길을 실천하겠다고 헌신한 그리스도인이지만, 내 속에는 여전히 너무도 많은 질문과 너무도 많은 의심이 있다.

알고 보니 이 모든 게 아주 정상적인 것이다. 대부분의 사람들이 삶에 대해 어느 정도의 불확실함을 가지고, 심지어—아니, 특히—종교와 도덕에 관련된 복잡한 질문들을 **가지고** 살아간다. 실제로 내가 블로그와 책에 내가 경험한 것을 쓰기 시작하자 나와 비슷한 생각을 가진 이들이 떼로 모습을 드러냈다. 그들 가운데 많은 이들이 내가 때때로 그랬던 것처럼 질문을 던지는 게 외롭다고 느꼈다. 그들이 편지와 이메일, 소셜 미디어에 쓴 글은 모든 영적 방랑자와 종교 부적응자에게 깊은 갈망이 있음을 확인해 주었다. 나 혼자만 그런 게 아니었던 것이다.

어쩌면 나는 내가 혼자가 아님을 진작 깨달았어야 했다. 나의 개방성은 부모님이 키워 주셨다. 어떤 이들은 나의 부모님이 두 딸에게 신앙에 관해 많은 자유를 주고 질문과 호기심을 장려한 것은 어리석은 일이었다고 결론 내릴지도 모른다. 그러나 돌아보건대 부모님이 허락하셨고 그분들 스스로 본이 되어 주셨던 자유가 궁극적으로 나의 신앙을 구했다고 나는 확신한다. 만일 내게 제시된 기독교가 내가 주일 학교에서 배운 것을 아무런 비판 없이 모두 받아들이라고 요구하는 그런 것이었다면, 나는 오래전에 손을 털고 뒤돌아서서 떠나 버렸을 것이다. 하지만 다른 것들과 마찬가지로, 신앙은 열린 손으로 붙들 때가 가장 좋다. 경계와 즉흥성, 전통과 혁신 양쪽에서 양분을 공급받을 때 말이다. 부모님이 우리 자매에게 거룩한 탐험을 할 수 있도록 해 주신 게 얼마나 값진 선물이었는지 모른다.

여기에서 '우리'는 필수적이다. 불확실성에 대한 나의 확신은 어른이 되어서 갖게 된 것이다. 그렇지만 돌아보건대 온 마음 다하는 삶을 향해 걸어 온 길은 나 혼자서 찾은 것이 아니다. 부모님의 인내 어린 동행과 무조건적인 사랑이 있었기에 가능한 일이었다. 내가 부모님의 연대를 더 일찍 인식하지 못한 것은, 우리기 공유하는 자세보다는 비슷한 의견과 일치하는 생각에 더 시선을 맞추도록 우리 대다수가 훈련받았기 때문이 아닐까 싶다. 나는 부모님보다 훨씬 더 많은 질문과 훨씬 더 많은 의심을 가지고 있는 것처럼 보였다.

하지만 내가 이러한 생각을 말로 표현하게 되기 한참 전부터 부모님은 온 마음 다하여 믿는 것이 질문이나 불확실성과 대립할 필요가 없는 환경을 조성해 주셨다. 온 마음 다한다는 것은, 우리가 의문을 가질 수 있으며 그때에도 인간의 그러한 일관성 없음에 위협받지 않으시는 하나님의 부드러운 품에서 우리가 쉴 수 있다는 뜻이다. 온 마음 다한다는 것은, 우리가 대담한 질문을 할 수 있으며 그런 질문에도 불구하고가 아니라 바로 그런 질문 때문에, 즉 그분을 더 깊이 알고자 하는 우리의 추구하고 탐색하는 정신 때문에 하나님이 우리를 사랑하신다는 뜻이다. 온 마음 다한다는 것은, 우리를 만드신 하나님, 우리를 구속하신 하나님, 그리고 지금도 우리와 동행하시는 하나님을 신뢰하는 가운데 은혜의 보좌 앞에 담대히 나아갈 수 있다는 뜻이다.

이 여정에서 겪는 정서적, 영적 어려움에 대해 일부 방구석 분석가들은 내가 "옛적 길……이 어디인지 알아보"지 않았기에 "내 심령이 평강을 얻"지 못하는 것이며(예레미야 6장 16절), 내게 온전한 평강이 없는 것은 내 "심지가 견고"하지 않음을 보여 주는 증거라고(이사야 26장 3절) 결론지었다. 이 증거 구절 찾아내기 전문가들이 일깨워 주었듯, 예수님은 그분의 짐이 쉽다고 약속하셨는데 나는 간단하고 분명한 답에 만족하고 안주하지 못하고 있으니 결국 이것은 내게 믿음이 없음을 보여 주는 분명한 표지라는 것이다.

여전히 나는 이 가운데 어느 하나라도 어떻게 간단하거나 분명할 수 있는지 모르겠다. 복음주의 안에서 자란 내 어린 시절이 내게 남겨 준 것이 있다면, 증거 구절을 증거 구절로 맞받아치는 능력이다. 바울이 고린도 교회에 보낸 첫 번째 편지에 쓴 것처럼, "하나님의 일도 하나님의 영 외에는 아무도 알지 못"한다.[3] 같은 편지의 뒷부분에서 바울은 이렇게 덧붙인다. "우리가 지금은 거울로 보는 것같이 희미하나…… 지금은 내가 부분적으로 아나……."[4] 나는 하나님이나 하나님의 길을 이해하는 게 쉬울 거라고는 한 번도 생각해 본 적이 없다. 트라피스트회 수사이자 미국의 저명한 영성가인 토머스 머튼은 이렇게 썼다. "만약 너무 쉽게 찾아진다면 아마도 그분은 나의 하나님이 아닐 것입니다.…… 만약 바라는 어느 곳에서든 그분을 찾을 수 있다면, 나는 과연 그분을 발견한 것일까요?"[5]

나와 함께 이 길을 가는 많은 동료들이 교회로부터 외면당하고 소외되어 왔다. 친구들로부터 따돌림을 받기도 했다. 어떤 이들은 단지 질문을 너무 많이 한다는 '죄' 때문에 가족들과 연락이 끊겼다. 그러나 불확실함을 인정한다고 해서 덜 신실한 사람이 되는 것은 아니다. 더 솔직한 사람이 될 뿐이다. 우리가 얼마나 모르는지 인정한다고 해서 덜 신실한 사람이 되는 것은 아니다. 그저 더 숨김없이 말하는 사람, 어쩌면 더 호기심 많은 사람이 될 뿐이다. 누구 못지않게 방황했던 자기 마음의 연대기를 기록한 앤 라모트는 이런 유명한 말을 남겼다. "믿음의 반대는 의심이 아니라 확실함이다."[6]

이 말을 읽으면서 나는 안심했다. 만약 불확실함이 믿음의 표지라면, 나는 정말로 믿음이 좋은 게 분명하다. 진실은 가려지지 않는 법이니까.

3

—

굳은 돌덩이가
부드러운 살갗이 되는 곳

에스겔은 포로였다. 주전 6세기 초 유다가 바벨론에 정복된
뒤 그가 환상과 계시를 받기 시작했을 때, 그는 고향에서 아주
멀리 떨어진 곳에 끌려와 있는 처지였다. 고향을 그리워하는
마음과 망향의 한에 사로잡힌 그가 자신의 조국이 왜 주권을
잃어야 했는지, 하나님의 복은 도대체 어디로 다 사라져 버린
것인지 이해하기 위해 얼마나 몸부림을 쳐야 했을지 궁금하
지 않을 수 없다.

에스겔서의 많은 부분은 매서운 심판, 하나님의 저주를
호소하는 말, 기괴하고 성적인 암시가 담긴 알레고리로 인해
읽기가 어렵다. 백성은 수억 번쯤 하나님께 등을 돌렸고, 가난
한 이들을 착취했고, 폭력을 일삼았고, 대체로 모든 것을 엉망
진창으로 만들었다. 그러나 에스겔서는 재건과 구속, 재창조
에 관한 책이기도 하다. 36장에서 하나님은 에스겔을 통해 백

성에게 약속하신다. "너희에게 새로운 마음을 주고 너희 속에 새로운 영을 넣어 주며, 너희 몸에서 돌같이 굳은 마음을 없애고 살갗처럼 부드러운 마음을 주며……."[1]

고대 랍비들은 "살갗처럼 부드러운 마음"으로 번역되는 히브리어 '레브 바사르'(lev basar)를 창조주와 창조세계를 인식하고 주의를 기울이는 마음으로 이해했다. 랍비 아리엘 버거는 작가 파커 파머와의 대화에서 에스겔 36장 16절을 그해의 좌우명으로 삼았다면서 어느 중요한 하시디즘* 스승의 사상에서 '레브 바사르'가 위치하는 중심성에 대해 언급했다. "브레슬로프의 랍비 나흐만에게서 나온 하시디즘 가르침이 있어요. '상한 마음보다 온전한 것은 없다.'" 버거는 이어서 이렇게 말한다. "이러한 전통에서는 상한 마음을 함양하지요. 그것은 우울이나 슬픔과는 아주 다른 겁니다. 그것은 일종의 취약함이자 개방성이며 자신의 고통과 타인의 고통에 대한—당신과 타인을 연결해 주는— 예민한 감수성입니다."[2]

살갗처럼 부드러운 마음, 취약한 마음보다 더 아름다운 소망, 더 사랑스러운 하나님의 약속이 있을까?

핵심은 살갗처럼 부드러운 마음을 주시는 하나님의 은혜를 깨닫는 것이다. 나는 냉소주의와 경계심, 탄수화물 섭취가 제공하는 자기 보호를 좋아하는 만큼이나, 내가 사랑받고 있음을 재발견하기 위해 부드러움과 취약함의 새 영을 받을 필

---

* 초정통파 유대교의 한 분파.

요가 있다. 지난 십여 년간 우리는 의미를 찾고 소속감을 얻으려면 그 과정에서 취약함을 끌어안는 게 중요하다는 일종의 문화적 각성이 일어나는 것을 지켜보았다. 브레네 브라운의 획기적인 저술은 그녀가 일컫는 '온 마음 다하는 삶'을 추구하도록 수백만의 사람들에게 영감을 불어넣어 주었다. 그 삶은 "맞아, 나는 불완전하고 취약한 점도 있고 두려울 때도 있지만 그렇다고 해서 내가 용감하고 사랑과 소속감을 누릴 가치 있는 존재라는 사실은 변하지 않아"라는 확신에서 출발하는 회복력과 연민의 자세를 갖도록 해 준다.[3] 브라운에 따르면, 의미 있는 관계를 경험할 수 있는 유일한 방법은 관망하기를 멈추고 적극적으로 관여하는 것으로, 즉 불확실성과 위험과 감정 노출을 받아들이고 "삶과 우리를 둘러싼 사람들을 바라보면서 '나는 최선을 다했어'라고 말하는" 데 있다.[4]

나는 침대 머리맡에 브라운의 책을 놓아둔다. 그녀의 책은 수년간 '갈기갈기 찢긴 상태'로 지내 온 나의 마음과 영혼과 정신과 몸을 다시 하나로 추스르도록 도와준 소중한 동력이었다. 하지만 다른 그리스도인들과 대화하면서 나는 많은 이들이 이러한 변화를 가져오는 원칙을 자신의 신앙에 적용하기를 두려워한다는 사실을 알게 되었다. 브라운도 주지하다시피, 흔히 종교는 불확실한 것을 확실하게 만들려고 들기 때문이다. 결과적으로 내 친구들과 독자들 다수가 서로 양립하기 어려워 보이는 두 세계관을 동시에 붙든다. 한편으로 그들은 행복하고 건강한 사람들이 모두 자신의 가치에 대한 견고한 감각에 뿌리내리고 있음을 알지만, 다른 한편으로는 자신은 죄로 인해 하나님의 사랑을 받을 가치가 없는 존재라고 기독교 교리에서 그렇게 가르친다고 믿는다. 한편으로 그들은 깊은 인간관계를 맺으려면 비밀이나 거짓말이나 관망하기보다 정직함과 솔직한 감정 표현이 훨씬 낫다는 것을 알지만, 다른 한편으로는 하나님께 나아가려면 미인 대회의 여왕이 꼭 끼는 드레스에 억지로 몸을 끼워 넣는 것처럼 자신의 두려움과 의심, 분노와 슬픔일랑 죄다 억누르고 속으로 삼켜야 한다고 배웠다. 경험적으로는 취약함이 불가피하고 그것을 부정하기보단 껴안는 편이 낫다는 것을 알면서도, 신자들은 종종 이 위험하고 불확실한 세상에서 자신의 신앙이 실망과 의심과 변화에 영향을 받지 않는, 확실하고 취약하지 않은 역할을 해야 한다고 기대한다.

그러나 취약함을 부정하는 태도는 성경에서도, 과거와 현재의 성도들의 증언에서도 발견되지 않는다. 성경은 모든 찬양의 시편마다 "주님, 어찌하여 주님께서는 그리도 멀리 계십니까? 어찌하여 우리가 고난을 받을 때에 숨어 계십니까?"라고 신실한 자들이 울부짖는 좌절과 탄식의 시편으로 맞받아친다.[5] 잠언이 선사하는 입에 착 감기는 구구절절 옳은 소리마다 "세상에서 벌어지는 온갖 일을 보니 그 모두가 헛되어 바람을 잡으려는 것과 같다"라고 읊조리는 전도서의 부유한 현자의 보다 복잡다단한 성찰이 맞받아친다.[6]

우리는 우리의 믿음의 조상들이 마음에 사무친 감정을

표현할 뿐 아니라 그러한 감정에 따라 행동하는 것을 거듭해서 본다. 예수님 역시 세상에 대한 금욕주의적 방관자와는 거리가 머셨다. 그분은 연민에 사로잡히셨고, 기쁨을 이기지 못하셨고, 슬픔에 잠기셨다. 때로 선택 앞에서 갈등하는 것처럼 보이기도 하셨고, 다른 이들의 믿음에 유쾌하게 놀라움을 드러내셨다. 아브라함은 하나님께 호소했고, 욥은 하나님과 논쟁했고, 한나는 하나님과 흥정했다. 이스라엘이라는 민족의 이름은 하나님과 어찌나 격하게 씨름했던지 한쪽 다리를 절게 된 한 남자의 이름에서 온 것이다. 초기의 수도사들은 황홀경 가운데 받은 계시뿐 아니라 영혼의 어두운 밤에 대해서도 썼다. 지치지 않고 가난한 이들 편에 섰던 마더 테레사조차 우울증과 절망에 맞서 힘겹게 싸웠고, 때로 그 싸움에서 진 것처럼 보일 때도 있었다. 한번은 친구에게 보낸 편지에서 그녀는 이렇게 고백했다. "나는 더 이상 기도하지 않아."[7]

　　이것은 유대교와 기독교 전통에서 나온 몇몇 사례이지만, 다른 신앙과 실천에서도 불완전함과 의심과 취약성은 인간의 경험에서 불가피한 요소이며 따라서 믿음의 삶에서도 불가피하다는 것을 인정한다. 기독교 인문주의자 대니얼 테일러는 이렇게 말한다. "중요한 삶의 영역 가운데서 위험으로부터 자유로운 곳은 없다. 위험성은 어떤 성취와 어떤 관계에서도 핵심 요소다. 선택을 해야 할 때마다 위험이 따른다. 행동을 취해야 하는 지점마다 위험이 도사리고 있다. 사람들의 삶이 엮이는 곳마다 위험이 존재한다. 그렇다면 우리가 초월

성과 맺는 관계는 다를 거라고 기대해야 하겠는가?"[8]

따라서 온 마음 다한다는 것은 흑과 백을 날카롭게 구분하는 환원주의적 사고를 우상 숭배하듯 고수하는 것이 아니라, 오히려 광대하고 아름다운 풍경이 만들어지는 회색 지대가 있음을 인식하고 받아들이는 것이리라. 온 마음 다하여 살아가는 것이 그렇듯, 나는 온 마음 다하여 믿는 것 역시 위험을 무릅쓰고 취약함을 간직하고 불확실함을 받아들이는 게 필요하다고, 개인의 삶에서뿐 아니라 공동체적 삶에서도 그러하다고 믿게 되었다. 온 마음 다한 믿음은 우리가 알지 못하는 모든 것을 기꺼이 인정할 것을 요구하며, 알지 못함에도 불구하고 추구하도록 격려한다.

내가 믿사오며.

사도신경을 시작하는* 이 어구를 내뱉을 때마다 나는 온 마음을 다한다. 나는 신경(신조)을 중시하는 전통에서 자라지 않았다. 그러나 성인이 된 뒤로 나는, 죄악이 들끓는 세기를 거듭하며 의심으로 가득 찬 일요일마다 나와 같은 열망을 가진 신자들이 이 고백을 드림으로써 자신들의 분투 가운데서 위로를 발견했다는 사실에 위안을 얻는다.

---

* 영어에서는 "내가 믿사오며"(I believe)라는 어구로 문장이 시작된다.

오해하지 말길 바란다. 내가 신경에서 고백하는 말을 언제나 전부 다 믿는다는 뜻은 아니다. 오히려 믿고 **싶다**는 뜻이다. 나는 신경이 제시하는 풍성하고 정교한 이야기를 믿고 싶다. 나는 우리가 볼 수 있는 모든 아름다움뿐 아니라 우리가 보지 못하는 모든 아름다움까지 창조하신 하나님, 그리고 만물을 구속하시는 선하고 은혜로운 하나님이 계심을 믿고 싶다. 나는 다른 모든 사람과 같이 무덤에 묻혔지만 다른 모든 사람과 달리 무덤을 이기셨고, 그리하여 지금은 우리가 알지 못하지만 언젠가는 알게 될 곳으로 올라가신 한 분이 있었음을 믿고 싶다. 나는 분열만 할 줄 아는 우리를 하나로 엮으시는 성령님으로 인해, 시간과 공간을 가로질러 놀라운 신비와 신실한 우정 안에서 하나로 연결된 거룩한 공교회가 있음을 믿고 싶다. 나는 차고 넘치도록 아낌없이 주시는 사랑이 있음을 믿고 싶다. 나는 내 모든 물음에 진지하게 답하는 신앙이 있음을 믿고 싶다. 나는 나의 이런 온 마음을 참아 줄 뿐 아니라 품어 주는 종교가 있음을 믿고 싶다.

신학자 후스토 곤잘레스는 사도신경에 관한 짧지만 중요한 책에서, 만약 우리의 믿음을 요약하거나 우리 신앙의 열망을 담은 짧은 글을 써야 한다면 우리 중 어느 누구도 이 짤막한 신앙 진술처럼 쓰지는 않을 것이라고 지적한다. "나라면 동정녀 탄생에 관한 문구를 삭제하기 쉬울 것이다"라고 그는 말한다. "또한 분명 나는 신자들의 사회적 책임에 대한 내용을 추가하고 싶을 것이다."9 나는 우리가 아는 이 세상에서 하나님, 예수님, 교회의 의미를 표현한다고 할 때 각자가 대다수에게 가장 중요한 것을 강조하면서 자신만의 신앙고백을 쓸 수 있을 거라고 상상해 본다. 어떤 이들은 나의 신앙을 특이하다고—심지어 이단적이라고!—볼 수 있겠지만, 핵심은 나의 의견을 강화하는 게 아니다. 핵심은 내가 한 가족 안에 속해 있음을 주장하는 것이다. 곤잘레스는 이렇게 쓴다. "나는 나 자신이, 수 세기 동안 동일한 복음 안에서 그리고 이제 나도 그 일원인 동일한 신도 공동체 안에서 자신의 정체성을 발견했던 허다한 무리의 일부임을 선언한다. 순교자, 성인(聖人), 선교사, 위대한 신학자를 포함하는 이 허다한 무리는 결국에는 모두가 나와 마찬가지로 구속받은 죄인에 지나지 않는다."[10]

그래서 나는 '믿사오며'라고 말한다.

나는 내 모든 질문에도 불구하고 믿는 것이 아니라 그러한 질문 때문에 믿는다. 나는 내가 의심할 여지없이 잘못 알았던 (또한 바르게 알았던) 모든 신학에도 불구하고 믿는 것이 아니라 그러한 신학 때문에 믿는다. 나는 내 죄에도 불구하고 믿는 것이 아니라 그러한 죄 때문에 믿으며, 앞서간 모든 성인들과 죄인들과 마찬가지로 그저 있는 그대로의 나로서 믿는다. 온 마음 다하는 신앙을 추구하는 나의 모험은, 앞에서도 언급했듯이 '만약 내 마음이 심히 부패했다면 어떻게 온 마음 다하여 하나님을 사랑할 수 있을까?'라는 질문과 함께 시작되었다. 이 질문은 더 큰 질문들로, 예를 들면 '만약 하나님이 진짜인지조차 확신할 수 없다면, 어떻게 온 마음 다하여 하나님을 사랑할 수 있을까?'와 같은 질문으로 이어졌다.

당신의 탐색은 다른 무엇과 함께 시작되었을 수 있고, 당신의 여정은 마침내 내 탐험의 범위를 넘어서는 곳으로 당신을 데려갈 수도 있다. 좋다. 그래야 한다. 부디, 나의 이 초대를 귀담아듣고 자신을 가장 두렵게 하는 질문과 생각에서 더 이상 도망하지 말기를 바란다. 당신의 질문과 생각은 나의 것과 어느 정도 겹칠 수도 있겠지만 필연적으로 당신 자신의 질문과 생각이 될 것이며, 당신 자신의 경험이 만들어 가는 (그리고 하나님이 주신 당신의 마음이 그려 내는) 형태와 그림자를 통해 규정될 것이다.

나는 당신이 자신의 모든 질문, 모든 난제, 모든 모순을 담대하게 마주하기를 바란다. 당신이 전해 받은 신앙을 계속 유지하게 될 것이라고 보장할 수는 없다. 나의 신앙 역시 내 부모님이 내게 심어 주고자 했던 신앙과 같지 않다. 솔직히 말해, 정체된 신앙이나 변하지 않는 신앙은 당신을 위해 내가 기도하는 바가 아니며 그래서도 안 된다. 우리가 배우고 성장함에 따라 신앙은 진화해야 하기 때문이다. 아주 솔직히 말해서, 나는 당신이 신앙 자체를 고수하게 될는지조차 약속할 수 없다. 그러나 바로 그것이 우리가 흉내 내기를 멈추기로 결심할 때, 모든 것이 변하지 않을 것이라는 어떠한 보장도 없지만 최선을 다하기로 할 때 직면하게 되는 위험이다. 그리고 어쩐 일인지 나는 우리가 신경에서 고백하는 하나님이 우리를 정말로 만나 주실 것을 믿는다. 고대인들이 말했던 목자처럼 온유하고 한결같으며, 처음부터 창의적이고 창조적인 그분이 우리를 만나 주실 것을 믿는다. 아니, 믿고 싶다.

나는 산을 움직이시는 하나님을 믿고 싶다. 바다를 잠잠케 하시는 하나님을 믿고 싶다. 돌같이 굳은 마음을 살갗처럼 부드러운 마음으로 바꿔 주겠다고 약속하신 하나님을 믿고 싶다. 그리고 이런 내 마음의 갈망이 분명 의미 있다고 믿고 싶다.

4
—

모든 것을 아는 사람에서
해방되기

내 유년기의 종교적 문화는 내게 특정한 형태의 내적 대화를 계발하도록 가르쳤는데, 나는 이를 정신적 불안이라고 부르겠다. 나는 신중한 편이며(내 트위터 친구들의 논평은 사양하겠다), 의심이 많고, 안팎으로 논리를 따지고 드는 경향이 있다. 일종의 방어 기제다.

내가 왜 그럴까 생각해 보니, 머리로 하는 논쟁은 실망으로부터 나를 보호해 주기 때문이라는 결론에 이르렀다. 일관성 없는 나 자신에 대한 실망, 다른 이들의 약함에 대한 실망, 심지어 하나님께 대한 실망으로부터 말이다. 논리적 설명을 구축하고 합리적으로 납득할 수 있도록 상황을 정리할 수 있다면, 오래도록 나를 괴롭힐 불확실성은 확실히 제한된다. 온갖 불합리하고 터무니없는 것, 모순적이고 역설적으로 보이는 모든 것을 차단하는 것이다.

이것은 요새 구축의 신앙으로, 원치 않는 침입자(의심, 질문, 민주당원)를 미연에 방지하도록 설계된 끝나지 않는 건축 프로젝트다. 날마다 나는 나의 생각과 나의 잘 정돈된 내적 논리로 요새 구축을 계속해 간다. 돌과 벽돌을 매끄럽게 쌓아올림으로써, 나 자신의 흔들리는 감정의 달갑잖은 침입뿐 아니라 나와 생각이 다른 이들의 명백히 사려 깊지 못한 습격까지 한꺼번에 떨쳐낸다. 인내심 많은 내 남편에게는 아주 유감이지만, 나는 내 정신의 성루에서 대포를 쏘듯 트윗을 날리는 일에 너무도 훈련되었고 너무도 능숙하다.

그런데 나는 내가 논증으로 구축하려고 했던 것이 확실성의 요새임을 깨달았다. 내가 어린 시절의 복음주의 교의에서 많이 벗어났다고는 하나, 나의 근본주의를 개혁하기란 혹은 (진보주의자들 사이에서는 인기 없는 말이겠지만 참으로 이보다 적절할 수 없는 표현을 쓰자면) 회개하기란 훨씬 더 어려웠다. 때로 그 요새는 전혀 해체되지 않은 것처럼 보인다. 깃발 하나를 뽑아냈다 싶으면 그 자리에 어느새 다른 깃발이 올라가 있다. 그렇게 해서 벽이 조금이라도 더 견고해지는 것도 아니고, 그곳이 조금이라도 더 따뜻하고 살 만한 곳이 되는 것도 아니고, 내가 조금이라도 더 온 마음 다하는 인간이 되는 것도 아니다.

간혹 사람들은 나에게 절대적 진리에 대해 어떻게 생각하는 묻는다. 그들은 내가 확실성의 먼 사촌쯤 된다고 말할 수 있을 이 절대적 진리를 믿는지, 절대적 진리가 무엇이라고 생각하는지 묻는다. 그러다가 때로 나의 명백한 상대주의와 그 유명한 파국의 비탈길의 위험성에 대해 경고한다. 전에도 말했듯이, 그런 것들은 이틀 동안이나 콘택트렌즈를 끼고 있으면서도 잃어버린 줄 알았던 사람에게 던지기에는 너무 복잡한 질문이다.

내가 절대적 진리가 존재하지 않는다고 믿는다는 게 아니다. 다만 절대적 진리가 존재한다면, 그것을 온전히 알려면 하나님의 마음이 필요할 것이다. 나는 절대적 진리가 사람들의 눈에 띄기를 기다리면서 누구나 단번에 알아볼 수 있는 곳에 놓여 있다고는 생각하지 않는다. 절대적 진리가 존재한다면, 나는 그것이 바람에 좀 더 가깝지 않을까 상상한다. 바람이 부드러우면서도 간접적으로 자신의 존재를 일깨워 주듯 말이다. 우리는 바람이 어떻게 수선화를 살며시 흔들어 봄날의 춤을 추게 만드는지 본다. 우리는 바람이 어떻게 갈매기의 공기 역학적 날개와 인사하면서 그 새를 하늘 높이 솟구쳐 오르게 하는지 안다. 우리는 수영장에서 나올 때 우리의 젖은 몸을 스쳐 가는 바람의 차가운 입김을 느끼고, 끔찍하게 후덥지근한 날 바람이 없어 바짝 마르고 생명의 진액이 빠져나가는 것 같은 느낌이 어떤 것인지 안다. 그러나 그 바람을 병에 담아 놓거나 길들일 수는 없다.

간혹 시편에 담긴 고대의 시나 릴케의 특별히 사랑스러

운 시구에 빠져들 때, 나는 우연히 진리의 조각을 발견한 것 같다고 느낀다. 그러나 그것을 트위터에 올릴 수는 없는데, 인간의 언어로는, 적어도 나의 제한된 어휘력으로는 진리의 어마어마한 엄습을 짧은 형태로 요약할 수 없기 때문이다. 때로 나는 다른 사람들 속에서—내 아이들의 천연덕스러운 정직함에서, 싱어송라이터인 내 동생 아만다의 목소리에 묻어나는 멋진 리듬에서, 사랑하는 몇몇 친구들의 꾸밈없는 동행에서—진리의 반짝이는 빛을 발견한다고 믿는다. 그러나 내가 그 진리를 붙잡으려고 한다면? 글쎄, 봄날의 산들바람을 어떻게 상자에 담을 수 있으며, 반딧불이의 반짝임을 어떻게 붙잡아 둘 수 있단 말인가?

진리는 우리가 엿볼 수 있도록, 심지어 탐험하고 발견할 수 있도록 저곳 어딘가에 있을지언정, 더 이상 나는 그것을 확실성과 비슷한 것으로 번역할 수 있다고는 믿지 않는다. 트위터에 수많은 글을 올리지만, 나는 내가 모든 질문에 대한 답을 가지고 있지 않음을 안다. 때로 나는 대답할 준비가 안 되어 있다. 솔직히 최선의 답이 어떤 것인지 모르기 때문이며, 어쩌면 최선의 답이 단 하나만 존재하는 것이 아닐 수 있기 때문이다. 때로 나는 답할 준비가 안 되어 있다. 내가 모르는 게 너무 많음을 마침내 기꺼이 인정하게 되었기 때문이다. 그래서 최선의 답이 무엇인지 모르겠다고 말할 때, 내가 의미하는 바는 어떤 답이 가능한지조차 잘 모르겠다는 것이다.

"모르겠어요"라고 말하는 것은 약함의 표시로 보일 수

있고("성경을 읽는 데 충분한 시간을 들이지 않았군요"), 확신의 부족을 드러내는 표지로 여겨질 수도 있다("세상의 방식이 당신의 믿음을 서서히 잠식하고 있어요"). 그리고 기독교 세계에서든 세속 세계에서든, 모른다고 공식적으로 인정해 버리면 이는 맨스플레인을 좋아하는 나방들에게 거부할 수 없는 불빛처럼 보일 수 있다. 그들은 정말로 나의 솔직함이 그들의 확실함으로 나의 불확실함을 지도해 달라는 초대라고 생각하는 걸까?

예수님을 믿는 것은 더 이상 삶의 방식이 아니라 논쟁에서 취하는 입장으로 그 성격이 바뀌어 버렸다. 그러나 내가 발견한 사실은, 그리스도인이 되고 그리스도인으로 살기 위해 '모든 것을 다 아는 사람'이 될 필요는 없다는 것을 알 때 사람들은 복음을 훨씬 더 잘 받아들이게 된다는 것이다. 그것은 충실한 자유의 한 형태이기도 하다. 모든 것을 알지 않아도 되고 어마어마한 지식으로 모든 이를 감명시키지 않아도 된다니, 거기에는 자유함이 있다.

그러한 자유는 깊은 겸손, 곧 하나님은 하나님이며 나는 하나님이 아니라고 말할 수 있는 능력에 근거한다. 하나님의 완전하심과 오류를 범할 수 있는 우리의 자아를 구별하지 못할 때 인간은 엄청난 실수를 범해 왔다. 그리고 우리 중 많은 이들은 우리가 탐색할 수 있는 하나님의 아름다움이 얼마나 많이 남아 있는지를, 또한 믿음의 삶이 거룩한 호기심의 삶이기도 하다는 것을 깨달을 때 그 가능성에 대해 새롭게 눈을 떠 왔다.

어쨌든 내가 만났던 열린 마음의 방랑자들 대부분은 총 알도 뚫을 수 없는 견고한 믿음의 체계가 아니라 친구들의 공동체를, 모든 답이 실려 있는 영적 백과사전이 아니라 어려운 질문을 던질 수 있는 사랑받는 이들의 모임을 찾고 있었다.

"언제나 답변할 수 있게 준비를 해 두십시오"[1]라고 했던 베드로의 훈계에 대해 나는 종종 생각한다. 그의 권고는 로마 네로 황제의 잔혹한 통치하에 박해를 받고 있던 교회에 보내는 사랑의 편지 안에 자리 잡고 있다. 그는 토론을 앞둔 대통령 후보를 지도하고 있는 게 아니라, 순교자가 될지도 모를 이들에게 조언하고 있다. 그는 독자에게 기독교 변증 수업을 하고 있는 게 아니라, "여러분이 가진 희망을 설명하여" 주라고 말하고 있다. 세상 두려움에서 벗어나 꾸준한 열심을 가지고 "선한 일을 하"게 하는 믿음을 삶으로 보여 주는 고백을 하라는 것이다.[2]

베드로는 순진무구한 사람이 아니었다. 신도들이 핍박을 받을 때 선을 행하고 학대를 당할 때 온유하게 반응하더라도 제대로 이해받지 못할 것을 그는 알았다. 하지만 그는 또한 신실한 이들이 질문을 받을 때 그들이 거기에 답할 수 있도록 준비시키는 것이 자신이 할 수 있는 전부라는 것도 알았다. 그 질문은 적의에 찬 이들에게서뿐 아니라 연약하고 어리둥절하고 겁먹은 그들 자신으로부터도 터져 나올 수 있는 것이었다. 그리고 그는 유일하게 가능한 답은, 이 세상 문화를 거스르는 사랑 안에서 품는 다른 세상에 대한 소망임을 확신했다.

온 마음 다하는 취약한 신앙은 정신의 요새가 아닌 바람 몰아치는 열린 마음의 벌판에서 살아간다. 그 광대한 땅에서 우리는 선포하기에 앞서 다시 한 번 관찰하고 경청하고 사랑하라는 부름을 받는다. "이스라엘아, 들으라. 우리 하나님 여호와는 오직 유일한 여호와이시니 너는 마음을 다하고 뜻을 다하고 힘을 다하여 네 하나님 여호와를 사랑하라."³

베드로는 의심할 여지 없이 이 쉐마의 말씀을 마음 깊이 새기고 있었다. 나는 그 역시 이 말씀을 반복해서 일깨워 주는 것이 필요했다고 확신한다. 들으라는 명령. 우리는 거룩한 집중과 주의 깊은 묵상, 신실한 증언으로 부름 받았음을 되풀이해서 듣는 것이 필요하다. 베드로는 격동적인 믿음의 삶을 살았다. 기록은 그의 증언이 한결같지 못했고 불신의 순간으로 움푹움푹 패여 있었음을 보여 준다. 그는 예수님을 좇아 갈릴리 바다 위를 걷다가, 예수님으로부터 "믿음이 적은 자여, 왜 의심하였느냐?"라는 그 유명한 말을 들은 제자였다.⁴ 그는 세 번이나 주님을 알지 못한다고 부인한 제자였다. 그러나 그렇게 작은 그의 믿음은—그리고 **그는**—어떻게 된 일인지 예수님이 바로 그 반석 위에 자신의 교회를 세우겠다고 말씀하시기에 충분했다.

나는 베드로가 스스로 쉐마를 암송한 적이 있었는지 궁

금하다. 그는 스스로에게 자신의 친구일 뿐 아니라 자신의 랍비이며 주님이기도 한 그분을 상기하기 위해 이 고대의 말씀을 사용했을까? "무엇보다도 먼저 서로 뜨겁게 사랑하십시오. 사랑은 허다한 죄를 덮어 줍니다."[5] 베드로전서에 이렇게 썼을 때, 나는 그가 이론적인 이야기를 하는 게 아니었다고 생각할 수밖에 없다. 분명 그는 예수님으로부터 느꼈던 깊은 사랑의 기억뿐 아니라, 자신의 믿음 없는 행동과 그리스도를 부인했던 자신의 죄와 결함의 역사를 염두에 두고 있었을 것이다.

믿음의 삶이 쉽다면, 쉐마의 말씀은 이치에 맞지 않을 것이다. 또한 우리가 믿음과 종교적 실천에 있어서 바위처럼 단단하고 한결같고 꾸준하고 확실하다면, 이 기도는 필요하지 않았을 것이다. 대부분의 진심 어린 기도가 그런 것처럼, 이 기도는 확실성을 표현하는 것과는 정반대다. 이 기도는 간절히 바라는 소망과 열망의 표현이다.

쉐마는 만나를 먹고 살던 사람들이 주문처럼 되뇌던 기도였고, 본향을 찾아 광야를 헤매던 조상들의 후손에게 주어진 회복의 말씀이었다. 지금도 마찬가지다. 전통적으로 유대인들은 아침과 저녁, 하루에 두 번 이 기도를 드려 왔다. 의식을 반복하는 것은 우리에게 고정적으로 일깨워 주는 표지가 필요하다는 뜻이다. 또한 많은 유대인들은 이 말씀을 새긴 아주 작은 두루마리를 예배 때 옷에 매다는 작은 함인 '테필린' 안에, 혹은 집 문지방에 달아 놓는 작은 통인 '메주자' 안에 넣어 두었다.

다른 수많은 기도와 마찬가지로, 쉐마 역시 우리가 경험하는 어떤 것에 대해 하나님께 말하는 행위이기보다는 우리의 중심을 다시금 바로잡는 의식이다. 우리의 중심을 우리 자신의 확실성이 아닌 우리의 믿음에, 모든 지식을 뒤쫓는 무익한 노력이 아닌 참으로 모든 것을 아시는 유일하신 한분과의 관계로 향하는 길에, 우리 자신이 아닌 우리를 만드시고 지금 우리와 함께하시는 분께 두는 것이다. 뉴욕중앙회당의 수석 예배 인도자인 랍비 안젤라 부크달은 어린 시절에 매일 밤 언니들과 함께 이 기도를 드리며 자랐으며 이제는 자신의 세 자녀와 함께 매일 밤 이 기도를 드린다고 한다. "우리 모두는 이 세상에서 서로 연결되어 있습니다. 모든 바위, 모든 돌멩이, 모든 창조세계가 말이죠." 쉐마는 다음을 일깨워 주는 변함없는 표지라고 그녀는 말한다. "하나님은 만물 안에 계십니다."[6]

하지만 이것을 기억하는 게 쉬운 일이었다면, 이것이 고통 없는 길이었다면, 이 여정이 쉬웠다면, 그리고 하나님을 사랑하는 것, 심지어 그저 하나님을 인식하는 것이 그토록 직관에 반하는 일이 아니었다면, 정확히 우리의 온 마음과 온 뜻과 온 힘을 다할 필요가 왜 있겠는가?

마음과 뜻과 힘. 다른 말로 하면, 온전한 자아로 우리는 하나님을 사랑해야 한다. 엉망진창이고 복잡다단하고 갈등하는 우리의 자아 전체로 말이다. 스페인 소설가이며 지식인인 미겔 드 우나무노는 이렇게 썼다. "어떠한 마음의 열정도 없이, 정신의 고뇌 없이, 불확실함 없이, 의심 없이, 심지어 자신의 위로 속에 섞여 있는 절망의 요소 없이 자신이 하나님을 믿는다고 믿는 사람들은, 하나님을 믿는 것이 아니라 하나님의 관한 개념을 믿는 것이다."[7] 다른 말로 하면, 확실성은 믿음이 아니다. 그리고 믿음은 자신에게서 터져 나오는 질문을 막지 않는 겸손을 특징으로 하며, 이는 결점이 아니라 자신의 인간성을 인정하는 일이다.

이러한 판단에는 하나님이 율법주의적 감독관이 아니라 은혜의 원천이시며 그분은 우리의 의문과 인간성을 위한 공간을 허락하신다는 확신이 내포되어 있다. 내가 믿게 된 하나님은 하늘 위의 엄격한 노인처럼 노여움 속에서 내가 실수하기만을(이것은 불가피한데) 말없이 기다렸다가, 내가 행한 신실하고 의로운 행위에서 나의 감사할 줄 모르는 행위나 도덕적 결함을 차감해 최종 결산표를 작성하시는 분이 아니다. 나는 그런 종류의 신에 대한 생각이 도저히 받아들여지지 않는다. 대신 나는 그분이 행하신 일들을 통해 하나님을 보게 되었다. 그 하나님은 폭풍우가 몰아치는 믿음의 물결 위에서 베드로를 만나 주셨고, 내가 쌓아 올린 확실성의 벽에 거룩한 쇠망치를 휘두르셨다. 그 하나님은 창조세계의 건축가이시며, 사랑의 공학자이시고, 마음으로부터 아이디어를 이끌어 내는 최고의 장인이시다.

5

—

얼굴은 두껍게,
마음은 부드럽게

쉐마가 처음 사용된 고대 근동 문화에서 마음은 사람의 감정과 지성이 자리한 곳이자 내면세계의 중심으로 여겨졌다. '마음'을 의미하는 히브리어 단어(*lev* 혹은 *levav*)는 충동과 직관뿐만 아니라 이성과 의지를 지칭한다.[1] 그렇다면 마음에 대한 히브리적 시각은 전인적이며, 히브리 문맥에서 온 마음을 다한다는 것은 단지 감정에 관한 것이 아니며 심지어 일차적으로 감정에 관한 것도 아니다. 『유대교 신약 주석』에서 에이미질 레빈은 마음이 "사고와 신념의 중심을 나타낸다"고 쓴다.[2]

　현대 서구의 세계관은 마음과 정신, 몸과 영혼, 믿음과 행동의 이분법을 강요하는 경향이 있으며, 변덕스러운 마음보다는 이성적인 정신을 높이 산다. 『바른 마음』에서 조너선 하이트는 "수천 년 동안 서양 철학은 이성을 숭배하고 열정을 불신해 왔다"고 쓴다. 그 예로 하이츠는 플라톤이 쓴 창조 신화 「티마이오스」의 대략적인 줄거리를 들려준다. 이 신화에서 완벽한 신은 세계를 영혼들로 채우고 있다. "영혼 안에 완벽한 합리성보다 더 완벽한 것이 무엇이 있겠는가?" 물론 창조는 매우 피곤한 일이었고, 따라서 이 신은 하위 신들에게 창조의 세부적인 부분을 마무리하도록 시킨다. 그 중에는 영혼에 알맞게 몸을 입히는 일도 있다. "신들은 가장 완벽한 구(球)의 형태로 영혼의 틀을 짜기 시작했고, 바로 그것이 우리의 머리가 다소 둥근 이유다"라고 하이츠는 쓴다. "그러나 신들은 이 구형의 머리가 지구의 평평한 표면을 굴러다닌다면 어려움과 굴욕감에 직면할 것을 재빨리 알아챘다." 그리하여 인간의 몸이 발명되었고, 그것은 "합리적이지도 불멸하지도 않기 때문에 대단히 열등한 제2의 영혼"에 의해 움직이게 되었다.[3]

바로 이것이 플라톤이 마음의 기원을 상상했던 방식이다. 바로 이것이 그가 인간의 기쁨에 대한 갈망과 고통에 대한 반응, 분노의 성향과 욕정에의 이끌림을 설명했던 방식이다. 또한 이것은 그에게 성별의 위계질서를 분명히 할 수 있는 편리한 기회를 제공했다. 티마이오스는 말한다. 누구든 "주어진 시간 동안 훌륭하게 살아 내면, 고향별로 돌아가 거기서 복되고 행복한 삶을 살게 될 것이다. 그러나 그렇게 하는 데 실패하면, 두 번째 출생 때 그는 여자로 태어날 것이다."[4] 정말 대단한 저주다.

우리가 싸우는 방식, 특히 어린 시절의 싸움은 그러한 이분법에 상충한다. 어찌된 일인지 아이들은 마음과 정신이 서로 연결되어 있다는 것을 선천적으로 알고 있다. 아이들이 감정적 급소를 찌르는 방식이 이를 드러내는데, 다른 아이가 너무도 원한다는 것을 알고 바로 그 장난감을 가져가 버린다든지, 전혀 논리적이지 않지만 어쨌든 다른 아이가 정신 줄을 잃을 정도로 잔인한 말을 하는 것이다. 어른인 우리도 별반 다르지 않은데, 우리는 상대방이 감정을 앞세운다고 지적하여 우위를 주장하며 싸움을 이어 간다는 점에서 차이가 날 뿐이다. 정신이 감정이라는 혹을 달고 있지만 않다면! 이성이 골칫거리인 마음의 방황으로 방해받지 않을 수만 있다면!

기독교는 고대 히브리적 사고에 뿌리를 두고 있음에도 불구하고, 내 어린 시절의 기독교는 이러한 이분법과 도덕적 위계질서를 그대로 받아들이고 있었다. 예를 들어, 남자가 여자의 머리라는 바울의 주장을 보자. 오직 정신을 마음보다 우위에 두는 그리스-로마적 사고방식에서만 이 은유가 반(反)평등주의의 힘을 갖는다. (돌발 퀴즈! 문제: 남편의 머리 역할을 설명하기 위해 "남성이 본성에 반하게 태어난 경우가 아니라면 본성상 여성보다 지도력이 더 뛰어나다"고 말하는 말씀은 성경 어디에 나올까? 답: 어디에도 나오지 않는다. 이것은 아리스토텔레스가 『정치학』에서 말한 것이지만, 영락없이 바울의 말처럼 들린다. 아내는 남편에 대해 "자유롭고 동등한 존재"로서 다스림을 받는다는 아리스토텔레스의 개념도 마찬가지다.) 많은 교회들이 이런 구절들을 해석해 온 방식에는 그리스와 로마 철학의 고대 인플루언서들의 이름이 각주로 달려야 마땅하다. 그들이 쓴 글들이 서구의 관습을 거쳐 고착화된 것이다.

그러나 히브리 성서에서 마음과 정신, 감정과 사고는 훨씬 더 통합되어 있다. 고대인들은 최근의 연구가 이제야 사실로 인정하는 것, 즉 우리가 생각하는 것만큼 이성적이기만 한 존재가 아니라는 사실을 직관적으로 알았다. 우리가 행동하는 방식은 우리가 믿는 것에 영향을 주고, 그것은 다시 우리가 무엇을 어떻게 예배하는지에 영향을 주고, 그것은 다시 우리가 느끼는 것에 영향을 주고, 그것은 다시 우리가 생각하고 합리화하는 방식에 영향을 주고, 그것은 다시 우리가 우리 자신과 우리의 아이들에게 들려주는 이야기에 영향을 주고, 그것은 다시 우리가 이 세상에서 살고 사랑하고 몸을 움직이는 방식, 즉 우리가 행동하는 방식에 영향을 준다. 이 모든 과정은 직선적이지 않으며 순환한다.

고대 히브리인의 사고는 마음을 행동의 엔진으로, 우리를 움직이는 근육으로 보았다. '마음의 생각'은 이처럼 개별적이고 억제된 영적인 생각이 아니라 행동의 전조였다. 작가 로이스 티어베르그는 이렇게 쓴다. "히브리인의 논리는 행동이 우리 정신 속에 있는 것의 결과여야 함을 깨닫는다. 당신이 누군가를 '기억'할 때 당신은 그를 위해 행동할 것이다. 당신이 누군가의 목소리를 '들을' 때 당신은 그의 말을 따를 것이다."[5]

아마도 바로 이것이 히브리 성서의 가장 위대한 해석자 중의 한 명으로 추앙되는 11세기의 랍비 라시가 쉐마의 가르침이 사랑에 근거한다고 강조한 이유일 것이다. 사랑이 그 가르침의 뿌리이며, 그것을 실천하는 데 필요한 연료다. 라시는 인간의 진심 어린 순종은 두려움이나 다른 어떤 감정이 아닌 사랑에 의해 추동되어야 한다고 가르쳤다. "사랑에 기인하여 행동하는 사람은 두려움에 기인하여 행동하는 사람과 비교할 수 없다." 라시는 또한 이렇게 썼다. "두려워서 주인을 섬기는 것이라면, 주인이 더 무거운 짐을 지울 때 그 하인은 주인을 떠나 버릴 것이다."[6]

그리고 아마도 바로 그것이 히브리어 단어 '헤세드'(chesed)가 히브리 성서에 248번 나오는 이유일 것이다. 헤세드는 언약의 사랑, 깊고 헌신된 장기적인 사랑, 친절한 사랑이지만 낭만적인 사랑은 아니다. 사람들 사이에서 헤세드는 너그러움(charity)의 형태를 띨 수 있고, 하나님이 사람에게 베푸시는 헤세드는 자비, 은혜, 오래 참음의 성격을 띤다. 16세기 영국의 성경 번역자였던 마일스 커버데일은 이런 종류의 사랑을 포착하는 표현을 찾기가 아주 어려웠던 나머지 히브리 성서를 영어로 번역하면서 그것을 기술하는 새로운 단어를 조어해야 할 부담을 느꼈다. 그래서 나온 것이 '사랑 넘치는 인자하심'(loving-kindness)이다. 보다 최근에는 '한결같은 사랑'(steadfast love) 혹은 그냥 '인자하심'(kindness)이라고 번역하기도 하는데, 특히 후자는 원래 단어의 의미에 한참 못 미친다.)*

---

* 한글 성경에서는 '한결같은 사랑'으로 가장 많이 번역되었으며, 문맥에 따라 '신의', '성실' 등으로 다양하게 번역되었다.

요점은 이것이다. 우리가 사랑할 수 있는 것은, 요한이 말한 것처럼 오직 하나님이 먼저 우리를 사랑하셨기 때문이다.

시카고의 진보적 유대인 공동체인 미쉬칸의 활력 넘치는 창립자이자 지도자인 랍비 리지 헤이드만은 쉐마를 소개하는 유튜브 동영상에서, 유대인들은 쉐마 기도를 하기 전에 종종 아하바 랍바 또는 아하바 올람이라고 하는 기도로의 부름을 낭송한다고 알려 준다. '헤세드'가 은혜와 자비로 채워져 있다면, '아하바'(ahava)는 친밀함, 인격적 관계, 의지와 관련된다. 쉐마가 신실한 자들을 향해 그들의 하나님을 사랑하라고 요청할 때 그들은 바로 '아하바'로 부름 받고 있는 것이다.

헤이드만은 아하바 랍바를 다음과 같이 번역한다. "큰 사랑. 깊은 사랑. 압도적으로 정신없이 빠져들게 하고 사랑으로 모든 것을 완전히 뒤바꾸어 놓는 풍성한 사랑. 바로 그것이 하나님이 우리 조상을 위해 품으셨고 우리를 위해 품으신 사랑이기 때문이다. 그러나 우리는 너무나 자주 그 사랑을 의식하지조차 못할 만큼 바쁘다. 그러니 의식하라고 그 기도는 말한다. 우리가 사랑으로, 곧 하나님의 사랑, 그 고동치는 우주의 심장으로 둘러싸여 있고 채워져 있고 생명을 유지하고 있음을 의식하라."[7]

일단 하나님의 그 사랑을 의식하고 나면, 당신을 사랑하시는 그 한분께 주의를 기울이는 것 말고 다른 어떤 선택을 할 수 있겠는가? 우리가 그런 사랑으로 사랑받고 있음을 정말로 믿는다면, 거기에 귀 기울이는 것 말고 다른 어떤 것을 하고 싶겠는가?

"얼굴은 두껍게, 마음은 부드럽게."

　어느 날 댄이 나에게 이런 말을 할 수밖에 없었던 상황이 어떤 것이었는지는 더 이상 기억나지 않지만, 그의 부드러운 훈계는 그 이후 하나의 주문이 되었다. 나는 이 말을 친구들과 내가 사랑하는 이들에게도 말해 주곤 한다.

　"얼굴은 두껍게, 마음은 부드럽게."

　부드러운 마음은 고통과 자비와 사랑을 경험하고 소화해 내는 곳인데 그것을 잃어버릴 정도로 자기 자신을 강하게 만들 필요는 없다. 때로 우리는 철갑옷을 두르지 않아도 괜찮다는 것을 기억할 필요가 있다. 때로 우리는 스스로에게 인간으로 머물라고 상기시켜 줄 필요가 있다. 다시 말해, 온갖 종류의 도발에 휘둘리는 마음, 외부 자극을 받아들여 거기에 반응하는 마음, 모든 범위의 감정이 들쑤셔 대는 마음, 이런 마음을 하나님이 당신에게 주신 데는 이유가 있음을 스스로에게 상기시켜 주어야 한다. 때로 누군가 당신을 욕하거나 당신의 신앙을 의심할 때 상처 받아도 괜찮다고, 괜찮기만 한 게 아니라 정상이고 옳고 좋은 일이라고 스스로에게 상기시켜 주어야 한다.

　나 역시 다른 사람과 마찬가지로 불확실함이나 감정 노출이 불편하다. 그러나 이 주제를 다루는 거의 모든 사회학 연구는, 모든 의미 있는 관계에는 위험과 취약성이 따라온다는 사실을 보여 주고 있다는 것 또한 안다. 그리고 우리는 그러한 데이터를 반박할 수 없다. (그것은 그냥 팩트다!) 따라서 다소 불편하더라도 나는 공부와 독서를 할수록, 내 부엌 식탁과 침실 탁자 위에 쌓여 있는 안전한 책 더미를 넘어서 우리가 삶으로 살아 내고 경험하는 거칠고 예측할 수 없는 세상으로 고개를 돌리게 된다. 그곳에서 하나님을 사랑하고 이웃을 사랑한다는 것은 곧 불편한 자리를 피하지 않고, 실망할 위험을 무릅쓰고, 실수하고, 하나님이 정말로 계신지조차 확신할 수 없을 때조차 그분께 기도하는 것을 의미한다.

나는 스스로 취약해지셨던 예수님께로 반복해서 돌아간다. 믿음의 가장 근본적인 요소에 대해 질문 받으셨을 때 그분은 평소답지 않게 직설적으로 대답하셨다. 당혹스럽게 하는 불투명한 비유도 없었고, 제자들의 질문에 약을 올리듯 질문으로 답하지도 않으셨다. 그분은 그저 쉐마를 인용하셨다.

그래서 나는 어려운 순간이 찾아올 때마다 그 사랑으로 되돌아가려고 노력한다. 누군가 셀 수도 없을 만큼 나를 이세벨이라고 부를 때, 나는 그 사랑으로 되돌아가려고 한다. 트위터에서 큰 실수를 했을 때, 나는 최선을 다해 용서를 구하고 다시금 그 사랑으로 되돌아가려고 한다. 누군가 나를 "교회의 수치요 부끄러운 줄 모르는 관종"으로 취급할 때, 나는 그 사랑으로 되돌아가려고 한다.

그렇지만 그런 다음 진짜 좋은 다크 초콜릿을 찾거나 비싼 와인 한 잔을 자기 자신에게 따라 주고 싶을지도 모른다.

108

6

—

조나단 에드워즈가
내 고향 선배라고?

열두 살쯤 되었을 때 이브 에팅거[1]는 "요즘 어떻게 지내요?"
라는 질문에 대답하는 자신만의 표준 답변을 개발했다.

친구든 낯선 사람이든 상관없이 그녀는 의외의 대답을
들려주었다.

"과분할 정도로 좋아요!"

내 블로그의 특별 기고문에 썼듯이, 이브는 이런 답변을
미국의 어떤 인기 목사이자 교단 지도자에게서 배웠다고 했
다. 그 목사는 이 말로 바리스타나 통신 판매원을 당혹스럽게
하기로 유명했는데, 이것은 자기 자신과 다른 사람들에게 다
음 사실을 일깨워 주기 위한 방편이었다고 한다. 그의 말을 그
대로 옮기면, "나는 지옥에 가야 마땅한 사람이니 이것도 과
분합니다."[2] 이브가 다니던 버지니아주의 교회는 이 목사가
책임자로 있는 교회 연합에 소속되어 있었는데, 그는 인간의

전적 타락과 죄에 대한 하나님의 진노를 강조하는 미국 청교도 전통의 칼뱅주의를 가르쳤다. 따라서 하루를 팬케이크와 시럽으로 시작하든 문이 쾅 닫히는 소리와 회초리로 시작하든, "그 어떤 최악의 날도 죄인인 네게는 과분하다"[3]고 믿었던 이브의 반응은 항상 같았던 것이다.

역기능 가정도 죄인인 네게는 과분하다.
일상적인 구타도 죄인인 네게는 과분하다.
암에 걸려도 죄인인 네게는 과분하다.
강간을 당해도 죄인인 네게는 과분하다.

이브는 친구들과 치료사들의 도움으로 유년 시절의 교회에서 빠져나와 치유를 향해 가는 길을 발견했다. 그러나 오랜 세월 내면화된 자신이 원래 무가치하다는 메시지의 영향력은 여전히 강력했다.

이브는 "나는 이제 '과분하다'라는 표현을 쓰지 않으려고 노력한다"고 말한다. "'과분하다'는 나쁜 말이다."[4]

이브가 다녔던 교회만큼 그렇게 대놓고 말하는 교회는 별로 없겠지만, 우리는 자신의 죄로 인해 하나님의 사랑을 받기에 합당치 않으며 따라서 삶의 어떤 선함이나 기쁨을 누릴 자격도 없다는 가르침이 전적 타락 교리에 대한 지나친 해석의 조력을 받아 오랜 세월 동안 그리스도인의 사고 속으로 스멀스멀 들어와 자리를 잡았다. 성경은 죄를 일차적으로 과녁을 빗나간 것이나 하나님의 영광에 미치지 못하는 것으로 말하는 반면, 서구 기독교는 인간을 고칠 수 없는 총체적인 죄의 본성을 지닌 것으로 묘사하는 냉혹하고 전체주의적인 언어를 채택했다. 루터 교회의 협화신조 제1부 11조에는 이러한 인간의 죄의 본성을 "모든 선의 전적인 부재······ 본성 전체와 모든 능력의 깊고 악하고 끔찍하고 끝이 없고 헤아릴 수 없고 말할 수 없는 부패"로 규정한다.[5] (마치 누군가 리얼리티 쇼 〈뉴저지의 진짜 주부들〉을 정주행하면서 신학을 한 것 같다.)

18세기 부흥 운동가이자 설교자였던 조나단 에드워즈는 미국 종교사에서 가장 유명한 설교 중 하나에서 이렇게 외쳤다. "지옥의 구덩이 위에 여러분을 붙잡고 계신 하나님은 마치 거미나 다른 혐오스러운 벌레를 화롯불 위에 붙잡고 있는 것과 마찬가지로 여러분을 끔찍이 싫어하시고 두려울 만치 노여워하십니다. 여러분을 향한 그분의 진노가 불처럼 타오릅니다. 그분은 여러분을 오직 불구덩이에 던져 넣어야 마땅한 존재로 보십니다. 그분의 눈은 너무도 순전하여 여러분을 참고 보지 못하십니다. 그분의 눈에 여러분은 우리의 눈이 가장 혐오스러운 독사를 볼 때보다 만 배는 더 가증스럽게 보입니다."[6]

메시지는 분명하다. 하나님은 우리를 미워하신다. 하나님은 우리를 역겨워하신다. 하나님은 우리가 우리 발밑에 깔려 죽은 성가신 벌레를 생각하는 것과 똑같이 우리를 생각하신다. 분명 아주 설득력 있는 메시지다. 기록에 따르면, 에드워즈의 설교를 듣던 회중들은 바닥에 쓰러져 몸을 비틀며 괴로워했다고 한다. 에드워즈가 과장법을 썼든 문자적 의미 그대로 말했든, 그 문맥은 대부분 역사 속으로 사라졌다. 세대를 지나며 전해진 것은 이 머리칼이 쭈뼛 서고 간담이 서늘해지는 가르침의 축약된 버전이다. 몇 세대가 지난 뒤 이브 에팅거는 그 가르침을 내면화했고, 나(와 수백만의 다른 사람들) 역시 그 가르침의 또 다른 버전을 경험했다.

그런데 그 말이 정말로 맞을까?

죄에 관한 전통적인 서구의 가르침을 받으며 자라긴 했어도 나는 이브와는 달리 나에게 일어나는 어떤 최악의 일도 내게 과분하다고 생각해 본 적이 없다. 내가 어와나 프로그램에서 암송했던 첫 번째 성경 구절은 "하나님이 세상을 이처럼 사랑하사……"라는 잘 알려진 말씀으로 시작하는 요한복음 3장 16절이다.

죄에 대해 들어 보지 않았다는 말은 아니다. 핼러윈 사탕주머니에 반드시 끼어 들어와 있던 전도 소책자에서 죄는 사람과 하나님 사이에 놓인 거대하고 한없는 심연으로 그려져 있었고, 그리스도의 십자가는 양쪽을 잇는 유일한 다리였다. 교회에서는 만일 누구라도 자신은 죄가 없다고 주장한다면, 그들에게 십계명 테스트를 해 봄으로써 단 한 번의 거짓말이

나 욕지거리, 단 한 순간의 질투나 반항, 배신도 그들을 하나
님에게서 떼어놓기에 충분함을 증명해야 한다고 배웠다. 내
가 속했던 복음주의 문화는 구조적인 죄나 문화적인 죄에 대
해서는 거의 말하지 않았지만, 대학에 갈 즈음 나는 더버빌가
의 테스*가 우리 세상을 "시들어 버린 별"⁷이라고 묘사한 의
미가 무엇인지 직관적으로 이해할 수 있었다. 내 어릴 적 신앙
의 교향곡에서 죄는 때로 춤을 추듯 하는 은혜와 구속의 경쾌
한 멜로디 아래 깔려 있는 꾸준하고 슬프고 일관된 낮은 베이
스 음에 가까웠다.

    2000년대 초 복음주의 기독교 대학에 다니게 될 때까지
나는 내가 죄와 구원에 대해 꽤 전통적인 이해를 가지고 있다
고 생각했다. 당시는 9/11의 여파 속에 칼뱅주의가 복귀한 시
절이었다. 온 나라가 악의 실체를 똑똑히 보았고, 인터넷에서
설교와 종교적 내용이 급증하고 있었으며, 우리 학교의 모든
진지한 그리스도인은—적어도 덥수룩한 수염과 뿔테 안경이
나와 같은 '부류'임을 말해 주는 모든 진지한 그리스도인은—
주말마다 동네 카페에 모여 전적 타락과 무조건적 선택, 성도
의 견인 같은 교리의 경이로움에 찬사를 보냈다. 정장에 넥타
이를 매고 45분간 설교하는 보수적인 중서부 지역 목사들이

---

*   19세기 후반 영국 작가 토머스 하디의 소설 제목이자 주인공의 이름으로,
    소설은 순수한 한 여인의 삶을 파괴하는 인간 사회의 인습과 도덕적 가식을
    보여 준다.

뜻밖에도 내 친구들 사이에서 록스타처럼 되어 있었고, 구내 서점에서는 존 파이퍼와 웨인 그루뎀의 책이 팔려 나갔다. 미네소타 억양의 어느 잘생긴 학우는 내게 자신을 "기독교 쾌락주의자"라고 소개했는데, 이는 존 파이퍼의 글에서 가져온 표현이었다. 그 친구가 스스로 규정한 자신의 최고 즐거움은 먹고 마시는 것이나 성적 쾌락이나 약물에 의한 환각이 아니라, 웨스트민스터 소요리문답에 명시된 "하나님을 영화롭게 하고 영원토록 그를 즐거워하는" 과제를 철저하게 묵상하는 것이었다. 복음주의 진영의 대표적 잡지인 「크리스채너티 투데이」는 2006년 9월호에서 "젊고, 부단하고, 개혁적인"이라는 제목 아래 '신칼뱅주의'를 머리기사로 다뤘다. 기사에는 '조나단 에드워즈는 내 고향 선배'라고 쓰인 티셔츠를 자랑스럽게 입은 청년 사진이 실려 있었다.[8]

나의 신칼뱅주의 친구들에 따르면, 이 시대 미국 기독교의 가장 큰 문제는 하나님의 사랑을 무절제하고 과도하게 강조한 나머지 하나님의 진노를 처참할 정도로 소홀히 여기게 된 것이었다. 그들은 찬양팀과 찬양곡, 위로를 주는 설교로 많은 사람을 끌어 모았던 구도자 중심의 교회 모델이 서구의 영성을 "오프라화"*해 버렸다고 말했다. 그 결과, 사람들의 신앙이 너무 편안하고, 너무 감정적이고, 너무 포용적이고, (가장

---

* Oprahfication. 미국의 인기 진행자인 오프라 윈프리의 진행 방식과 닮아 간다는 것을 비꼬는 식으로 표현한 것.

지탄받아 마땅하게는) 너무 **여성적**이 되었다는 것이다.[9] 신칼뱅
주의자에게 격렬한 경멸의 눈빛을 받는 가장 확실한 방법은
"하나님은 당신을 사랑하시고 당신의 삶을 향한 놀라운 계획
을 가지고 계십니다"라는 오래된 금언을 인용하는 것이었다.
그런 감성은 좋은 느낌을 주고 자기중심적이고 자기만족적인
기독교의 냄새를 풍기거니와, 이는 무덤에 누워 있는 그들의
고향 선배 조나단 에드워즈의 뒤통수를 제대로 치는 것과 마
찬가지였다. '귀하다' 같은 단어들이나 '당신은 소중한 사람'
같은 감성은 자존감과 세속 인문주의에 집착하는 지배적 문
화에 속한 것이지, 거룩하신 하나님을 중심에 놓고 통탄할 만
한 우리 죄를 합당하게 부각시키는 참되고 존경 받을 만하며
자기를 부인하는 신앙에 속한 게 아니었다.

　　그 모든 허세와 가부장적 특징에도 불구하고, 이상하게
도 나는 신칼뱅주의에 끌렸다. 단지 내가 문화적 반항자들의
엘리트 그룹과 친해지기를 열망했기 때문만은 아니었다. 그
보다는 부모님이 주지 못했던 뭔가를 신칼뱅주의가 주었기
때문이었다. 바로 하나님에 대한 나의 모든 질문에 답을 주는
것처럼 보이는 일관된 신학 체계였다.

선하고 사랑 많으신 하나님이 어떻게 세상에 그토록 많은
고통을 허락하실 수 있는가?
　　고통은 우리 같은 죄인들이 받아 마땅한 것이기
　　때문이다.

출생 환경 때문에 기독교를 받아들일 기회조차 갖지 못했던 수백만의 사람들은 어떻게 되는가?

그들은 하나님이 택하신 자들 가운데 있지 않을 뿐이다. 우리 중 누구라도 은혜를 받은 것은 분에 넘치는 기적이다.

왜 그렇게 소수만 선택받는가?

더 나은 질문은 이것이다. 우리 죄의 심각성과 우리가 받아 마땅한 형벌을 고려할 때, 우리 중 누구라도 왜 선택받는 사람이 있는가?

왜 나는 이러한 답들이 양심상 불편한가?

나의 죄된 본성이 나의 이성과 의지를 너무도 완전하게 타락시켜서, 나는 스스로 옳은 것과 그른 것을 구별할 능력이 없다. 그것이 잘못되어 **보이는** 것은 **내가** 잘못되었기 때문이며 나는 영원한 형벌을 받아 마땅하기 때문이다.

이러한 체계는 수학이나 잘 갠 옷가지나 말끔하게 정돈된 책장이 편안하게 느껴지는 것과 비슷한 편안함을 주었다. 계몽주의의 합리주의를 완벽하게 구현하는 이 체계는 깔끔하고, 자기 강화적이며, 빈틈없어 보이고, 따라서 하나님의 영감을 받은 것이 분명한 그 자체의 논리를 가지고 있었다.

하지만 아무리 노력해도 나는 고통 받게 하는 것 외에 다른 어떤 목적도 없이 사람들을 창조하고, 오직 죽음의 형벌을 주기 위해 그들에게 생명을 주고, 그들을 결코 사랑한 적 없고 사랑할 수도 없는 성난 아버지의 손 안에서 지옥의 끝없는 고통에 시달리는 사람들을 생각하면 내 온몸의 세포가 본능적으로 경악하며 반응하는 것을 멈출 수 없었다. 나는 그것을 그저 받아들일 수 없었다. 존 파이퍼 목사가 2004년 아시아에서 발생한 쓰나미는 하나님의 심판이라고 단언하면서 23만 명이 넘는 사람들의 비극적인 죽음이 "죄의 마땅한 결과는 이와 같은 것이거나 더 끔찍한 것일" 뿐임을 우리에게 일깨우기 위함이라고 주장했을 때,[10] 나는 신학과 화해하기 위한 노력을 완전히 그만두었다. 화해는 불가능했다.

잘못은 나의 성(性)에 있다고 말한 이들도 있었는데, 이는 창조 직후인 인류의 가장 초기까지 거슬러 올라가는 오래된 문제였다. 이러한 주장은 마음보다 정신을 더 존중할 만한 것으로 높이는 태도에 힘입어 하와 이래로 여성은 자신의 감정에 휘둘려 진리를 흐리게 만들었다는 말로 이어졌다. 나의 부모님이 잘못했다고 탓한 이들도 있었다. 지역 장로교회의 한 목사는 나를 책망하며 이렇게 말했다. "네 아버지가 이 근방에서 존경받는 분이신 것은 안다만, 네 아버지가 너를 네 자신과 죄악된 모든 인간을 너무 높게 생각하도록 키웠다고 생각하지는 않니?"

나는 내 직관의 양극단 사이에 붙들린 것 같았다. 즉 죄는 내 삶과 세상에 작동하는 실제적이고 파괴적인 힘이라는 인식과, 모든 인간은 나면서부터 소중하고 사랑받을 가치가 있다는 확신 사이를 오가는 팽팽한 긴장 속에 붙잡힌 것 같았다. 나는 고문, 학대, 총기 난사, 익사 등이 모두 하나님의 구속 계획의 일부라고 인정할 만큼 하나님의 사랑이 인간의 사랑과는 전혀 다른 것이라고 믿고 싶지 않았다. 하지만 신칼뱅주의자들이 내게 경고하는 무르고 감상적인 유형의 신앙을 원하지도 않았다. 그래서 나는 조심스럽게 앞으로 나아갔다. 내가 정말로 사랑이라고 느낄 수 있는 방식으로 하나님이 세상을 사랑하시기를 바라는 한편으로, 그러한 소망에 푹 빠져들어 내 신앙을 형편없고 감상적인 미사여구로 변질시킬 수 있는 달콤한 기도문이나 묵상 글은 일절 피했다.

사람들은 신앙을 잃는 일이 어떤 큰 위기나 실책 후에 일어나며, 은혜에서 급작스럽게 떨어지는 어떤 사건 후 그러한 영적 침체에 빠진다고 생각하는 경향이 있다. 은혜는 정말로 벼랑 끝에 존재하는 걸까? 내 경험에 비추어 볼 때, 지나칠 정도로 경계심을 품고 두려움을 점점 키워 가는 것이야말로 종교적 탈진 상태에 이르는 가장 확실한 길이다. 줄자로 재듯 정확한 사람에겐 신앙의 도약이 어렵다. 그리하여 대학을 졸업한 뒤 나의 신앙은 삐거덕거리기 시작했다. 나는 결혼을 했고, 지역 신문에 글을 기고하기 시작했고, 죄와 소중한 존재에 대한 질문들은 머리에서 모두 지워 버리려고 노력했다. 교회에 가기는 했지만, 예배당을 들어서는 순간 감정 스위치를 꺼 버

렸다. ('이렇게 해야 하는 게 맞지? 감정일랑 내려놓는 게?') 나는 하나
님에 대해 쓰고 하나님에 대해 읽고 하나님에 대해 논쟁했지
만, 어렸을 때처럼 하나님과 연결되는 것은 불가능해 보였다.
그것은 위험을 감수할 가치가 없는 일 같았다.

　　이러한 영적 사막 한가운데서 나는 아시시의 성 프란체
스코 축일에 대니얼 라딘스키가 이 괴짜 성인의 말을 빌려 쓴
시를 우연히 읽게 되었다.

　　나는 하나님이 약간 편향적일 수 있다고 생각한다.

　　한번은 그가 내게 이 세상을 함께

　　산책하자 하셨고

　　그래서 우리는 이 땅의 모든 마음을 들여다보았다.

　　그리고 나는 그가

　　울고 있는 얼굴 앞에서

　　웃고 있는 눈 앞에서

　　조금 더 오래 머무시는 것을 보았다.

　　그리고 때로 우리가

　　예배하는 영혼을 지나칠 때에는

　　하나님도 무릎을

　　꿇으셨다.

　　나는 알게 되었다.

　　하나님은

　　자신의 창조세계를

좋아하신다는 것을.[11]

하나님은 자신의 창조세계를 좋아하신다.

나는 이 이미지의 아름다움, 그 충격적 진실에 숨이 막혔다. 책을 탁 덮고 갑자기 터져 나오는 뜨거운 눈물을 훔쳐야 했다.

시는 위험하고 심지어 이단적으로 보였다. 얼마나 좋은지 사실이 아닌 것 같았다. 하지만 이 시는 어쩐지 "너로 말미암아 즐거이 부르며 기뻐"하시고, "네 이름을 부르"시고, "영원한 사랑으로 너를 사랑"하신 하나님에 대해 이스라엘에게 말했던 예언자들의 시를 떠올리게 하지 않는가?[12] 태초에 창조세계 위를 운행하시며 그 모든 꽃과 물고기와 나무와 인간을 "좋다"고 선언하신 히브리 성서의 하나님처럼 들리지 않는가? "죽음도, 삶도, 천사들도, 권세자들도, 현재 일도, 장래 일도, 능력도, 높음도, 깊음도, 그 밖에 어떤 피조물도 우리를…… 하나님의 사랑에서 끊을 수 없습니다"라고 선포한 한 성인의 편지를 되울리지 않는가?[13] 어와나 암송 구절을 코팅한 종이에서 내게 처음으로 "하나님이 세상을 **이처럼 사랑하사**"라고 말씀해 주신 예수님처럼 들리지 않는가?

이 시는 여러 해 동안 닫혀 있던 내 안의 열망을 열어젖혔다. 사랑에 대한 열망이었다. 일반적인 사랑이 아닌 구체적인 사랑(일반적인 사랑을 받고 싶어 하는 사람은 없으니까!), 한 사람의 인생 속 복잡다단한 사정을 모두 알고도 기뻐하고 품어 주는 그런 사랑에 대한 열망이었다. 나는 나를 만드신 하나님이 내가 마치 한쪽 눈이 떨어지고 더 이상 호감이 가지 않는 낡은 곰 인형인 양 나를 동정하거나 그저 참아 주기를 원치 않았다. 나는 하나님이 나를 소중히 여기시기를 원했다. 나는 하나님이 나에게서 '오직 예수님만 보시기를' 원치 않았다. **나를**, 내 전부를, 하나님이 만드셨고 나의 삶이 빚어낸 모든 것을 보시기를 원했다. 그리고 나는 내 동료 인간들, 울고 있는 모든 얼굴과 웃고 있는 모든 눈을 위해서도 똑같은 것을 원했다. 조나단 에드워즈의 설교와 존 파이퍼의 블로그 게시 글에도 불구하고, 여전히 나는 인간이 그저 존재한다는 이유만으로 하나님의 사랑을 받기에 합당하다고 믿었다. 75억의 인류 전체가 말이다.

알고 보니, 사랑받기 원하고 소속되기를 바라는 이 갈망은 부모님이 버릇없이 키운 정서적으로 미성숙한 작가에게만 해당하는 특징이 아니었다. 그러한 갈망은 우리 모두에게 내재한다. 그리고 바로 그 갈망이 우리를 인간답게 만들어 준다.

우리는 브레네 브라운의 조사에서 그 증거를 발견할 수 있다. 지난 20년 동안 그녀는 삶이 처한 상황과 상관없이 뛰어난 회복력을 보이는 사람들의 특성을 연구했다. 브라운은 근거 이론 방법론이라 알려진 질적 연구법을 사용하여 다양한 문화적, 사회경제적 배경을 가진 수천 명의 사람들과 인터뷰를 진행한 뒤 "사랑과 소속에 대한 깊은 감각은 남녀노소를 막론하고 모든 사람에게 가장 기본적인 필요"라는 결론을 내

렸다.[14]

『나는 불완전한 나를 사랑한다』에서 브라운은 "우리는 생물학적으로, 인지적으로, 신체적으로, 영적으로 사랑하고 사랑받고 소속되도록 만들어졌다"고 쓴다. "그러한 필요가 충족되지 않을 때, 우리는 원래 의도된 대로 기능하지 못한다. 우리는 망가진다. 부서진다.…… 다른 사람들에게 상처를 준다. 병든다." 그녀의 연구는 관계의 열쇠가 의외로 단순하다는 결론을 내린다. "나는 사랑과 소속감을 깊이 느끼는 사람들과 그것을 얻고자 애쓰는 사람들을 구별해 주는 것은 딱 하나임을 깨달았다. 바로 자신의 가치에 대한 믿음이다.…… 사랑과 소속감을 온전히 경험하고 싶다면, 우리는 우리가 사랑받고 소속될 가치가 있음을 믿어야 한다."[15] 사실 브라운은 온 마음 다하여 사는 것을 "자신의 가치에 대한 확신을 가지고 세상에 참여하는 한 방법"이라고 정의한다.[16]

브라운이 이러한 발견을 하게 된 것은 수치심의 파괴적인 영향력을 연구하면서였음을 주지하는 것이 중요하다. 수치심은 관계를 해치는 절대적 주범인데, 우리가 가진 결점이 우리를 사랑받을 자격이 없게 만든다고 말하기 때문이다. 많은 연구자와 심리학자와 마찬가지로 브라운 역시 수치심과 죄책감을 구분하면서, 전자는 **존재**에 초점을 맞추는 반면 후자는 **행동**에 초점을 맞춘다고 지적한다. 죄책감은 "내가 나쁜 짓을 했어"라고 말하는 반면, 수치심은 "내가 나빠"라고 말한다는 것이다. 연구 결과에 따르면, 적정량의 죄책감은 실제로 우리가 더 건강한 선택을 하도록 고취할 수 있지만, 수치심은 하나같이 역효과를 낳는다.

믿음의 사람들, 특히 그리스도인들에게 이러한 연구는 몇 가지 중요한 질문을 제기한다. 우리가 가치 있는 존재로 태어났다는 주장은 종교적 가르침, 성서의 증언에 모순되는가? 우리는 수치심을 내재화하지 않으면서도 우리의 죄를 정직하게 다룰 수 있는가? 우리의 믿음 체계는 우리 자신을 혐오스러운 벌레와 다를 바 없는 존재로 보고 쓰나미에 휩쓸려 지옥불에 떨어져 마땅한 존재로 보게 만드는가? 아니면 우리 역시 자신의 가치에 대한 확신을 가지고 세상에 참여할 수 있는가?

우리 중 많은 이들이 부모님이나 주일 학교 선생님, 목사님, 혹은 어쩌면 우리 자신의 연약한 자아로부터 그러한 소망이 부질없다는 말을 들어 왔다. 우리 중 많은 이들이 어떤 식으로든 우리는 언제까지나 사랑받기에 합당하지 못한 존재일 것이라고 확신하게 되었다. 우리의 죄 때문에, 우리의 인간성 때문에, 그리고 아주 오래전 어느 신비한 동산에서 있었던 어떤 일 때문에 말이다.

그러나 여전히 대다수의 사람들이 마음 깊은 곳에서 자신이 사랑과 소속감을 누리기에 합당하다고 믿고 싶어 하며, 고통스러운 최악의 날이든 온 마음 다하여 살아가는 최고의 날이든 모두 자신에게 과분하다는 생각을 거부하고 싶어 한다. 나는 대다수의 사람들이 자신의 창조세계를 겨우 견디는 하나님이 아니라 좋아하는 하나님을 열망한다고 생각한다.

나는 대다수의 사람들이 무릎을 꿇어 몸을 낮추는 하나님을
여전히 갈망한다고 생각한다.

2부

그리스도인의
삶에
관하여

7

—

사랑으로 다시 시작하기

이것은 우리가 안다고 생각하는 이야기다.

　갈등, 두려움, 죽음에서 자유로운 완벽한 낙원. 벌거벗었으나 부끄러워하지 않으며 서로를 사랑하는 남자와 여자. 사과, 뱀, 끔찍한 실수. 죄의 탄생 이야기 그리고 우리가 하나님으로부터 집단적으로 분리되는 순간.

　수많은 그리스도인들에게 에덴동산의 아담과 하와 이야기는 고대 근동의 평균적 창조 신화보다 훨씬 더 큰 중요성을 지닌다. 우리 중 많은 이들이 주일 학교에서 창세기 3장이 '타락'이라는 경천동지의 사건을 묘사한다고 배웠다. 죄나 죽음을 알지 못한 채로 세상에 태어났던 첫 인간들이 사탄의 유혹에 넘어갔다. 그리고 열매를 한 입 베어 먹은 단 한 번의 불순종의 행위로 그들은 온 우주에 악의 세력을 풀어놓았다.

　이 이야기는 우리가 왜 고통당하고, 왜 전쟁을 하고, 허리

케인과 지진이 왜 지구를 쑥대밭으로 만들고, 우리가 왜 거짓말을 하고, 정치 문제에서 왜 의견이 모이지 않고, 왜 이혼을 하고, 왜 늙고, 왜 죽는지를 설명해 준다. 이 이야기는 우리가 서로에게 또 자기 자신에게 하는 잔인한 말을 설명해 준다. 도대체 그 근원이 어디인지 알 수 없는 것처럼 보이는 해로운 생각들을 설명해 주는 역사적 각주다. 때로 하나님이 어째서 그처럼 멀게 느껴지는지 설명해 주고, 우리가 누구이며 어떤 일을 할 수밖에 없도록 태어났는지 말해 준다. 그 이야기는 우리를 무가치한 존재로 낙인찍는다.

……혹은 그렇다고 우리는 생각한다.

유대교, 기독교, 이슬람교. 아브라함을 조상으로 하는 이 세 종교 모두가 공통된 기원으로 공유하는 아담과 하와 이야기는 수 세기를 지나면서 수없이 많은 투사를 거쳤고, 따라서 이제는 거기 없는 것들도 있는 것처럼 읽지 않기가 거의 불가능해졌다. 예를 들어, 서구의 예술과 상상력은 금지된 열매를 사과로 보는데, 사실 이야기 자체에서는 선악을 알게 하는 나무의 열매는 그 이름이 언급되지 않는다. (여기서 우리는 그 책임을 성경 번역자 히에로니무스에게 돌릴 수 있다. 학자들은 그가 불가타 성경을 작업하면서 선악을 알게 하는 나무를 '보눔 에트 말룸'(bonum et malum)으로 번역한 것이 언어유희였다고 보는데, 라틴어 '말룸'은 세 가지 다른 것, 즉 '악', 일반적으로는 '열매', 구체적으로는 '사과'를 의미할 수 있기 때문이다.)

대중적 윤색과 달리, 성경에서는 동산이나 창조세계를

'완벽하다'고 묘사하지 않는다(이는 성경보다는 플라톤에게서 빌려온 개념이다). 그보다 성경은 땅과 그 안에 있는 모든 것이 '좋다', '심히 좋다', '복을 받았다'고 묘사한다. 본문 어디에서도 남자와 여자가 금지된 열매를 먹기 전에는 죽음이 동산을 푸르게 하는 데 필요한 성장과 부패의 자연적 순환의 일부가 아니었다고 주장하지 않으며, 그들이 순종하는 경우 불멸을 약속받았다고 말하지도 않는다. 심지어 간교한 뱀의 정체가 사탄이라고 명시적으로 밝히지도 않는다. 아마도 가장 중요한 것은, 창세기 첫 세 장에서 혹은 이 문제에 관한 한 히브리 성서의 나머지 부분에서도, 에덴동산에서 아담과 하와가 했던 선택이 그들의 본성을 영구적이고 부정적으로 변화시켜서 그들 안에 있는 하나님의 형상을 영원히 손상시켰으며 그러한 피해를 지구상의 모든 사람에게 선천적 질환처럼 물려주었다는 암시를 찾을 수 없다는 것이다. 사실, '죄'라는 단어조차 어디에도 나오지 않는다.

우리와 하나님과의 관계를 규정한다고 추정되는 이 이야기는 심지어 구약 전체에서 다시 언급조차 되지 않는다. 예수님도 이 이야기를 언급하지 않으셨다. 기독교 신앙의 역사적 신조들에도 나타나지 않는다.

유대교나 동방 기독교는 원죄 교리를 고수한 적이 없다. 그쪽 신자들은 아담과 하와의 선택이 모든 인간의 본성을 영구적으로 바꾸어 놓았다고 믿지 않는다. 그리고 신학적 지형 전반에 걸쳐 다양한 목사들과 학자들은 창세기 3장이 인류가 어떤 식으로든 하나님과 단절을 경험한 단회적인 역사적 순간을 기술한다는 개념에 대해 오랫동안 의문을 제기해 왔다. 그러한 독해는 본문 자체를 훨씬 넘어서는 신학적 공상에 의존하며, 창세기 초입에서 확고히 하고 있는 것, 곧 하나님이 사랑으로 세상을 창조하셨고, 그 세상에 복을 주시고 좋다고 하셨으며, 각 사람에게 신의 형상과 모습을 새겨 놓으셨다는 사실을 축소시킨다.

목사이자 신학자인 대니얼 슈로이어는 『원복: 죄에 대한 바른 이해』에서 "우리가 그 어떤 일을 하기 전부터 하나님은 우리를 향해 좋다고, 사랑받는 존재라고 부르신다"고 설명한다. 슈로이어가 창조 이야기를 읽는 방식은, 자신이 무가치하다는 확신에 빠져 있는 우리에게 절실히 필요한 생명줄을 던져 준다. "본성의 중심에 있는 것은 죄가 아니라 축복이다." 그녀는 이어서 말한다. "동산에서 아담과 하와가 열매를 먹었을 때에도 그 진리는 변하지 않았다. 사실, 이후로도 그 진리는 한 번도 변한 적이 없다."[1]

하나님이 최초의 사람들을 동산에 두실 때 사방으로 가지를 뻗고 있는 생명나무 그늘 아래에 그들을 두셨다는 사실에 주목해 보자. 이는 살아 있는 모든 것이 서로에게 연결되어 있음을 환기해 주는 이미지다. 하나님은 인간과 유사한 친밀한 방식으로 동산과 거기에 거하는 존재들의 삶에 개입하신다. 본문은 하나님이 "날이 저물고 바람이 서늘할 때에" 동산을 거니셨다고 기록한다.[2] 안전하고 사랑 넘치는 집을 탐험하는 아이들처럼, 아담과 하와는 아무런 염려나 수치심도 없이 창조세계와 하나님, 그리고 서로에게 연결되어 있는 상태를 즐겼다. 하나님은 그들에게 선악을 알게 하는 나무만 빼고는 원하는 어떤 나무의 열매든 먹을 수 있다고 말씀하신다. 그 나무의 열매를 먹으면 생명의 반대, 곧 죽음에 이르게 된다고.

어렸을 때 나는 이게 항상 궁금했다. 하나님이 아담과 하와에게 선악을 알게 하는 나무의 열매를 먹지 말라고 금지하신 것 말이다. 옳고 그름, 선과 악의 차이를 아는 것은 보통 하나님의 백성이 원하는 바가 아니던가? 우리는 하와가 열매에 손을 뻗을 때 그랬던 것처럼 그것이 약속하는 지혜를 갈망해야 하지 않는가?

이러한 의문들은 여러 세기 동안 신실한 이들의 호기심을 자극했고, 어째서 많은 성서학자들이 창세기 2-3장의 이야기를 지혜 문학의 한 형태로 규정하면서 하나님과 떨어져서 얻은 지식은 결코 참된 지혜가 아님을 반복적으로 상기시켜 주는 잠언이나 전도서와 주제 면에서 유사하다고 보았는지를 설명해 준다. 성서 문학에서 지혜는 "그것을 얻는 사람에게는 생명나무"로 기술된다.[3] 지혜를 발견하는 자들은 생명을 발견하고, 지혜를 발견하지 못하는 자들은 "죽음을 사랑한다."[4] 성경은 "주님을 경외하는 것이 지혜의 근본"이라고 선언하지만, 지식 자체를 위한 지식은 "바람을 잡으려는 것"과 다름없다고 말한다.[5]

그렇다면 아마도 아담과 하와의 실패는 옳고 그름, 선과

악을 알고자 하는 욕망 자체에 있는 것이 아니라, 그러한 지식을 하나님과 상관없이 편리한 지름길을 통해 얻으려고 한 것에 있었다고 볼 수 있다. 어떤 면에서 그들은 너무 빨리 자라려고 했고, 혼자서 돌아다닐 준비가 되기도 전에 자신을 사랑하는 부모의 손을 벗어나려고 했다. 역사적, 문학적, 종교적 문맥에서 읽을 때 아담과 하와 이야기는 악의 기원과 세상에 존재하는 죽음을 설명하는 거대한 '타락'이라는 단회적 순간에 관한 것이 아니라, 우리 인간이 독립성과 상호의존성 사이에서 선택에 직면하는 수많은 순간에 관한 것이라고 할 수 있지 않을까. 그것은 원래 이스라엘에게 그리고 우리에게도 자율성이 과대평가되었음을 경고하는 역할을 한다. 창조주의 지혜 없이 (그리고 이스라엘의 경우에는 그들을 부드럽게 안내하는 토라의 율법 없이) 혼자 힘으로 해내고자 하는 것은 수치와 포로 생활, 신성의 훼손과 죽음으로 이어진다.

이것이 정말인지 깨닫기 위해, 곧 지혜 없이 얻고 사용되는 지식이 어떻게 죽음으로 이어지는지를 알기 위해 고대 이스라엘 사람이 될 필요는 없다. 인간은 과학 지식을 가지고 생명을 살리는 백신을 만들어 냈지만 우리를 흔적도 없이 사라지게 할 수 있는 원자 폭탄을 만들어 내기도 했다. 인간 심리에 관한 지식으로 우리는 서로의 상처를 치유하기도 하지만 서로의 약점을 이용하기도 한다. 발전된 기술로 우리는 수천 킬로미터 떨어진 곳에서도 할머니에게 생신 축하 인사를 할 수 있지만 한 번도 만난 적 없는 누군가를 트위터에서 "야뇨

증에 시달리는 페미나치"라고 부를 수도 있다(누가 그랬는지 아직도 찾는 중이다). 성경에 대한 지식조차 의롭고 숭고한 뜻을 이루는 데 사용될 뿐 아니라 온갖 종류의 폭력과 억압, 배제를 정당화하는 데 사용되기도 했다. 지식의 나무는 항상 생명의 나무 옆에서 그 뿌리가 서로 뒤엉키며 자라야 한다. 그러지 않으면 지식을 얻기 위해 노력하는 과정에서 우리는 하나님과 서로와 그리고 모든 생명과 우리가 연결되어 있다는 신성한 사실을 존중하는 법을 잊어버리게 된다.

네덜란드계 브라질 사제이자 신학자인 카를로스 메스터스는 "악을 알게 되는 것은 뿌리부터 흔들리는 경험"이라고 썼다.[6] 실제로 아담과 하와는 하나님의 지시를 거부하고 열매를 먹자마자 뭔가가 잘못되었음을 느낀다. 이야기에는 "두 사람의 눈이 밝아져서 자기들이 벗은 몸인 것을 알"았다고 나온다.[7] 그러나 하나님은 무화과 나뭇잎으로 허겁지겁 자신들의 벗은 몸을 가리기에 바쁜 두 사람에게서 돌아서는 대신, 취약함 가운데 있는 그들을 **향해** 다가오신다. 하나님은 그들을 찾아내신다. 하나님과 하나님이 창조하신 인간 사이에 간극이 생겨났을 때, 땅이 뒤집히는 일은 일어나지 않았다. 뱀과 여자, 남자에게 내리신 일련의 '저주'의 일환으로 하나님이 그들을 에덴동산에서 내쫓으실 때조차 핵심은 그들의 결정에 따른 결과들로부터 그들과 세상을 보호하려는 것으로 보인다.

당시의 다른 창조 서사들처럼, 아담과 하와의 이야기는 원인론적이다. 즉 모든 것이 어떻게 그런 식으로 존재하게 되었는지에 대한 설명을 제공한다. 그 이야기는 왜 출산이 고통스럽고, 농사일은 어째서 고되고, 뱀은 어쩌다 땅을 기어 다니게 되었는지를 풍성한 상상력을 동원하여 비문자적인 방식으로 기술한다. 그 이야기는 이스라엘 사람들이 왜 자신들에게 토라의 율법이 필요한지 이해하도록 도와주었다. 그 이야기는 성인을 위한 서사적 동화 역할을 한다. 그 이야기는 인간이 어떻게 자신의 가치를 상실하게 되었는지에 관한 이야기가 아니라, 인간이 어떻게 자신의 순수함을 잃어버리게 되었는지에 관한 이야기다. 그리고 가장 중요하게는, 하나님이 어떻게 창조세계에 등을 돌리게 되었는지에 관한 이야기가 아니라, 하나님이 어떻게 그분만의 거침없는 방식으로 창조세계를 향해 다가오시면서 사람들에게 선택하고, 경계를 탐험하고, 반항하고, 파괴하고, 성장할 수 있는 자유를 주셨는지에 관한 이야기다.

우리가 우리 자신에 대해 하는 이야기는 중요하다. 만약 우리가 우리 자신에 대해 하는 주된 이야기가 동산 이래로 우리의 죄 본성이 우리로 선을 행할 수 없게 했고 사랑과 소속감을 누릴 가치가 없게 만들었다는 것이라면, 우리는 정말로 선을 행할 능력이 없고 사랑과 소속감을 누릴 가치가 없는 사람처럼 살아갈 것이다. 반면 우리가 우리 자신에 대해 하는 이야기가 우리는 하나님의 형상으로 창조된 하나님의 선하고 사랑받는 피조물이고 우리의 죄와 실패에도 불구하고 여전히 사랑받을 가치가 있는 존재라는 것이라면, 우리는 그 현실 속으로 들어가 서로에게서 그러한 모습을 발견하고자 노력하는 삶을 살아갈 것이다.

슈로이어는 우리의 도덕적 상태에 대한 보다 성경적이고 정직한 설명으로 '죄 본성' 대신 '인간 본성'을 제안한다. "우리는 순수한 존재로 태어나지 않는다. 우리는 갈등이 존재하는 세상에 태어나기 때문이다." 그녀는 이렇게 설명한다. "그러나 우리는 죄악된 존재로 태어나지도 않는다. 우리는 인간으로 태어나고, 우리 안에는 창조와 파괴, 축복과 저주 양쪽 모두의 잠재성이 자리 잡고 있다. 인간이라는 것이 의미하는 바는, 믿을 수 없을 만큼 선할 수도 있고 끔찍하리만치 악할 수도 있다는 것이다. 이러한 잠재력 중 어느 한쪽이든 부정한다면, 우리는 한쪽 눈을 감은 채로 사는 것이나 마찬가지다."[8]

이제 '조나단 에드워즈는 내 고향 선배' 티셔츠를 자랑스럽게 입은 이들은 우리의 인간성 안에서 어떤 선함이라도 인정하려는 설명은 모든 것을 너무 높게 평가하는 것이라고 말할지 모른다. 그러나 나는 우리가 사랑받는 존재이며 하나님의 창조세계가 내재적 아름다움을 지니고 있음을 너무 확신하는 것이 오늘날 세상이 직면한 가장 큰 문제라는 생각에는 도저히 동의할 수 없다. 오히려 나는 개인적으로나 집단적으로나 우리의 가장 큰 죄는 바로 그러한 실재를 부정하는 데서 나온다고 감히 말하겠다. 창조세계를 향한 하나님의 사랑을 두 팔 벌려 껴안는 것은 어떤 진부한 형태의 자기 긍정이 아니다. "모든 게 좋아"라거나 "우리는 문제없어"라고 주문을 거는 것도 아니다. 그것은 모든 한 사람 한 사람이, 심지어 우리의 원수와 우리 자신조차도 하나님의 형상으로 창조되어 하나님께 사랑받고 있다는, 결코 단순하지 않으며 도전적이고 양보할 수 없는 확신이다.

그러한 확신에 기초해서 행동하는 것은 에덴 테마파크를 거니는 것과 다르다고 나는 말하겠다. 경험상 나의 세계관과 윤리를 모든 창조세계가 고유한 가치를 지니며 사랑받고 있다는 믿음에 둘 때 나는 하나님이 사랑하시는 것에 해를 가하는 일의 심각성에 더욱 민감해진다. 파괴하고 신성함을 더럽힐 수 있는 나 자신의 잠재력에 대해서도 더 잘 의식하게 된다. 죄에 대한 우리의 대화의 중심에 우리의 타락 대신 하나님의 사랑을 놓으면 이야기의 판이 커진다. 구원이 단지 우리의 개인적 죄를 다루는 것만이 아니라 모든 창조세계의 건강과 온전함을 회복하는 일까지 의미하기 때문이다.

활동가이며 신학자인 리사 샤론 하퍼는 그것을 이렇게 표현했다. "인류는 하나님의 형상으로 만들어졌다.…… 다른 사람의 뺨을 때리는 것은 하나님의 형상의 뺨을 때리는 것이다. 다른 사람을 속이는 것은 하나님의 형상을 속이는 것이다. 다른 사람을 착취하는 것은 하나님의 형상을 착취하는 것이다.…… 동료 인간에게 신체적, 감정적, 심리적, 성적, 정치적, 경제적 폭력을 행사하는 것은 지상에서 하나님의 형상을 깔아뭉개는 일이다." 하퍼는 계속해서 설명한다. "죄란 개인적 차원에서 자아의 불완전함을 말하는 게 아니다. 오히려 죄란 태초에 하나님이 심히 좋다고 선언하셨던 관계를 망가뜨리는 모든 행위다."[9]

이렇듯 하나님의 사랑에서 이야기를 시작하면 하나님의 진노를 바른 시각으로 이해하는 데 도움이 된다. 많은 그리스도인들이 갖고 있는 흔한 오해는, 하나님이 사랑과 진노를 동일하게 품고 계시며 그 둘 간의 신학적 균형을 유지하는 게 중요하다는 생각이다. 그러나 성경은 그렇게 가르치지 않는다. 성경은 하나님의 전 존재가 사랑이라고 가르친다.

요한은 이렇게 쓴다. "사랑하는 여러분, 서로 사랑합시다. 사랑은 하나님에게서 난 것입니다. 사랑하는 사람은 다 하나님에게서 났고, 하나님을 압니다. 사랑하지 않는 사람은 하나님을 알지 못합니다. 하나님은 사랑이시기 때문입니다."[10]

하나님은 **사랑이시다**.

"하나님은 사랑이십니다. 사랑 안에 있는 사람은 하나님 안에 있고, 하나님도 그 사람 안에 계십니다."[11]

불의와 그것에 공모하는 우리에게 하나님이 어떤 진노를 품으시든, 악을 행하는 인간의 능력에 하나님이 어떤 분노를 쏟아부으시든, 그것은 모두 사랑에서 흘러나온다. 하나님이 죄에 대해 진노하시는 것은, 죄가 하나님이 사랑하시는 사람들과 창조세계를 해치기 때문이다. 하나님이 아동학대, 성폭력, 인종 차별, 백인 우월주의, 성소수자 혐오, 장애인 차별, 연령 차별, 여성 혐오, 착취, 잔학 행위, 소비주의에 대해 분노하시는 것은, 이러한 죄가 하나님이 만드신 이들의 존엄을 훼손하고 하나님이 만드신 세상의 아름다움을 더럽히기 때문이다. 이러한 죄가 하나님의 사랑을 거스르기 때문이다. 사랑이신 하나님, 그 사랑 안에서 그 사랑을 통해 나와 당신을 포함해 우리가 보는 모든 것을 만드신 하나님을 역행하기 때문이다.

8

—

죽음에서 생명으로

나는 에니어그램 3번이다.

에니어그램은 그리스도인에게 그저 점성술 같은 것이라고 믿는 비판자들이 있으며, "나를 틀에 가두려고 하지 마세요" 같은 말을 하는 이들이 있다는 것을 안다(그들은 아마 4번이나 1번일 것이다). 그러나 이 성격 유형 도구는 나의 약점과 강점, 성향을 파악하는 데 도움이 되었다.

당신은 에니어그램 3번 유형과는 보드 게임을 같이 하고 싶지 않을 것이다. 우리는 승부에 목숨을 거는 사람들이니 말이다. 에니어그램 3번만큼 가볍게 즐기기 위해 모인 밤을 죽고 사는 전투 현장으로 바꿔 버리는 사람들도 없다. 3번들은 건강할 때에는 생산적이고 설득력 있고 영감을 고취시키지만, 건강하지 못할 때는 성공과 이기는 데 집착하고 경쟁자를 무너뜨리는 데 몰두한다. 우리는 페이스북의 댓글 논쟁을 절대로 그냥 넘기지 못한다. 에니어그램 연구소를 만든 돈 리처드 리소와 러스 허드슨에 따르면, "3번들이 이기고 싶어 하는 것은 이김으로써 얻을 수 있는 것들이나 승리가 가져다주는 힘과 독립적인 느낌 때문이 아니다. 그들이 성공하고 싶어 하는 것은 그러지 못했을 때 공허감과 무가치함의 깊은 나락으로 사라져 버릴까 봐 두렵기 때문이다."[1]

나에게 꼭 들어맞는 말이다. 내가 이것을 이기지 못하면, 인터넷상의 이 논쟁을, 이 신학 토론을, 이 보드게임의 마지막 판을 이기지 못하면, 나는 정말이지 무관하고 하찮은 존재의 협곡 아래로 굴러 떨어져 사라져 버릴 것이다. 나는 생각했던 대로 아무것도 아닌 존재로 드러날 것이고, 무가치한 것들이 보내지는 블랙홀 속으로 빨려 들어갈 것이다.

그리스도인으로서의 내 삶을 살펴보면, 예수님을 따르기 위해 기꺼이 희생할 수 있는 것들이 많이 있다. 솔직히 말해, 내 안에는 예수님을 따르는 일에서도 지기 싫어하는 마음이 있기 때문이다. 나는 나의 시간을 희생할 것이다. 나의 재물을 희생할 것이다. 심지어 나의 평판(의 어떤 부분)도 희생할 것이다.

그러나 과연 나는 격렬한 논쟁에서 이길 수 있는 최종 발언권을 가질 기회를 기꺼이 포기할 것인가? 관계를 지키기 위해 상대방이 '이기도록' 기꺼이 허락할 것인가? 승리하기에 명백히 유리한 위치를 복음을 위해 다른 사람에게 기꺼이 양보할 것인가?

별로 그럴 것 같지 않다.

사회학자들은 논쟁에서 이기는 것이 실제로 누군가의 마음을 바꾸지는 못한다고 말한다. 알다시피, 삶은 보드게임 시합의 연장이 아니다. 달리 말해, 적어도 우리의 목표가 정복이 아닌 회심이라면, 심지어 단지 대화를 위해서라도, 이기는 게 실은 이기는 게 아니다. 그것이 가져오는 효과는 우리가 바라던 것과 정반대일 때가 많다. 사람들은 자신의 세계관이 위협받는다고 느끼면 방어적이 되면서 절대로 고집을 꺾으려 하지 않기 때문이다. 조너선 하이트가 『바른 마음』에서 아주 명쾌하게 설명하듯, 사람들은 자신의 말이 주목받고 경청 받는다고 느낄 때, 자신의 주장이 공정하게 다루어졌다고 믿을 때, 그리고 이야기와 마주했을 때 훨씬 더 잘 설득된다.

사회학자들이 운 좋게 알게 된 이러한 사실을 누구보다 더 잘 아셨던 분이 예수님이다. 그분은 한 공동체의 세계관을 뒤집어엎고자 한다면 이야기를 들려주고 진리를 일상의 경험과 연결시킬 필요가 있음을 이해하셨다. 그분의 비유가 딱 그랬다. 또한 예상 밖의 방식으로 행동하는 것 역시 필요한데, 그분의 경우에는 다른 쪽 뺨도 돌려 대고, 안식일에 병을 고치고, 죄인들과 어울리는 등의 행동이 있었다. 다른 사람들과 기꺼이 식사하고, 함께 둘러앉아 그들의 이야기를 들어 주는 것도 필요하다. 입장을 조금 양보하고, 자존심을 약간 내려놓고, 명예가 다소 깎이는 게 필요할 수도 있다. 이런 것을 죽는 것이라고 표현할 수 있을 텐데, 말하자면 수천 번의 작은 죽음을 받아들이는 것이다.

예수님은 이 마지막 요건을 극단적으로 실천하셨다. 그분은 명성을 거부하셨다. 권력자들과 교류하기를 겁내지 않으셨지만, 낮은 계층의 사람들 곁에 머무셨고 인기 없는 사람들과 식사하실 때가 훨씬 많았다.

예수님은 십자가 죽음까지도 기꺼이 받아들이셨다. 그것은 사랑 앞에서 제국의 궁극적인 공허함과 근본적인 무력함을 드러내 보임으로써 제국을 부끄럽게 만들고 무장 해제시키는 급진적 신실함의 행위였다. 이제 나는 궁금해졌다. 생명을 위해, 사랑을 위해 또 무엇이 죽어야 할까?

나는 앨라배마주 버밍햄에 있는 파크웨이 기독학교에서 초등학교를 다녔다. 이 학교에 관해 당신이 중요하게 알아야 할 사실은, 매년 아주 특별한 시상식이 있었다는 것이다. 이 상은 각 반의 남학생 한 명과 여학생 한 명에게 주어졌는데, 학생들의 투표로 선발되기 때문에 인기를 인정받았다는 후광 효과가 있었다. 그 상의 이름은 '최우수 기독교인 상'이었다.

전에도 들은 사람이 있을 이 이야기를 또 꺼내는 것은, 이 상을 받았다는 것을 나는 여전히 꽤 자랑스럽게 생각하기 때문이다. 종교적 과잉 성취자였던 나는(고백하건대, 여전히 그렇다) 이 상이 정말로 탐났다. 다른 사람한테 빼앗기기는 정말 싫었다. 이 자체로 나의 태도가 정말로 그리스도인으로서 최고라 할 수 있을지에 대해 뭔가를 말해 주지만, 뭐 어쩌랴.

5학년이 시작되자, 나는 상을 받기 위한 합법적이고 치밀한 전략을 개발했다. 음수대에서 남자 아이들이 내 앞에 끼어들게 해 주었다(관대함). 어른이 되면 그리스도께 내 삶을 드리고 아프리카 선교사로 섬기고 싶다고 반 전체 앞에서 말했다(헌신). 우리가 공부하고 있는 성경 이야기에 대해 선생님이 질문하시면 항상 맨 먼저 대답했다(학구성). 친구들 모두의 병든 햄스터들을 위해 기도하겠다고 약속했다(섬김).

전략은 당연히 통했다. 나는 4년 연속 최우수 기독교인 상을 받았다. 전에도 말했고 이후로도 계속 말하겠지만, 만약 우리 부모님이 이런 상을 주는 것이 미국 수정헌법 제1조의 국교금지 조항에 위배되는 공립학교로 나와 내 동생을 전학시키지만 않으셨다면, 아마 나는 그 상을 더 많이 받을 수 있었을 것이다.

사도 베드로에 관한 이야기를 읽을 때면 나는 이 불쌍한 친구가 때때로 최우수 기독교인 상을 받기 직전이라고 느꼈을 것이라고 생각하지 않을 수 없다. (베드로에 대한 이러한 나의 공감적 태도는 수상 이유에 '박애'를 포함시키게 할 수 있을 텐데, 사실 이런 나의 공감은 그를 내 경쟁 상대로 생각할 필요가 없다는 사실에 기초한다. 앞서 말했듯이, 각 반에서 남학생과 여학생 각각 한 명씩만 상을 받았으니 말이다.)

베드로가 예수님 주위에서 머물 무렵, 종교 지도자들은

예수님에게 등을 돌렸다. 마을 여기저기서 사람들은 수군거리고 있었다. 누군가는 예수님을 예언자라고 했다. 최근 세례 요한이 참수를 당했기 때문에 어떤 이들은 요한이 부활한 것일 수 있다고도 했다. 다른 이들은 나라—어떤 나라?—가 "가까이 왔다"는 괴상한 소리를 떠들고 다니는 미친 남자라고 했다.

그리고 마가복음 8장에 따르면, 예수님은 제자들에게도 물으신다. "너희는 나를 누구라고 하느냐?"

내 상상 속에서 베드로는 다른 누구보다 잽싸게(나만 빼고) 팔을 들고 스승 예수님의 주의를 끌기 위해 손을 이리저리 흔든다. 베드로는 온몸으로 소리친다. "저요, 저요! 저 알아요! 당신은 메시아십니다! 당신은 우리가 기다려 왔던 해방자이십니다! 당신은 우리의 모든 원수를 무너뜨리고 보좌를 세우고 영원히 다스리실 분입니다!" 베드로는 이미 머릿속으로 각 문장마다 주를 달고 상호 참조할 성경 구절을 떠올리고 있다.

그러나 언제나 기대에 화답하지 않는 지도자이신 예수님은 이렇게 풍성한 지식을 명명백백 선보인 베드로에게 어울릴 만한 열렬함으로 반응하지 않으신다. 대신 그분은 제자들에게 "아무에게도 말하지 말라"고 말씀하신다. 그런 다음, 자신이 어떻게 원수의 손에 극심한 고난과 수많은 배척을 당하고 심지어 죽음을 맞이하게 될 것인지 말씀하신다.

베드로가 이해할 만한 이유로 반대했을 때(우리는 그가 이렇게 말하는 것을 상상할 수 있다. "그런 식으로 말씀하시지 마세요! 그렇게 되도록 우리가 놔두지 않을 거라구요!"), 예수님은 베드로에게 최우수 기독교인 상과는 **정반대**의 것을 수여하심으로써 응답하신다. "사탄아, 내 뒤로 물러가라!"[2]

스승이나 친구가 당신을 마귀에 비한다면 결코 달갑게 들리지 않을 것이다. 그런 말은 당신의 자존감을 순간 뭉개 놓을 것이다. 꾸짖음은 따끔하고 아프다. 더군다나 예수님은 아직 끝나지 않으셨다. 모두가 보는 앞에서, 베드로가 하나님의 일을 생각하지 않고 사람의 일만 생각한다고 나무라신다. 베드로가 하나님이 일하시는 방식에 대해 근시안적으로 보고 있다고 암시하신 것이다. 또한 베드로가 의미 있는 삶의 열쇠는 고통을 피하고 시련을 비켜 가며 어떤 수를 써서라도 죽음을 모면하는 것이라 믿고 있다고 암시하신 것이다.

예수님은 모든 것을 다른 식으로 보신다. 그분은 우리 하나님이 권력과 통제, 군사력 같은 전통적인 인간의 역학이 아닌, 고난과 희생, 섬김의 자세를 통해 일한다고 말씀하신다. 이 나라는 자랑스러운 군마를 탄 강력한 군대가 아닌, 다른 사람의 겉옷이 걸쳐진 다른 사람 소유의 나귀 등에 올라타고 터벅터벅 걸어가는 어느 한 구세주의 길을 통해 올 것이다. 이 왕의 통치는 잔혹한 힘이나 두려운 행동의 과시가 아닌 치유의 몸짓과 자비의 속삭임, 부드러운 손길과 은혜의 물결을 그 특징으로 할 것이다. 이 백성의 원수들은 소멸되는 대신 사랑받을 것이다.

나를 따르고 싶다면 이길 준비가 아니라 질 준비를 해야 한다고 예수님은 말씀하신다. 항상 내가 옳아야만 하는 고집스러움, 파랑색 표창을 가슴에 달고 싶은 욕망, 일등이 되고자 하는 바람을 내려놓아야 할지도 모른다. 최우수 기독교인 상에 대한 집착을 내려놓는 것은 물론이고 심지어 죽어야 할지도 모른다.

예수님이 "사탄아, 내 뒤로 물러가라"고 말씀하신 직후에 베드로가 어떤 기분이었을지 나는 마구 상상이 된다. 후끈거리는 얼굴, 오싹거리는 피부, 꾸르륵대는 배. 아, 이 민망함을 어찌할 것인가! 메시아일 수 있는 분은 고사하고 누구에게라도 그렇게 공개적으로 야단맞는 것을 좋아할 사람이 어디 있겠는가?

그렇지만 더 깊은 무언가가 있었을 것이다. 나는 베드로가 창피함을 넘어서는 뭔가를 느꼈을 거라고 직감한다. 어쩌면 내가 그저 그에게 투사하는 것인지도 모르겠지만, 나는 베드로가 수치심 역시 느꼈을 거라는 생각이 든다.

때로 히브리 성서에서 마귀는 '하 사탄'(ha Satan)으로 알려져 있는데 영어로는 '비방하는 자'(the Accuser)로 번역된다. 마귀 혹은 사탄에 대해 무엇을 믿든, 실제 존재로 믿든, 타락한 천사로 믿든, 악한 인간 세력으로 믿든, 우리 자아의 어두운 면이라고 믿든 우리 모두는 비방하는 자의 목소리를 안다. 우리의 귀에 대고 중얼거리는 수치심의 목소리, 우리의 마음과 머리로 통하는 급행로를 어떻게든 찾아내는 목소리, 깊이 숨겨지고 깊이 뿌리박힌 불안함을 식별하여 그것을 가지고

놓고 증폭하고 배가시키는 목소리, 바로 그것이 비방하는 자의 목소리다. 문제의 원인을 나에게서 찾으며, 내가 행한 최악의 일이 곧 나라고 말하는 목소리, 바로 그것이 비방하는 자의 목소리다.

명확히 하자면, 비방하는 자의 목소리는 양심의 목소리가 아니다. 내 양심은 '그런 트윗은 날리지 말았어야 했어. 너는 고집불통이었고 동료에게 무례했던 거야. 멍청한 짓을 한 것에 대해 사과하는 게 좋지 않겠어?'라고 말한다. 내 양심은 내게 잘못이 있음을 느껴야 한다고 일깨워 주는 현명하고 바른 목소리다. 바울이 쓴 것처럼, 우리 모두는 죄를 지었고 하나님의 영광에 이르지 못한다. 바로 이것이 우리 각 사람을 괴롭히는 인간이 처한 상태다.

비방하는 자의 목소리에 대해 말할 때 나는 우리 안에서 계속해서 반복 재생되는 파괴적이고 기만적인 메시지를 말하는 것이다. 그 메시지는 우리가 **행한** 일이 아니라 우리 **존재가** 얼마나 끔찍한지에 초점을 맞춘다. 그것은 올바르게 죄책감을 느끼는 양심과는 근본적으로 다른 목소리, 즉 수치심이다.

우리가 참되게 살기 위해 죽어야 하는 것이 자아 중심성이라면, 더더욱 죽어야 하는 것은 바로 이 수치심이다. 비방하는 자의 목소리, 즉 우리가 가치 없고 절대로 사랑받을 수 없는 존재라고 말하는 목소리에 우리도 모르게 동조하는 마음 역시 죽어야 한다.

예수님이 기꺼이 죽으셨다고 말하는 것과 예수님이 왜 죽으셔야 **했는가** 하는 우리 중 많은 이들이 씨름해 온 문제는 살짝 다르다.

내가 어릴 때 죄와 예수님의 개입에 대해 이해한 바는, 그리스도께서 나의 추함을 그분의 아름다움으로, 나의 결함을 그분의 완벽함으로 대체하셨다는 것이었다. 이를테면 거룩하신 하나님은 나를 생각하는 것만으로도 참을 수 없고 격노할 것이기에, 내가 구원받을 수 있는 유일한 길은 누군가 내 사진을 들어 올릴 때 하나님이 어떻게든 나 대신 예수님의 모습을 보게 하시는 것밖에 없다는 식이었다. 하나님의 전능하심과 전지하심, 그 밖에 하나님께 가능한 모든 것에도 불구하고 나를 보시는 게 그렇게도 끔찍하다는 말인가?

수많은 찬송가와 노래가 예수님 이전에 하나님이 품으신 이러한 분노와 진노, 순전한 실망을 구체화한다. '예수의 피밖에 없네'에서는 "나는 공로 없도다. 예수의 피밖에 없네"라고 하고, '예수 안에 소망 있네'에서는 "십자가에 주 달리사 그 진노를 거두셨네"라고 노래한다.

저 어딘가에 있을 비판자는 이것을 읽고 분명 이렇게 생각할 것이다. '또 시작이군. 이단의 길을 가는 레이첼 헬드 에반스. 인성을 드높이고 신성을 깎아내리는 레이첼 헬드 에반스. 자신의 혼란으로 연약한 이들을 유혹에 빠뜨리는 레이첼 헬드 에반스.' 만약 하나님이 지니신 사랑의 본성이나 하나님의 본성이 사랑이심에 대해 질문하는 것이 이단적이라면, 차라리 나는 이단이고 말겠다. 만약 시간을 초월해 계시며 인내가 많으신 하나님이 내 작은 실수에도 노여움을 품으신다는 부조화에 대해 숙고하는 것이 이단적이라면, 차라리 나는 이단이고 말겠다. 만약 하나님께 어떤 대명사를 써야 적절할지 고민하는 것이 이단적이라면, 차라리 나는 이단이고 말겠다. (한번은 하나님께 여성 대명사를 쓴 적이 있는데, 사람들은 여전히 그것을 이유로 내가 비명횡사하길 바란다는 악담을 던진다. 그런데 그들이 언젠가 하나님 앞에 온전히 서게 되었을 때 하나님이 남성이 아닌 것을 발견한다면 어떤 심정일지 나는 심히 궁금하다.)

나는 그저 인간을 있는 그대로, 하나님도 있는 그대로 보고자 노력하는 것이다. 취약함이 가져올 수 있는 혼란과 대속 이론에 대한 명료성 결핍이(더 관대하게는 겸손이라고 불러 줄 수도 있겠지만) 수없이 많은 사람들을 자기혐오와 하나님께 사랑받을 수 없는 존재라는 생각에 묶여 있게 하는 거짓 확실성보다 낫다.

명확히 하자면, 나는 옛 버전을 대체할 새로운 확실성, 더욱 계몽된 근본주의를 구축하려는 게 아니다. 그런 것은 우리가 전에 붙잡고 있던 우상보다 살짝 더 예쁜 우상에 지나지 않을 것이다. 나의 소망은 믿음 안에서 의문을 품는 자세를 격려하는 것이다. 그동안 우리가 자신에게 들려주었던 어떤 이야기들이 아무리 좋은 의도였다 하더라도 사실은 소설 칸에 꼽혀 있어야 했다면? 그러한 서사들에 죽음을 선고함으로써 보다 풍성한 영양분을 담은 이야기, 거룩한 번영에 초점을 맞춘 이야기, 더 진실한 이야기가 살아남을 수 있게 해야 하는 것이라면?

우리가 이 길을 처음으로 가는 사람들은 아니다. 유대교 전통에는 신실한 의문의 오랜 역사가 있다. 그 역사는 미드라시에 요약되어 있는데, 이 고대의 주석은 성경 페이지 밖에 있는 것, 주요 두루마리에 포함되지 않은 온갖 세부 사항에 대해 랍비들이 묵상한 내용을 담고 있다.

미드라시는 '연구하다' 혹은 '탐구하다'라는 의미다. 유대 랍비 전통에서 이러한 형태의 배움은 언제나 그룹 단위로 이루어졌다. 미드라시 전문가이자 히브리 성서학자인 랍비 버튼 비소츠키는 "성서를 설교 주해와 공동체적으로 읽는 것 그리고 성서를 번역하는 일을 통해 공동체는 형성되고 개혁되고 개선되었다"고 쓴다. "미드라시는 옛 랍비들에게 성서를 통해 말씀하시는 하나님의 음성을 듣는 주요 수단이었다."[3]

미드라시는 성서의 특정 구절이나 특정 부분에 대한 단 하나의 특정 이해를 고착화하는 것을 목적으로 하지 않았다. 미드라시는 고대의 진리를 드러내려 하면서도 동시에 새로운 세대의 맥락에서 성스러운 본문을 이해하는 것에 대해서도 단호하게 열려 있다. "이전의 주석들이 전해지고 수정되고 다시 들려짐으로써, 성경은 중앙에 성서 구절이 위치하고 그 주변에 그 구절에 대한 다양한 해석이 방사상으로 뻗어 나가는, 일종의 글로 된 조각보를 이루게 되었다"고 비소츠키는 말한다. "성경 해석의 이 조각보는 쉼을 구하면서 그 아래로 모여든 모든 이에게 온기를 제공했다."4

조각 천들을 연결해 조각보를 만들고 그런 뒤 함께 그 아래로 모여드는 성경 읽기의 이미지는 성경을 몽둥이나 방망이로 경험했던 이들에게는 충격적으로 다가올지 모른다. 어쩌면 비방하는 자의 목소리는 그동안 우리에게 본문에 대해 의문을 가져서는 안 된다고 말해 왔는지 모른다. 어쩌면 비방하는 자의 목소리는 성경에 대한 것이든 하나님 자신에 대한 것이든 의심하고 질문하는 것은 하나님의 은혜가 감싸 안을 수 없는 테두리 밖으로 나가는 일이라고 뻔뻔하게 주장해 왔는지 모른다. 어쩌면 비방하는 자의 목소리는 두려움의 실타래를 풀어놓을지 모른다. 뭔가를 잘못 이해하게 될지도 모른다는 두려움, 인간의 비판이 어떤 식으로든 크신 하나님의 기분을 상하게 할지 모른다는 두려움, 우리는 사랑받고 있지 않으며 어쩌면 근본적으로 사랑받을 수 없는 존재라는 두려움 말이다.

신학자 레너드 스위트는 성경을 무비판적으로 대하는 자세가 사실은 신실하지 못한 면이 있다고 말한다. 유대 문화에서 "[성경] 이야기에 질문을 던지는 것은 숭앙의 행위다. 유대인들은 그 이야기가 시험되고 검증될 수 있을 만큼 충분히 강하다고 확신했다."5

성경의 이야기가 시험되고 검증될 수 있을 만큼 충분히 강하다면, 그 이야기의 궁극적 저자이자 영감이신 하나님 역시 우리의 탐색에 대해 충분히 강하신—또한 충분히 부드러우신—것이 분명하다. 이것이 내가 소망하게 된 하나님이다. 결국 이 하나님은 죽음 자체를 두려워하지 않으신 그 하나님 아니신가? 죽음은 하나님의 사랑을 꺾을 힘이 없었기 때문이다.

미드라시 전통에서 상상력은 성서 본문의 더 깊은 의미를 밝히는 핵심 도구다. 역사적 맥락이나 거룩한 시와 산문에 관해 전해 내려온 이해가 중요하지 않다는 게 아니다. 그러나 가능성에 대한 우리의 감각 역시 중요하며, 내킨다면 이를 성령의 계속되는 역사로 불러도 좋겠다.

스위트는 이어서 말한다. "식탁에 둘러앉은 유대인 아이의 영혼에 되풀이해서 주입되는 말은 '그런 질문은 하는 게 아니란다'가 아니라 '그것 참 좋은 질문이구나!'이다. 질문은 답만큼이나 성스럽다."[6]

그런 의미에서 나에게 미드라시의 순간, 간략한 의문을 허락해 주길 바란다. 만일 예수님이 "죽은 자들에게로 내려가신"* 것이 지옥이 아니라 구속받지 못한 지구로 내려오신 것을 의미한다고 이해한다면? 죽은 자들의 영역이 우리가 상상하는 불타는 지하 세계가 아니라 고통받고 지친 이 행성이라

---

* 우리말 사도신경에는 생략되어 있다.

면? 우리 중 그토록 많은 이들이 지옥의 두려움 속에 살고 있으면서도, 사도 바울이 로마 교회에 쓴 편지에 표현한 것처럼 "썩어짐의 종살이"하는 모든 증거를 가지고도 바로 이 세상이 우리가 내내 두려워했던 바로 그것임을 깨닫지 못하고 있는 것이라면?

나는 예수님이 보여 주신 인간과의 가장 위대한 연대 행위는, 모든 각 사람에게 실재인 죽음으로 향하는 길고 느린 여정을 받아들이신 것이 아닐까 생각한다. 오직 그분만이 하나님의 사랑으로 부어진 능력을 덧입어 조금 더 먼 곳까지 걸어가 죽음의 구역에 멈춰 서지 않고 영원한 생명의 영역으로 나아가신 것이다.

질문은 뭔가 잃어버릴 것이—그것이 권력이든, 명망이든, 세상의 신용과 통제 능력이라는 허식이든—있는 사람들에게만 위협이 된다. 당연히 그럴 것이라는 약속에 반대될 수 있는 현실에 대한 불편한 질문을 던지기 시작할 때 우리는 다양한 종류의 형편없는 은유를 듣게 된다. 예컨대 나는 우리의 궁금증과 방황이 필연적으로 우리를 그 유명한 '파국의 비탈길'로 내몰 것이라는 주장을 신물 나게 들어 왔다. 그러한 공식에서 하나님은 어디에 계시는가? 진리를 찾는 이들의 발을 견고하게 붙들어 주시겠다고 성경에서 반복해서 약속하는 하나님에 대한 우리의 신뢰는 도대체 어떻게 되었나?

물론 이 질문 뒤에는 또 다른 질문이 있다. 우리가 두려워하는 것은 무엇인가? 그 우리 주변을 따라다니는 그 두려움은 죽음에 대한 두려움일 때가 아주 많다.

그 두려움은 개개인의 두려움일 수 있고, 단지 죽음뿐 아니라 지옥에 대한 두려움일 수 있다. 예정에 없이 늦게까지 집에 오시지 않는 부모님을 초조하게 기다리다가 혹시 휴거가 일어났는데 자기만 홀로 남겨진 것은 아닌가 의심한 적이 있었다는 이야기를 내가 만났던 사람들로부터 셀 수 없이 들었다. 떨리는 심장으로 눈물범벅이 되어 늦은 밤까지 하나님과 절박한 씨름을 벌인 가슴 아픈 간증도, 특히 성소수자들의 간증이 있다. 꺼지지 않는 불구덩이에서 구해 주겠다고 약속해 주시기만 한다면 이렇게 혹은 저렇게 행동하고 생각하고 느끼지 않겠다고 약속하는, 그런 내면의 대화들은 쉽게 잊히지 않는 법이다.

그 두려움은 집단적이기도 하다. 예컨대, 요즘 소위 교회의 죽음에 대한 많은 이야기가 떠돈다. 기사 제목은 이런 식이다. "밀레니얼 세대가 떠나고 있다", "중요한 가치를 타협하는 그리스도인"(이는 진보주의자들이 보수주의자들을, 보수주의자들이 진보주의자들을 비난하는 방식이다), "교회 출석률이 하락하고 있다."

그러나 죽음은 부활의 사람들이 아닌 제국이 걱정하는 문제다.

어쨌든 나는 때로 우리가 죽음 놀이를 하면서 그것을 생명이라고 부르는 것은 아닌지 궁금하다. 중요한 질문을 던지지 않으려 할 때, 우리는 죽음 놀이를 하고 있는지 모른다. 미국 예외주의*에 충성을 맹세할 때, 우리는 죽음 놀이를 하고 있는지 모른다. 타인이 고통당하는 현실을 편리하게 부정해 버리고 안락하게 안주하는 쪽을 택할 때, 우리는 죽음 놀이를 하고 있는지 모른다. 그 미심쩍은 찬양곡이 우리 자신이나 우리 하나님에 대해 어떤 주장을 하고 있는지 한 번도 비판적으로 분석해 보지 않은 채 화음까지 넣어 아홉 번―여덟 번도 많은데!―반복할 때, 우리는 죽음 놀이를 하고 있는지 모른다. 식탁이나 예배당에서 누가 그 자리에 없는지, 누가 환영받지 못하고 왜 환영받지 못하는지 생각해 보지 않을 때, 우리는 죽음 놀이를 하고 있는지 모른다. 다른 이들의 '쉽볼렛'**에는 그토록 집착하면서 정작 자신은 추궁받기를 거부할 때, 우리는 죽음 놀이를 하고 있는지 모른다.

내가 아직도 그리스도인인 한 가지 이유는, 이 신앙이 죽음의 두려움에서 나를 해방시켜 주기 때문이다. 이 신앙은 인간의 두려움의 가장 깊은 곳을 파고들어 그 눈을 똑바로 쳐다보며 선언한다. "나는 두렵지 않다"고.

---

* 미국은 다른 나라와 다르다는 미국의 국가 정체성에 대한 신념으로, 프랑스 역사학자 알렉시스 드 토크빌이 주창한 개념이다.
** 입다와 길르앗 사람들이 에브라임 사람들을 찾아내 죽이기 위해 시켜 보았던 발음(사사기 12장 6절 참조).

나는 내가 사랑하는 사람들에게 죽음을 가져오고 그들이 틀렸다고 말하는 것들을 똑바로 호명하는 것이 두렵지 않다.

나는 교회가 자신의 안위를 지키기 위해 거룩한 상상력을 질식시켜 왔다고 말하는 것이 두렵지 않다.

나는 교회 안의 많은 사람들이 여성에게, 동성애자와 성소수자에게, 유색인종에게, 이민자와 난민에게, 장애인에게, 갖가지 소수자에게, 이런저런 정체성의 교차로에서 살아가는 많은 이들에게 죽음의 중개상 역할을 해 왔다고 말하는 것이 두렵지 않다. 교회 안에 있는 많은 이들이 좋은 소식을 선포하지 않았다. 그들은 소망과 가능성을, 정의와 환영을 전하지 않았다.

나는 교회의 많은 부분이 다른 이들의 번영보다 그 자신의 안위에 훨씬 더 많은 관심을 가져 왔다고 말하는 것이 두렵지 않다.

나는 교회의 많은 권역이 권력, 곧 세상의 권력, 편파적 권력, 타협이 횡행하고 거래로 움직이며 현상 유지를 위해 노력하는 권력에 투자해 왔다고 말하는 것이 두렵지 않다.

나는 우리 중 다수가 교회의 거대한 허울과 빛을 잃은 종교 의식을 보았고 거기에서 허무와 공허를 발견했으며 그것 역시 죽음일 수 있다고 말하는 것이 두렵지 않다.

나는 교회의 담이 하나님께 합당한 집이 아닌 사람이 만든 감옥을 쌓아 올렸다고 말하는 것이 두렵지 않다.

나는 만일 미국의 교회가 죽어 가고 있다면 그냥 죽게 내

버려 두라고 말하는 것이 두렵지 않다. 낡은 방식의 패권에 대해 죽게 내버려 두라. 폭력에 대해 죽게 내버려 두라. 통제에 대해 죽게 내버려 두라.

어쩌면 미국의 교회는 이미 죽었는지도 모른다. 그러나 죽음에 대한 공포는 부활을 믿지 않는 사람들의 관할이다. 그리스도인들은 부활의 기적에 대해 살아 있는 증인들이 되어야 하지 않을까?

따라서 우리의 이야기는 묘지에서 죽어 있는 혹은 죽어 가는 교회의 서사에서 끝나지 않는다. 우리는 교회의 부활을, 교회의 구속을 고대한다.

교회가 겸손의 길로 부활하게 하소서.
교회가 호기심의 길로 부활하게 하소서.
교회가 자비의 길로 부활하게 하소서.
교회가 섬김의 길로 부활하게 하소서.
교회가 온전함의 길로 부활하게 하소서.
교회가 십자가의 길로 부활하게 하소서.
교회가 예수님처럼 부활하게 하소서.
교회가 사랑으로 부활하게 하소서.

예수님이 죽음을 향해 걸어가셨던 길을 기념하는 절기의 시작인 재의 수요일, 그날의 짧고 간결하며 그저 아름다운 예전(禮典)은 거의 모든 사람이 동의할 수 있는 뭔가를 가르쳐 준다. 교회에 속해 있든 아니든, 믿든 믿지 않든, 그리스도이든 무신론자이든 불가지론자이든 또는 터무니없는 꼬리표의 한계를 한참 넘어선 신앙 경험을 가진 사람이든, 우리는 뼛속까지 이 진리를 알고 있다. "기억하라. 너는 흙이니 흙으로 돌아가리라."

나는 이 말이 가능한 가장 좋은 방식으로 우리를 겸손하게 만든다는 것을 발견했다. 이것은 나의 시각을 확장시켜 준다. 나는 하나님의 창조세계에, 세포와 미생물, 꽃과 나무, 산과 바다와 숲과 들판의 영광스러운 집합체에 속해 있다. 또한 나는 이 말의 솔직함에 감사한다. 죽음은 삶의 일부다. 우리는 이 현실을 인정할 뿐 아니라 이를 경축하고 슬퍼하고 씨름하고 묵상하기 위한 시간과 공간을 마련해야 한다.

그렇게 할 때 우리는 중심 진리를, 우리는 혼자가 아님을 기억하게 될 것이다. 모든 인류는 이 현실과 대면해야 했다. 예수님조차 그러셨다. 그리고 기억해야 할 결정적인 것이 있다. 하나님과 함께라면, 죽음은 결코 이야기의 끝이 아니다.

9
—
흐르는 물이
한결같이 하는 일

내가 냉소주의에 쉽게 빠지는 사람임을 주저 없이 인정하겠다. 반대편 벽에 내던져서 화면이 깨진 휴대폰과 더불어 냉소주의는 소셜 미디어에 열심인 사람에게 나타나는 주요 결과 중 하나인 게 분명하다. 우리 주변에 난무하는 너무도 많은 연기와 포즈로 인해 우리는 더 이상 진정성이라는 게 존재하기는 하는지 쉽게 묻게 된다. 그리고 다른 이들의 순수하지 않은 동기에 의심의 눈길을 보내는 것은 대개 우리 자신의 순수하지 못한 동기를 알고 있기 때문이다.

여기 분명한 사실이 있다. 냉소주의는 포기와 항복의 증거라는 것. 냉소주의는 고착화된 분노다. 냉소주의는 한때 부드러웠으나 이제는 거칠고 딱딱해진 당신의 마음이다. 냉소주의는 자신의 아픔과, 타인의 고통과, 겉으로 보이는 것보다 훨씬 복잡할 수 있는 가능성과 거리를 두려는 자기 방어적 간격의 각 층이 그 아래층에 압력을 가하며 굳어진 퇴적암층 같다. 냉소주의는 아주 인간적인 감정의 전 영역을 마비시키는 영적 마취제 같다. 그런 감정들은 겁나는 취약성을 드러내고 더 큰 실망의 가능성을 열어 놓기 때문이다.

달리 말해, 냉소주의는 전적으로 이해할 만하다.

무엇이 나를 냉소주의에서 구해 줄까?

그 하나는 작은 라즈베리 알갱이가 속속들이 박혀 있는 내가 특별히 좋아하는 다크 초콜릿이다. 이것은 확실히 도움이 된다.

또 한 가지는 소망의 실재다. 말하고 보니 내가 의도한 것보다 훨씬 더 경건하게 들린다.

기독교는 내가 영원히 붙들고 씨름할 이야기인데 내가 그리스도인이라고 말하지 않는다면 정직하지 못한 일일 것이다. 기독교에는—여기에서 내가 말하는 기독교란 예수님이 그 중심에 있는 숭엄하고 아름다운 이야기인데—내가 떨쳐 버릴 수 없는 뭔가가 있다. 내가 좋아하는 부분이나 좋은 날에 내가 믿는 부분만을 말하는 게 아니다. 전체를 말하는 것이다. 엉망이고 창피하고 역기능적인 교회 가족 전체는 나의 성, 국적, 인종, 이름만큼이나 나를 구성하는 내 정체성의 일부다.

그런데 말이다. 끝이 없는 것처럼 보이는 교회의 분열과 부패, 불협화음을 내는 논쟁 한복판에서, 왜 나는 여전히 그리스도인인가? 위대한 섬김과 긍휼의 행동뿐 아니라 종교 재판, 십자군, 노예제 지지, 시민권 반대 역시 포함하는 역사에도 불구하고, 왜 나는 여전히 그리스도인인가? 이 가운데 어느 하나라도 참인 게 있을까 하는 나의 끈질긴 의심과 설령 참인 게 있더라도 그것을 망치고 있는 이들이 있다는 두려움에도 불구하고, 왜 나는 여전히 그리스도인인가? 왜 나는 냉소주의를 떨쳐내기 위해 그렇게 열심히 싸우는가?

그 답은, 잘못된 그 모든 것에도 불구하고 내 아이의 조그만 머리 위에 차가운 물을 뿌리는 세례를 통해 그 아이를 하나님의 가족 안으로 들어오게 하는 것이 여전히 옳은 일처럼 느껴지는 이유와 동일하다.

예수님이 세례 요한에게 세례를 받으시는 이야기는 복음서에서 가장 극적이고 딴 세상 같은 장면 중 하나다. 예수님이 요단강의 물 위로 올라오셨을 때 하늘이 쩍 열렸다고 마가는 말한다. 저 위의 열린 틈에서 성령이 온유한 비둘기처럼 내려온다. 그런 다음 높은 곳에서 부모의 부드러움을 모두 담은 한 음성이 들려온다. "너는 내 사랑하는 아들이라. 내가 너를 기뻐하노라."[1]

나의 세례는 약간 다른 종류의 드라마였다.

나는 아버지에게 세례를 받았고, 같은 주일날 내 동생도 세례를 받았다. 나는 열두 살이었고, 우리는 보수적 복음주의 성향이 매우 강한 지역의 보수적 복음주의 성향이 매우 강한 교회에 다니고 있었다.

이 교회는 여성에게 목회자 안수를 허락하지 않았고, 종종 공화당의 의제와 기독교 윤리를 뒤섞어 놓았으며, 1960년대 혹은 1860년대에 그랬던 것처럼 1990년대에도 여전히 인종적으로 분리되어 있었다. 나에게 야유회와 '믿음의 조상 아브라함은'이라는 노래를 가르쳐 준 교회였고, 우리 가족 전체가 독감에 걸려 누워 있을 때 집에서 치킨 수프를 만들어 가져다준 공동체이기도 했다. 토네이도 경보가 울릴 때 내가 안전하다고 느끼게 해 준 교회였고, 내가 하나님의 사랑받는 자녀임을 처음으로 알려 주고 내게 말씀에 대한 깊은 경외심을 심어 준 공동체이기도 했다.

전에도 이 세례 이야기를 한 적이 있는데, 나는 그때 일이 아직도 정말 웃기다고 생각한다. 세례를 받던 날 내가 가장 걱정한 것은 내 세례가 인정받지 못하면 어쩌나 하는 것이 아니라 옷이 들러붙으면 어쩌나 하는 것이었다. 물속에 들어간 후 내 흰 티셔츠가 나의 '걸려 넘어지게 하는 것'에 너무 꽉 달라붙은 나머지 회중 가운데 한 형제를 실족하게 하는 상상을 했다. 바로 그런 것이 신실한 어린 복음주의 여성들 사이에서 편만한 걱정거리였다.

오늘 나는 나의 세례를 다른 시각으로 반추해 본다. 세례는 내가 그리스도인임을 일깨워 준다. 기독교는 세상이 내게 주려고 하는 다른 모든 이름을 대신하는 한 이름을 내게 주기 때문이다. 내가 그리스도인인 것은, 내가 받은 세례가 내가 하나님의 사랑받는 자녀라고 선언했기 때문이다. 어떤 실패도, 죄도, 성취도, 성공도 그 사실을 바꾸지 못한다.

독립성과 개인주의를 소중히 하는 문화에서 기독교는 불편하지만 필요한, 설명할 수 없는 상호의존성을 제공한다. 교회(내가 세례를 받았던 교회도, 지금 내가 소속된 교회도 아닌 하나의 세례를 공유하는 보편적 교회)는 서로를 대신해 사랑하고 기도하고 믿는, 지난 2천 년의 시간과 지구상의 모든 대륙과 문화를 아우르는 사람들로 연결되어 있는 전체 네트워크다.

어떤 일을, 특히 세례처럼 중요한 일을 다른 사람을 대신해서 한다는 생각이 약간 불편하게 느껴지는 게 나 혼자만은 아닐 것이다. 어린 아들을 성공회 교회에서 세례를 받게 할지를 고려하면서 나는 이 점에 대해 많이 생각했다. 부모로서 우리가 그 아이를 위해 신앙을 확증한다는 것을, 아이를 대신해서 그 아이를 '그리스도인'으로 부른다는 것을 알았기 때문이다.

세례가 믿음의 삶을 보증해 주는 마법의 부적을 부여해 준다고 생각하기 때문이 아니다. 혹은 어떤 세례의 방식이 다른 방식보다 낫다는 말도 아니다. 적어도 나의 신학에서 이 측면만큼은 에큐메니컬하며, 따라서 물을 뿌리든 끼얹든 아니면 그 안에 잠기든 좋을 대로 하면 되리라.

나에게 세례라는 고대의 기이한 의식은 기독교적 정체성의 심장에 있는 뭔가를 드러내 준다.

가장 우선적으로, 우리는 하나님의 사랑받는 자녀이며

겹겹으로 쌓인 사랑의 축복을 받았다. 내 자녀들의 믿음과 삶이 그들을 어디로 데려가든—설령 우리가 그 아이들을 양육했던 전통에서 벗어나게 된다고 해도—아이들은 자신들이 받은 세례가 그들이 사랑받았기 때문에(아마도 미숙하고 의심할 여지 없이 불완전하게일지라 하더라도) 일어난 일이었음을 알 것이다. 그것은 우리가 부모로서 우리 아이들에게 "너는 내 사랑하는 자녀란다. 내가 너를 기뻐한단다"라고 말해 주는 한 가지 방식이다. 그것은 우리가 부모로서 하나님이 우리에 대해 "너는 내 사랑하는 자녀란다. 내가 너를 기뻐한단다"라고 말씀하셨고 바라건대 또 그렇게 말씀하실 것을 깨닫는 한 가지 방식이다.

성찬식, 회개 기도, 신앙고백과 마찬가지로 세례는 우리가 혼자서 그리스도인이 될 수 없음을 일깨워 준다. 우리는 친교실의 덜컥거리는 접이식 테이블 주위에 모인 무리보다 훨씬 더 큰 공동체에 속해 있다. 그리스도를 잉태하게 하셨고 하늘에서 비둘기처럼 내려오셨던 그 성령으로 함께 묶인 믿음의 가족 말이다.

예수님의 세례를 직접 보았다면 어땠을지 상상해 보자. 그분은 방음 타일의 천정 아래 염소 처리된 세례용 욕조가 아닌 탁 트인 하늘 아래 요단강의 흐르는 물에 잠기셨다. 물길이 어지럽게 뻗어나가는 분수령인 이곳의 물은 여러 곳과 연결되어 있다. 헤르몬산과 그 근방의 언덕에서 눈 녹은 물이 이곳으로 흘러오고 다시 사해로 흘러 들어간다. 이 물은 강기슭의

버드나무와 철쭉이 꽃을 피우게 하고, 이 물을 마시러 내려온 야생 염소와 가젤의 목마름을 해소해 준다. 갈대와 관목 덤불에 숨어 있는 황새와 물총새에게 이동식 뷔페를 제공한다. 메기, 잉어, 도미, 작은 연체동물, 자라를 맞아 주기도 한다. 포도와 곡식을 기르는 밭에 물을 대고, 젖과 꿀로 탈바꿈하기도 한다.

　　요단강에서든 다른 어떤 강에서든, 세례는 물을 타고 흐르는 모든 생명의 순환과 우리를 묶어 놓는다. 우리가 서로에게 속해 있음을 일깨워 준다. 물론 그것을 글로 써내는 일은, 그러한 더 큰 공동체에, 즉 도움을 주는 만큼 상처도 주기 쉬운 말썽 많은 인류의 군집에 속한다는 것이 실제로 의미하는 바를 다루는 일보다는 훨씬 쉽다.

한참 전인 2003년, 사람들이 아직 음성 메시지를 남기고, '온정적 보수주의'라는 말이 완전한 모순 어법은 아니고, 마크 주커버그의 페이스매시*가 약간 성차별적 성향을 띤 대학 때의 실험에 불과하던 시절, 학우들은 우리 기독교 대학 졸업식에서 졸업사를 할 연사로 나를 뽑았다. 나는 그 영예를 진지하게 받아들였다. 학생이 한 어떤 졸업 연설보다도 단연 훌륭하

---

*　페이스북의 전신인 소셜 네트워크 서비스.

고 단연 고무적이고 단연 기독교적인 졸업 연설이 될 터였다. 나는 모든 기말 시험과 졸업 준비의 분주함 중에도 몇 주 동안 성실히 준비했다. 초안을 몇 번이나 다시 썼고 부모님뿐만 아니라 교수님들에게도 피드백을 받았다.

돌이켜보건대, 연설은…… 그런대로 괜찮았다. (지금까지도 나는 연단에 올라가 객석을 훑어본 다음 아래를 내려다보는데 연설문 노트를—그리고 바지를!—기숙사 방에 두고 온 것을 깨닫는 악몽을 꾼다.) 당시의 나와 아주 비슷하게, 나의 졸업사는 순진한 낙관주의, 가능성에 대한 젊은 감각, 다른 모든 사람이 들어야 하고 바뀌어야 할 것들에 대한 확신으로 가득 차 있었다.

나는 세상으로 나아가 세상을 변화시키라고 말했다.

나는 우리가 믿는 자로서 4년 동안 하나님과 선생님들로부터 기독교 변증학 훈련을 받아 힘을 길렀으니 이제 사랑 안에서 진리를 말할 준비가 되었다고 말했다.

나는 세상이 어둡지만 우리는 빛이 되도록 부름 받았다고 말했다.

나는 세상이 병들었지만 우리는 복되게도 치료약을 받았다고 말했다.

나는 세상이 길을 잃었지만 우리는 길을 안다고 말했다.

나는 일단의 영감 어린 기독교 포스터에서 볼 수 있는 거의 모든 것을 말했다. 무지개, 바위를 때리는 파도, 발톱으로 매달려 있는 고양이 같은 얄팍한 그림이 그려진 포스터들 말이다.

지금과는 다른 시절이었다. 9/11의 재와 기억이 여전히 대기와 우리 마음을 구름처럼 덮고 있는 한편으로, 미군은 바그다드에 '충격과 공포'*를 풀어놓았고, 우리는 몇 달 안에 승리하여 이라크를 떠날 것이라고 확신했다. 〈프렌즈〉가 아직도 텔레비전에서 방영되고 있었고, 거기서 보여 주는 세상의 (그리고 진짜 우리 세상의) 백인 중심성에 대해 많은 이들이 의문을 제기하기 전이었다. 명왕성은 아직 행성이었다.

나는 행복감에 취해 자만했고 신앙적으로 오만했다. 세상을 변화시키라는 내 말이 본질적으로 틀렸다는 것은 아니다. 하지만 되돌아보면, 그러한 권고는 뭔가 불완전해 보인다.

만일 졸업식 연설을 다시 할 수 있다면, 인생이 훨씬 더 단순해 보였고 나 자신이 훨씬 더 똑똑하다고 생각했던 그때로 돌아갈 수 있다면, 서른일곱 살의 레이첼이 이후에 배운 모든 교훈을 스물두 살의 레이첼의 몸과 정신에 재장착해 줄 수 있다면, 나는 이 말을 추가할 것이다. "또한 세상이 여러분을 변화시키게 하세요."

정확히 그것이 내가 연단을 내려와 곧장 세상 속으로 걸어 들어갔을 때 일어난 일이었다. 그곳에는 내가 회심시키고 꺾어야 한다고 배웠던 허수아비들이 아닌, 감정을 느끼고 살과 피를 가진 진짜 사람들이 살아가고 있었고, 그들 중 어느 누구도 내가 무신론자나 무슬림, 페미니스트나 동성애자, 자

---

*   당시 미군의 작전명이었다.

유주의자나 가난한 사람, 회의론자나 외국인에 대해 상상했던 타락한 대본대로 말하고 행동하지 않았다. 그 세상에서 뚜렷한 흑백의 확실성은 점점 사라져 갔고, 시간이 지날수록 조금씩 더 진해지고 종종 앞을 분간할 수 없는 잿빛 안개가 그곳을 채워 갔다.

나는 무신론자들에게 도전하도록 하나님의 부르심을 받았다고 생각했지만, 이제는 많은 무신론자들이 나에게 도전하도록 하나님으로부터 보내심을 받은 게 아닌가 생각한다.

나는 하나님이 나를 사용하셔서 동성애자들에게 이성애자가 되는 법을 보여 주기 원하신다고 생각했지만, 오히려 하나님은 동성애자들에게 힘을 더하셔서 나에게 더 나은 그리스도인이 되는 법을 보여 주셨다.

나는 세상이 내가 하는 말을 들어야 한다고 생각했지만, 그와는 반대로 내가 더 잘 듣는 법을 배우는 데 있어서 세상의 도움이 필요했다.

나는 하나님이 허락하신 내 자신의 강함이 하나님의 전신갑주를 구성하는 필수적인 (바울이 언급하지는 않았지만 어쨌든 결정적인) 부분이라고 생각했다. 하지만 내가 발견한 것은 나의 깊은 연약함을 기꺼이 고백하는 겸손의 아름다움이었다.

나는 그리스도의 연회장에는 단 하나의 식탁만이 있고, 그 위에 달린 거대하고 영광스럽게 빛나는 팻말에는 '복음주의'라고 쓰여 있다고 생각했다. 내가 알게 된 것은 그 축제의 장이 내가 상상할 수 있는 것보다 훨씬 넓고 깊고 웅장하다는 것과 어마어마하게 다양한 요리와 그만큼 다양한 식객들, 내 입맛으로는 감당하기 힘든 맵고 진한 카레 요리, 내 머리로는 간신히 이해하기도 어려운 길들여지지 않은 멋진 신념들이 넘쳐나는 온갖 종류의 식탁들로 연회장이 가득 차 있다는 것이다. 그 수많은 식탁에서의 대화는 나에게 자양분이 되어 주었다. 내 첫 번째 보고서 작업을 엄마처럼 시종일관 도와준 페미니스트 동료에서부터 나에게 리처드 로어와 메릴린 로빈슨의 놀라운 책들을 소개해 준 도서관 사서까지, 진화가 실제로 어떻게 작동하는지 이해하도록 인내심 있게 나를 안내해 준 물리학자에서부터 인도와 볼리비아 여행에서 만났던 성자들까지, 내 존재가 그들에게 축복이 되어야 했건만 결국은 그들의 존재가 나에게 더 큰 축복이 되어 주었다.

나는 세상이 본질적으로 거대한 잡초 밭이고, 우리 신실한 2003년 졸업생들은 잡초를 뽑는 사람들이라고 생각했다. 우리는 세상에 분명히 악이 존재함을 분명히 보았고, 너무도 다양한 종류의 두려움과 증오, 편협함과 편견이 있음을 보았다. 그러나 나는 또한 모든 종류의 불가능해 보이는 토양에서 풍성한 생명이 솟아나고 있음을 깨달았다. 그 생명은 '흑인의 생명도 중요하다'*고 외치는 시위대의 모습으로, 너희는 열등

---

*   한국의 상황에서는 '진실은 침몰하지 않는다' 같은 구호를 떠올릴 수 있겠다.

한 존재라는 메시지를 자기 몸으로 반박하는 성소수자들의 모습으로, 교회에서 겪은 학대에 대해 감히 목소리를 내는 생존자들의 모습으로 자라났고, 천 년 동안 추수해도 다 거두지 못할 만큼 충분한 결실을 가져왔다.

　나는 세상이 내가 준비한 모든 답 하나하나를 기다리고 있다고 생각했다. 하지만 알고 보니, 세상이 던지는 크고 솔직하며 종종 답이 없는 질문들이 나에게 축복이었다. '이게 어찌 된 거지?'라는 생각이 들 때마다 이제 나는 하나님이 피식 웃으시며 속삭이시는 말을 겨우 알아들을 수 있을 뿐이다. "아마 넌 짐작도 못할걸."

졸업 연설을 하고 대학을 졸업한 나는 이전의 내 방식의 오류를 곧바로 깨달았다고 가장할 만큼 오만하지는 않다. 처음 얼마 동안은 저항했다. 나는 믿음을 타협하는 것이 두려웠고, 그래서 더욱 꽉 붙잡고 완강히 버텼다. 나는 다른 사람들에게 예수가 되어 주는 것이 내 임무라고 계속 확신했고, 그런 만큼 다른 이들이 나에게 예수가 되어 줄 수 있는 많은 기회를 놓쳤다. 그들은 나를 가르치고, 치유하고, 내 곁에 있고, 나와 빵을 나누고, 내 이야기를 들어 주고, 함께 울고, 회개로 이끌고, 나를 사랑해 주었을 텐데 말이다.

　한참 뒤에야 나는 아마도 이것이 물로 받은 세례에 이어서 그것을 완성해 주는 진짜 삶의 세례임을 깨달았다. 아마도 이것이 오래전 물에 잠겼던 그 일이 상징했던 거듭남이었으리라. 모든 배열이 완전히 재구성된 세상으로의 거듭남, 내가 받아들일 준비가 되었을 때 나를 받아 줄 준비가 된 세상으로의 거듭남, 사랑으로 창조되었기에 나누어 줄 아름다움과 선과 활력이 풍성한 세상으로의 거듭남. 아마도 바로 이것이 그리스도를 통해 한 번 일어나야 했고 하나님의 사람들과의 경험을 통해 계속 반복해서 내 삶에 일어나야 하는 정화와 씻김일 것이다.

물은 가장 단단한 바위에조차 꾸준히 작용하여 모양을 바꾸고 깎아 내고 표시를 남기는 힘이 있다. 물에 포함된 미네랄은 침투가 불가능한 바위에조차 얼룩을 남긴다. 시간이 흐르면 우리는 이런저런 방식으로 물이 존재했던 흔적을 볼 수 있을 것이다. "물이 여기 있었다"고 말해 주는 물이 남기고 간 증거를 말이다.

성공회 교회의 세례 예식에는 회중이 세례 받는 이들을 위해 기도하는 부분이 있는데, 하나님께서 "이들을 세상에 보내어 당신의 사랑을 증거하게 하소서"라고 간청한다.

당신의 사랑을 증거하게 하소서.

이 진술에는 아름다운 모호함이 존재한다. 물론 이것은 그리스도를 고백하는 이들이 그리스도의 사랑을 증거해야 함을 암시한다. 하지만 세상에서도 일하고 있는 그리스도의 사랑을 증언하라는 초대로 읽을 수도 있다. 그 사랑을 인식하고 선포하고 그에 대한 우리의 경외감과 경탄을 표현하라.

물이 그러하듯 예수님은 가장 예기치 못한 곳에서 모습을 드러내셨다. 그분의 사랑 넘치는 사역에서 우리가 어떤 측면을 높이고 어떤 측면을 소홀히 하는지 생각할 때, 나는 수천 명의 친구들을 위해 물고기와 떡으로 즉흥 소풍을 여셨고 바리새인뿐 아니라 세리가 초대한 저녁식사에도 흔쾌히 참석하셨던 그분이 얼마나 파티를 좋아하셨는지 우리가 간과할 때가 많다는 사실에 깜짝 놀란다. 우리는 그분이 잡다한 온갖 무리와 함께 식사하시는 모습을 거듭 발견한다. "예수님의 전염성 강한 매력은 축하하기를 좋아하셨다는 것이다"라고 에이미질 레빈은 쓴다. "주인으로서든 손님으로서든 혹은 우리가 먹어야 할 살과 피로서든, 그분은 제단이 아닌 식탁에서 사람들을 끊임없이 만나고 계신다."[2]

그리스도께서 승천하신 후 최초의 사도들은 세상에서 마주친 선함으로 인해 그들 자신이 변화되었다. 율법을 준수하고 정결한 음식을 먹고 로마를 증오했던 베드로가 하나님을 두려워하고 가난한 이들을 돕는 백부장을 만났을 때 그는 스스로도 놀라면서 이렇게 말했다. "나는 참으로 하나님께서는 사람을 외모로 가리지 아니하시는 분이시고, 하나님을 두려워하며 의를 행하는 사람은 그가 어느 민족에 속하여 있든지 다 받아 주신다는 것을 깨달았습니다."[3] 그러고 나서 베드로는 예수님이라면 하셨을 법하게 이 새로운 친구와 식사를 하는 데까지 나아간다. 그는 고넬료에게 이렇게 말한다. "유대 사람으로서 이방 사람과 사귀거나 가까이하는 일이 불법이라는 것은 여러분도 아십니다. 그런데 하나님께서는 나에게 사람을 속되다거나 부정하다거나 하지 말라고 지시하셨습니다."[4]

어떤 사람도.

최근에야 나는 이 진술이 포괄하는 놀라운 범위를, 그리고 내가 아직 다 배운 게 아니라는 잠이 확 깨는 현실을 이해하게 되었다. 내가 성경 진리를 위해 열을 내고 교회에 열심히 다니고 모든 것을 아는 (체하는) 공화당 지지자였을 때, 하나님은 (지나치게) 동정심 많고 정치적으로 올바르고 모든 것에 질문을 던지는 진보주의자들을 사용하셔서 내게 인간이 되는 법을, 나의 적이 누구인지에 대한 나의 고착화된 인식을 뒤집어 보는 법을 조금 더 가르치셨다. 내가 (지나치게) 동정심 많고 정치적으로 올바르며 모든 것에 질문을 던지는 진보주의자가 된 지금, 하나님은 여전히 인간이 되는 법과 나의 적이 누구인지에 대한 나의 고착화된 인식을 뒤집어 보는 법을 내게 조금 더 가르치시기 위해, 성경 진리를 위해 열을 내고 교회에 열심히 다니고 모든 것을 아는 (체하는) 공화당 지지자들을 고집스럽게 사용하신다.

나는 베드로였고 고넬료였다. 나는 여전히 베드로이고 여전히 고넬료다.

그리고 하나님은 여전히 하나님이시다. 인내하시고 오래 참으시고 종종 신경에 거슬리는 하나님은 이 삶에서 옳은 게

172

가장 중요하다는 내 생각, 특히 내 삶에서 내가 옳은 게 가장 중요하다는 내 생각에 죽음을 선고하는 데 단호하게 헌신하신 것 같다. 나는 여전히 하나님이 우리를 부르셔서 세상을 변화시키시고 세상을 좀 더 정의롭고 좀 더 공평하고 좀 더 사랑이 넘치게 만드신다고 믿으면서도, 또한 하나님이 세상에 힘을 더하셔서 우리를 변화시키시고 우리를 좀 더 정의롭고 좀 더 공평하고 좀 더 사랑이 넘치게 만드신다고 믿는다.

알고 보니, 나의 고집스러운 냉소주의도 하나님의 사랑의 회복력이나 흐르는 물이 한결같이 하는 일과는 상대가 되지 않는다.

10

—

수많은 목소리,
수많은 가면

글쓰기는 나에게 특별한 종류의 인내심을 가르쳐 주었거니와 마침내 나는 그것을 신앙에 적용하는 법을 배우고 있다. 글쓰기가 막히는 날마다 반복하는 주문을 의심이 찾아오는 날에도 똑같이 반복하고 있는 나를 발견한다. '인내심을 가져. 서두르지 마. 질문을 삶으로 품어 내. 끝까지 가게 해봐.'

똑같은 원칙이 읽기에도 적용될 수 있다고 생각한다. 나는 영문학을 전공한 것을 행운으로 여긴다. 문학을 공부하면 본문에 '평이한' 것이나 '분명한' 것이 없을 때가 많음을 배우게 된다. 본문(text)은 언제나 특정 문맥(context) 안에서 쓰이고, 거의 언제나 특정 문맥을 위해 쓴다. 캐묻는 것이 늘 하는 작업의 일부다. 저자뿐 아니라 다른 독자와의 공감 역시 그렇다.

성경에 대해서는 뭔가 달라야 한다니 의아하다. 우리가

174

이 거룩한 책을 존중한다면 **더 많은** 질문을 던져야 하지 않을까? 더 적게가 아니라! 우리는 사랑하는 사람들, 사랑하는 것들과는 더 얕게가 아니라 더 깊게 씨름하지 않는가?

그런데 많은 사람들에게 성경은 캐묻기 시작할 때 신성한 책에서 걸림돌로 변해 버린다. 그것은 내 입에서 나오는 모든 말 하나하나에 딱 한 단어로 반응하던 시기의 내 아들을 떠올리게 한다. "왜요?" (어찌된 일인지 내 대답은 그 아이에게 방귀대장 뿡뿡이의 답만큼도 설득력이 없는 것 같다.)

계속 쌓이는 너무 많은 '왜'라는 질문의 무게 아래에서 성경의 진리성에 대한 당신의 확신은 무너질 수 있다. 그러나 당신의 확신은 당신의 하나님이 아니다. 성경 역시 하나님이 아니다. 성경은 우리에게 하나님에 대해 말해 주고 하나님을 향해 우리의 시선을 돌리게 하고 하나님을 만났던 다른 이들에 대해 증언해 주지만, 하나님의 전부를 담고 있지는 않다. 심지어 하나님의 이야기 전부를 담고 있지도 않다. 나는 하나님이 우리가 던지는 수백만 개의 '왜'라는 질문을 다 **다루실 수 있다**고 믿는다. 사실 하나님은 그런 질문을 요청하신다. 온 마음 다하여 진리를 추구하는 일에는 아름다움이 있고, 우리의 원천이시며 우리를 지탱해 주시는 분을 이해하고자 하는 진심 어린 갈망에는 소망이 있기 때문이다.

'제자'라는 단어가 '전문가'나 '설교자', '강연자', '지도자'를 뜻하지 않는다는 것을 알았을 때 내가 느꼈던 환영받는 느낌과 기쁨을 기억한다. 그 단어는 '배우다'라는 의미의 라틴어 단어 '디스케레'(*discere*)에서 왔다. 우리는 배우는 자다. 우리는 모두 과정 중에 있고, 공부하는 도중이며, 교육을 마치기까지는 아직 멀었다. 의심하는 도마, 가시 돋친 혀를 가진 나다나엘, 변덕스러운 베드로, 재정적인 고민에 시달리던 빌립(예수님이 오천 명을 먹일 준비가 되셨을 때, 그는 "이 사람들에게 모두 조금씩이라도 먹게 하려면, 빵 이백 데나리온어치를 가지고서도 충분하지 못합니다"라고 말했다[1]) 같은 저 불쌍한 제자들에게 예수님이 얼마나 인내하셨는지를 보는 것은 나에게 적지 않은 위로가 된다. 우리는 위대한 스승의 발아래에서 배우는 자가 되도록 부름을 받아 믿음의 삶이 무엇을 의미하는지 조금씩 이해하기 시작한다.

우리 하나님은 육신이 되신 말씀이지 종이 위에 인쇄된 말씀이 아니다. 그리고 하나님의 영감으로 된 본문이라고 여기는 것을 하나님 자체와 혼동할 때 우리는 통탄할 만한 오류를 범한다. 그리스도인들이 성경을 오직 그 내용을 다룰 수 있도록 승인 받은(그 승인을 누구에게 받는 건지는 물을 가치가 있는 질문이다) 이들에 의해서만 조심스럽고 신중하게 열려야 하는 밀봉된 상자처럼 취급한 탓에 사람들은 피해를 입었다. 성경적 주장에 대한 오해와 '성경에 기초한' 체계에 대한 우상 숭배적 충성 때문에 영적 생명뿐 아니라 육체적 생명도 잃어버렸다.

대학 시절에 알프레드 테니슨의 작품을 읽었는데 그의 시 「A. H. H.를 추모하며」가 특히 좋았다. 테니슨은 절친한 친구 아서 헨리 할람이 스물두 살에 뇌출혈로 갑자기 죽자 엄청난 슬픔 속에서 이 시를 썼다.

할람의 죽음이 남긴 여파 속에 테니슨은 이 시에서 자신의 의심과 자신의 절망과 씨름한다. 이 놀랍고도 장대한 공개적인 여정에서 그는 우정과 신앙을 고찰하면서 감정적으로 영적으로 힘든 지형을 통과해 간다. 시는 "한 번도 사랑하지 않은 것보다 / 사랑하고 상실하는 것이 더 나으리"라는 구절로 유명하지만, 나에게는 다음의 짧은 구절이 특히 더 다가온다.

우리의 작은 몸은 주어진 날이 있어
저마다 그 시간을 보내고 사라집니다.
모두가 당신의 깨어진 빛에 지나지 않으니
주여, 당신은 그보다 더 크십니다.

좋든 싫든 성경의 이야기는 나의 이야기와 얽혀 있는데, 그 밀접한 관계는 내 이름으로까지 곧장 이어진다. 내가 일곱 살일 때 주일 학교 선생님은 두꺼운 인명사전을 꺼내서 우리 각자의 이름을 찾아 주었다. 내 이름은 '에유'(ewe)라고 했다. 그날 나는 내 부모님이 갓 태어난 내 벌거벗은 몸을 한번 보고 곧바로 혐오스러워 '에유' 하고 한숨을 쉰 게 분명하다고 확신하고는 마음이 무너져 교회에서 집까지 돌아가는 내내 울었다. '에유'가 영어에서 그저 암양을 의미한다는 것을 알게 된 뒤에도 기분은 그다지 나아지지 않았다. 특히, 친구 사라의 이름이 '공주'라는 뜻임을 알아 버렸기 때문이기도 했다.

진실은 훨씬 더 평범했고 훨씬 덜 극적이었다. (오래 참으신 부모님과 나와의 관계에 들어온 것을 환영한다.) 아빠가 들려주신 이야기에 따르면, 두 분은 그저 레이첼이라는 이름의 소리가 마음에 들었을 뿐이었다고 한다. 우리의 성 헬드는 짧고 단음절이기 때문에, 이름은 조금 더 길고 줄여서 부르지 않으면 좋겠다고 생각하셨단다. ("자연스럽게 레치라고 좀 더 정답게 줄여서 부르게 되기는 했지"라고 아빠는 덧붙였다.) 중간 이름 그레이스는 증조모의 이름을 딴 것으로, 성경에서 말하는 은혜의 개념을 기념하는 것이기도 하다.

부모님이 어디에서 영감을 받으셨든, 레이첼이 성경적 이름이라는 사실에서 빠져나갈 수는 없다. 그래서 나는 내 삶의 가닥과 그 거룩한 책의 가닥을 연결하는 실마리를 잘라 내버리기보다는 그 두 가닥이 함께 엮일 수 있는 방법을 받아들이고 이해하기를 바란다.

이따금 나는 성경에 나오는 레이첼 이야기를 읽는데,* 그녀의 풍부하고 복합적인 캐릭터에 전율할 때조차 그녀와 직접적으로 견줘지는 것은 꺼려진다. 나는 분명 누군가의 첩

---

*   한글 성경에서는 라헬로 표기된다. 이하 라헬로 통일해서 쓴다.

이 되는 것으로 만족할 리 없으며, 이 사실은 아무리 그녀가 야곱의 편애를 받은 짝이었음을 암시하는 쪽으로 본문을 읽을 수 있다 해도 바뀌지 않는다.

내가 라헬에 대해 가장 좋아하는 세부사항 하나는 우리 대부분이 놓치는 부분이다. 창세기 29장 9절에 등장하는 그녀는 목동이다. 성경에서 양을 치는 여성의 이름이 나오는 경우는 딱 한 명밖에 더 없지만(모세의 아내가 되는 십보라다), 고대 근동의 많은 문화에서 여성들이 가축 치는 일을 돕는 것은 흔한 관습이었다. 아내는 집 안에 머물면서 단란한 가정을 꾸려야 한다는 성경적 여성성을 옹호하는 이들에게는 불편하게 느껴질 내용이다.

내가 상상하는 라헬은 적어도 보수적인 성경적 아내의 전형과 비교할 때 상당한 정도의 자율성을 누린다. 나는 거칠게 깎은 막대기를 손에 쥔 그녀가 호밀사초와 클로버가 깔린 목초지를 가로질러 걸어가고, 시끄럽게 울어대는 염소와 음매하는 양들이 이 보호자를 뒤따라가는 그림을 머릿속에 그려 본다. 그녀는 태양의 온기를 향해 검게 그을린 얼굴을 들어 올려 혼자서 짧은 곡조를 흥얼거린다. 샌들을 신은 발이 닿는 밭에서 꺾어 든 야생 호로파 줄기의 신선한 허브향이 지독한 가축 냄새에서 잠시 벗어나게 해 준다. 때로 그녀는 늙은 떡갈나무 그늘에 들어가 허리춤에 차고 있던 물주머니를 들어 물을 벌컥벌컥 들이킨다. 이 언덕에서 라헬은 자유롭다. 자유롭게 꿈꾸고, 자유롭게 돌아다니고, 자유롭게 질문을 던지고, 자

179

유롭게 존재하다.

그녀는 고집이 세고 꾀가 많다. 언니 레아의 아들 르우벤이 모아온 자귀나무를 조금 얻기 위해 언니에게 야곱과 동침할 수 있는 기회를 주고 그것과 맞바꾸었다. 고대에는 이 감자의 사촌이 수태를 돕는다고 믿었다.

그녀에게는 조금 극적인 성향도 있다. "나도 아이 좀 낳게 해 주세요. 그러지 않으면 죽어 버리겠어요."[2] 나중에 첫아들의 이름을 지어 주면서도, 그녀는 벌써부터 아들을 하나 더 달라고 구하고 있다.

우머니스트* 성경학자인 윌 가프니가 지적하듯, 라헬이 하나님과 맺고 있는 관계는 모호하다. 본문은 자주 하나님을 야곱의 하나님으로, 즉 그 남편의 하나님으로 말한다. 마치 라헬은 이 하나님과 데면데면한 사이인 것처럼 말이다. 성경은 하나님이 그녀에게 복을 주시고 그녀를 기억하신다고 기록한다. 그러나 그녀는 하나님의 호의를 관찰하면서 하나님에 대해 단 세 번만 말한다. 만약 그녀가 하나님께 직접 말을 건 적이 있더라도(즉, 기도한 적이 있더라도) 우리는 그것에 관해서는 알 수 없다. 그러나 성경은 "하나님이 라헬의 호소를 들으시

---

* 중산층 백인 여성 중심으로 전개되었던 페미니즘 운동과의 차별을 꾀하면서 흑인 여성의 경험과 이야기에 주목하고 가치를 부여하는 이들이다. 『컬러 퍼플』의 저자 앨리스 워커가 처음 제안한 용어로, 흑인/유색 여성의 관점과 목소리에 관심을 기울이면서 억압받고 차별받는 이들을 위한 성경 읽기의 본이 되는 고유한 신학 방법론으로도 발전했다.

고"그녀의 태를 열어 주셨다고 우리에게 분명히 말해 준다. 가프니는 이렇게 쓴다. "설령 라헬이 하나님을 향하여 도움을 구하지 않는다고 해도, 하나님은 그녀의 삶에 가장 친밀한 방식으로 개입하셔서 그녀의 마음에 있는 갈망을 들어주신다."[3]

나는 가프니가 라헬을 읽는 방식에서 깊은 해방감을 느낀다. 성경이 누군가를 그토록 생생하고 의심할 여지없이 인간적으로 묘사하는 방식은 깊은 감동을 준다.

라헬은 두 번째 아이, 아들을 낳다가 죽는다. 마지막 숨을 거두면서 그녀는 그 아이의 이름을 베노니, 즉 '내 슬픔의 아들'이라고 짓는다. 여기에서 고대의 불량한 긍정성과 지속되는 가부장적 행위로 읽힐 수 있는 개입이 나오는데('라헬은 분명 너무 감정에만 치우쳤어. 그렇지?'), 야곱은 라헬의 목소리를 무시하고 그 대신 아이를 베냐민, 즉 '오른손의 아들'이라고 부른 것이다.[4]

성경에 기록된 라헬의 이야기에는 우리를 매료시키는 괴상한 구석이 아주 많다. 히브리 성서를 연구하는 학자인 수잔 니디치는 라헬이 아버지의 드라빔(어떤 번역본들은 '가정 수호신'으로 번역하며, 일부 학자들은 숭앙받는 조상들을 대변한다고 믿는 작은 물건)을 훔치는 사건을 조명한다. 라헬은 낙타 안장 밑에 드라빔을 감추고 그 위에 올라타 앉아 "지금 저는 월경 중이므로" 아버지를 맞이하기 위해 일어날 수 없다고 말한다. 그녀는 상황을 통제하기 위해 여성 특유의 힘을 사용하는데, 이는 직접적인 반가부장적 행위의 기막힌 예가 된다. 니디치는 라헬이

"그녀를 가장 두드러지게 여성이게 하는 것을 영리하게 활용했다"고 인용하면서, 이것을 "은밀한 여성의 힘이······ 공공연한 남성의 권위를 지배하는" 흔치 않고 일반적이지 않은 예로 규정한다.[5]

자매-부인들과의 까다로운 관계를 실제로 어떻게 다루는지부터 야곱과의 은밀한 순간은 어떠했는지까지, 라헬의 이야기 대부분은 성경의 기록 밖에서 일어난다. 그러나 나는 다른 본문에 분명하게 드러난 그녀의 영리함이 그녀의 인간관계 전반에 스며들어 있었다고 생각한다.

예수님이 선한 목자라는 말을 들을 때 사람들은 종종 거인을 때려눕히고 나라를 세운, 별 가능성 없어 보이던 어린 목자 다윗의 은유 안에서 그 울림을 증폭한다. 하지만 나는 온몸으로 전략을 세우고, 열정적으로 화를 내며 사랑하고, 나중에는 자신의 아이를 위해 생명을 내주었던, 별 가능성 없어 보이던 젊은 목자 라헬에 대해서도 생각하고 싶다.

여기서 핵심은 본문을 읽는 다른 방식이 있고 본문을 바라보는 다른 각도가 있다는 것이다. 그것은 마치 다른 빛을 잡아내고 포착해서 반사하는 보석과 같다. 보석의 어떤 한 면도 전체를 총체적으로 대변하지 못한다. 우리가 그 전체의 아름다움을 엿보고자 한다면 다양한 방향으로 돌려서 바라봐야 한다.

작고한 프랑스 철학자 자크 데리다는 "일의성(一意性)의 빈곤"이라는 멋진 표현을 사용하여 일의성 대신 다수의 시각이 가져오는 풍요로움의 증폭을 꾀하는 읽기(혹은 듣기)를 촉구했다. 본문을 단 하나의 목소리로 축소하여 일의적으로 만들고자 할 때 우리는 그 본문이 줄 수 있는 모든 가능성을 인식하지 못하게 된다. '요점 파악'을 목표로 글을 해석하는 것은 그 안과 그 너머의 부요함을 인식하지 못하게 막는다. 많은 이들의 다양한 렌즈를 통해 해석될 때 본문은 새로운 생명과 층위를 덧입게 되기 때문이다. 성경과 그 의미를 '분명하고' '자명하게' 이해하려는 것은, 시간과 공간을 가로질러 존재하는 수많은 사람들에게 성경의 적실성을 감소시키는 것이고, 성경은 결코 하나의 목소리가 아님을 인식하지 못하는 처사다.

우리가 하나님을 보고 묘사하고 하나님의 행동으로 귀속시키는 방식에 대해서도 동일하게 말할 수 있다. 우리는 특정 시각을 강조하고 다른 시각들은 간과하는 선택을 하거나 특정 이해를 치켜세우는 반면 다른 이해들은 최소화하는 식으로 하나님에게 여러 가면을 씌운다. 이 가면들 중 어떤 것은 결국 성경에 기록된 반면, 다른 것들은 기억에서 사라졌다. 어떤 것은 본질적으로 좀 더 문학적인 반면, 다른 것들은 좀 더 역사적으로 보일 수 있다. 문학적인 하나님의 가면들—적어도 성경이나 여타의 종교 문서로 남게 된 것들—에는 역사적 차원이 덧붙여져 있는데, 각각은 역사의 특정 순간에 사람들이 신에 대해 갖게 된 타락하고 문화적으로 길들여진 개념을 하나님이 인내심 있게 수용해 오신 방식을 증언을 담고 있기 때문이다. 하지만 나는 이 가면들이 우선적으로 문학적인 것이지 역사적인 것이 아니라고 말하는데, 일부 구약 저자들이 하나님의 것으로 귀속시키는 폭력에 정말로 하나님이 관여하셨거나 그것을 명령하셨다고 믿지 않기 때문이다.

이 모든 것이 복잡하게 들릴 수 있지만 실제로는 그렇지 않다. 우리는 모두 자신의 가면을 쓰고 있다. 이 가면은 정도는 다를지언정 우리가 누구인지, 자신을 누구라고 생각하는지, 그리고 어떤 존재가 되고 싶어 하는지를 나타낸다. 더 허구적인 가면일수록 뭔가 중요한 것을 말해 줄 수 있다. 우리는 그림자 속에 숨어 있는 것에서 배울 수 있다.

『이는 내 사랑하는 자요』에서 헨리 나우웬은 세상의 가면에 대해 혹은 그 가면에서 자신을 해방시키는 것에 대해 쓴다. "세상이 당신에게 씌우려 하는 가면들을 계속해서 벗겨 내야 합니다. 조종하고 통제하고 권력에 굶주려 있고 장기적으로는 파괴적인 그 실상을 드러내야 합니다. 세상은 당신이 누구인지에 대해 수많은 거짓말을 들려줍니다. 당신은 단지 충분히 현실적이기만 하다면 이것을 스스로에게 일깨워 줄 수 있습니다."6

세상은 우리에게 하나님이 누구이신지에 대해서도 수많

184

은 거짓말을 들려준다. 내가 하나님, 하나님의 백성, 그리고 우리 자신과 우리 공동체에 관한 이야기를 읽는 방식에 신중해야 함을 환기하면서 바라는 바는, 궁극적으로 그러한 거짓말에 마땅치 않게 너무 많은 힘이 실리지 않았으면 하는 것이다. 다시 말해, 그 거짓말이 아예 힘을 갖지 못하게 하는 것이다.

하나님이 만물을 구속하신다는 사실은 너무 좋아 보여서 사실이 아닌 것 같지만, 바로 그것이 우리를 위해 쓰여진 소망이다. 어떤 각도에서 바라보든, 그저 좋아 보인다. 어렵지만 좋다. 믿기 힘들지만 좋다. 기이하지만 좋다.

테니슨에게로 돌아가 보자.

아, 하지만 우리는 믿네, 어떻게든 선이
질병의 마지막 목적지임을
자연의 고통, 마음의 죄악,
의심의 오점, 피로 물든 얼룩의 종착지임을.

어떤 것도 목적 없이 걷지 않는다는 것을
어느 한 생명도 파괴되거나
텅 빈 심연에 쓰레기로 던져지지 않을 것
하나님이 모든 조각을 완성하셨을 때에.

11

—

광야

의문을 품지 않는 확실성에서 온 마음을 다하는 취약함으로 옮겨가는 길은 넓고 평탄하고 포장된 대로라기보다는 가파른 언덕과 돌덩이 널린 계곡을 지나는 구불구불하고 때로는 거의 알아보기 힘든 좁은 통행로처럼 보인다. 달리 말해, 그 길은 광야를 지나는 험난한 여정에 훨씬 가까워 보인다.

전에 광야에 대해 쓴 적이 있거니와, 성경에서 광야는 문자적으로 특정 장소이기도 하고 은유적 표현이기도 하다. 나는 이따금 통제된 광야를 즐기는 편이다. 하루를 밖에서 잘 보낸 뒤 뜨거운 물로 샤워할 것을 기대하며 가족과 떠나는 등산이랄지, 그 마무리로 에어컨과 케이블 TV가 약속된 (아주) 짧은 캠핑 같은 것 말이다. 이런 것은 분명 성경적 혹은 영적 광야가 작동하는 방식이 아니다.

광야는 피난처인 동시에 불안의 장소가 될 수 있다. 안도의 한숨을 내쉬는 곳이자 미지의 세계로 다가갈수록 심장이 두근대다 못해 거의 가슴 밖으로 튀어나올 것처럼 느껴지는 곳일 수도 있다. 예수님은 광야에서 혼자만의 시간을 갖고자 하셨다. (나는 속으로 그분이 나처럼 내성적인 분이셨구나 중얼거리면서, 그분이 만족할 줄 모르는 군중을 피하기 위해 바위에서 바위로 잽싸게 건너 뛰시는 모습을 상상해 보기도 한다.) 그러나 광야는 예수님이 시험을 받으신 곳이기도 하다. 광야는 성운으로 가득 찬 맑은 밤하늘과 거침없이 언덕 아래로 흐르며 마음을 안정시켜 주는 시냇물의 부드러운 속삭임을 가져다줄 수 있다. 그러나 광야는 너무 늦을 때까지 발견되지 않는 독사나, 가시만 있어 실망을 주는 산딸기 덤불을 의미할 수도 있다.

최근 몇 년 사이에 하갈은 성경에서 내가 가장 좋아하는 영웅이 되었다. 그녀는 믿을 수 없을 정도로 용감한 여성이다. 또한 그녀는 광야의 노련한 용사이기도 하다. 그녀는 광야에 두 번 혹은 그 단어를 어떻게 정의하느냐에 따라 어쩌면 세 번 가게 되는 처지에 놓인다.

고향 이집트에서 노예가 된 하갈은 집에서 멀리 떨어진 곳에 와서 아브람과 사래의 집에서 일하게 된다. 자식이 없는 아브람에게 상속자를 주려는 곧 후회하게 될 계획에 따라 그녀는 강제로 임신하게 되고, 아들에 대한 약속과 자신의 주인에 대한 멸시를 함께 키워 간다. 사래는 하갈의 조롱에 화를 낼 만큼 뻔뻔했고 자신의 노를 남편뿐 아니라 하갈에게도 쏟아놓는다. 그러자 그냥 떠나 버리는 하갈의 행동을 영웅적으로 보이게 할 만큼 사래의 행동은 추악하다.

"하갈은 억압적 권력 구조로부터 자신을 해방시키는 성경 속 첫 번째 여성이 된다"고 우머니스트 학자 들로레스 윌리엄스는 쓴다. "율법은 도망친 노예에 대해 가혹한 처벌을 규정하고 있지만 그럼에도 그녀는 사래의 잔혹한 처우를 더 이상 견디느니 차라리 그러한 위험을 감수한다."[1] 하갈은 매서운 포획자의 잔인한 손에 계속 남기보다는 미지의 위험에 자신을 취약하게 노출시키는 쪽을 택한 것이다. 그녀는 하나의 광야—이방의 억압적인 가정—에서 빠져나와 곧바로 또 다른 광야로 뛰어든다.

광야에서, 광야의 아무 곳이 아닌 샘 곁에서 하나님의 천사가 하갈을 찾아온다. 이것이 한편으로 마음을 불편하게 하는 서사인 것은, 천사가 하갈에게 노예 생활로 돌아가라고 지시하기 때문이다. 동시에 마음에 위로를 주는 서사이기도 한 것은, 천사가 많은 자손의 복을 약속하며 하나님이 "네 고통을 들으셨"다고 말하기 때문이다.[2]

그녀는 아브람과 사래의 집으로 돌아간다. 그 후에 그 부부가 이름이 바뀌고, 소돔과 고모라의 멸망을 마주하고, 잠시 이사해 간 동네에서 남매인 척하고, 아들 이삭을 낳고 하는 동안 하갈은 이야기에서 잠시 모습을 감춘다. 그렇지만 바뀐 이름과는 별개로, 사라는 그다지 변한 것이 없다. 이삭과 이스마엘이 함께 노는 것을 참고 볼 수 없었던 그녀는 무책임해 보이는 남편에게 하갈과 이스마엘을 쫓아내라고 시킨다.

성경은 "아브라함이 그의 아들로 말미암아 그 일이 매우 근심이 되었"다고 우리에게 말해 준다. 그런데 다음 구절이 흥미롭다. "하나님이 아브라함에게 이르시되 '네 아이나 네 여종으로 말미암아 근심하지 말고.'"³ 아브라함이 아들만이 아니라 하갈에 대해서도 걱정했다는 증거는 없다. 그렇다면 이것은 아브라함의 가부장적 사고에 하나님이 무안을 주고 계신 거라고 말해도 될까? 하나님이 "그런데 말이지…… 이 상황에서 네가 빠뜨리고 있는 사람이 있지 않니?"라고 말하고 계신 것일까?

어쨌든 이야기는 하나님이 몇 가지 약속을 주셨고, 그로 인해 아브라함은 마음이 편해졌고, 그리하여 하갈과 이스마엘에게 도시락을 들려 광야로 내보냈다고 알려 준다. '여기 빵이랑 물이 있소. 잘 사시오!' 이것은 해방이 아니다. 유기다.

광야에서 하나님의 천사가 하갈을 다시 찾아온다. 그녀는 흐느껴 울고 있다. 자기 때문이 아니라 덤불 아래 시원한 그늘에 뉘여 놓은 자기 아이의 생명 때문이다. 아들이 굶주려서 혹은 목이 말라서 죽는 것을 차마 눈 뜨고 볼 수 없던 그녀는 조금 떨어진 곳으로 물러나 있다.

엄마의 품에서 떨어져 바닥에 놓인 아이도 운다. 하나님은 어미와 자식이 동시에 어떤 구원을 간청하는 이 가슴 아픈 눈물의 합창을 들으신다. 그리고 하늘에서 목소리가 들려온다. "두려워하지 말라."⁴ (성경에서 이 말이 하나님의 축복을 담아 급히 내려온 것은 이것으로 단 두 번째다. 첫 번째는 아브라함이 되기 전 아브람이 자신의 고향을 떠나 미지의 세계로 여정을 떠나려고 하던 때다.)

그 후에 하나님은 하갈의 눈을 밝히셔서 그녀가 보지 못하던 샘을 보게 하신다. 윌리엄스가 논한 것처럼, "하나님은 그녀가 전에는 아무것도 보지 못했던 곳에서 생존 자원을 볼 수 있는 새로운 시각을 주셨다."⁵ 광야가 공급의 장소로 바뀐 것이다. 그리고 마침내 어떤 부모라도 감사할 축도의 말씀이 따라온다. "하나님이 그 아이와 함께 계시매."⁶ 어떤 어머니가 무엇을 더 구하겠는가?

어린 시절에 우리 가족은 휴가 때면 유적지와 국립 공원, 즉 미국인들을 위해 보존되어 있는 '관리된' 광야라 할 수 있을 곳에 많이 갔다. 비교적 집 가까운 곳을 선호했기 때문에 그레이트 스모키 산맥으로의 여행이 잦았다. 아만다와 내가 커 가면서 집에서 좀 더 멀리 떨어진 곳에도 가기 시작했다. 매사추세츠주에 있을 때 아빠와 나는 그곳에 깃든 헨리 데이비드 소로의 영혼으로부터 영감을 얻기 바라며 월든 호수를 찾았다. (한때는 평화로웠을 호수에 바글대는 수영객과 안전 요원들, 끊임없는 호각 소리에 여행은 짜증으로 끝나고 말았다.) 우리는 그랜드 테톤스, 옐

로스톤, 배드랜즈, 로키 산맥에도 갔다.

　내가 열여섯 살 때 부모님은 나와 동생을 미니밴 보이저에 태우고 미국 열 개 주와 캐나다 한 개 주를 통과하는 역대급 장거리 자동차 여행길에 올랐다. 우리는 미주리주 한니발(내가 마크 트웨인이 집필하던 책상을 봐야 한다고 우겨서), 아이오와주 페어필드(안녕하시죠, 레이 삼촌과 로렐 숙모!), 콜로라도주 콜로라도스프링스(안녕하세요, 다이앤 이모와 데이브 이모부!)에 들렀고, 아름다운 경치를 자랑하는 캐나다의 앨버타주 루이스 호수에서는 안전한 밴 안에서 흑곰이 쓰러진 나무를 두 동강 내는 것을 지켜보았다. 그렇지만 나에게 이 여행은 오직 한 곳에 관한 기억으로 남았는데, 내 마음에 광야 자체로 각인된 바로 몬태나주 글레이셔 국립 공원이다.

　사랑의 역학을 꼭 집어내기 어려운 것처럼, 빙하의 어떤 점이 그토록 나를 사로잡았는지는 정확히 말로 표현하기 어렵다. 방문객 안내소 주차창에서 아만다와 나를 반겨 준 친절한 산양이었을까? 아니면 스위프트커런트 여관 뒤에서 만났던 무스와 그 새끼들이었을까? 곰이 나타날까 봐 끊임없이 경계하며 오르던 등산로에서 솟구쳤던 아드레날린이었을까? 어쩌면 로건 패스 꼭대기에 쫙 깔려 있던 야생화 군락이었을지 모른다. 빙하백합과 양지꽃의 노랑, 붉은원숭이꽃과 이름도 제격인 인디언국화의 짙은 빨강, 분홍바늘꽃과 산월계수의 보라까지, 누군가의 거실에선 어지럽고 과할 수도 있을 그 색들이 몬태나의 광활한 하늘 아래 펼쳐진 들판에 흩뿌려져서는 실로 장관을 이루었다.

댄과 내가 결혼 10주년 기념 여행을 가기로 결정했을 때, 나는 내가 글레이셔 국립 공원에 다시 가고 싶어 한다는 것을 알았지만, 정확히는 글레이셔 국립 공원 내 매니 글레이셔 호텔이었다. 부모님과 아만다와 함께 하룻밤을 묵었던 이 숙소는 눈이 녹아내려 협곡을 채워 만들어진 길이 1.6킬로미터의 스위프트커런트 호수 기슭에 자리 잡고 있다. 잔잔한 수면을 거울 삼아 자태를 뽐내려는 듯 산들이 물 위에 그 모습을 비추고 있다.

글레이셔 국립 공원은 마음을 움직인다. 세상을 통틀어 내가 가장 좋아하는 장소는 매니 글레이셔 호텔 뒤편의 야외 공간이다. 따뜻한 머그컵을 손에 들고 거기 앉아 있으면 친밀한 장엄함이라는 역설과 마주하게 된다. 그곳의 경관은 마음을 뒤흔들고 동시에 영혼을 잠잠하게 한다.

그러나 '움직이는' 것은 마음만이 아니다. 글레이셔 공원 자체가 실제로 움직이고 있다. 수백만 년 동안 암석, 얼음, 중력이 서로 맞물려 작용하면서 이 계곡을 깎아 내고 봉우리를 빚어냈다. 약 스무여 개의 빙하는 여전히 느리고 꾸준히 일하고 있다. 풍경은 끊임없이 변화한다. 수목 한계선 위의 고산 툰드라 지대에서는 일 년 중 절반 이상 눈이 쌓이는데, 마침내 온화한 계절과의 싸움에서 져서 그 아래 있는 것을 드러낼 때면 강인한 다년생 식물들은 햇빛과 만나는 그 순간을 맹렬히 누린다. 어떤 식물은 더 드물게 모습을 드러낸다. 예를 들어,

바위할리퀸은 보통 불이 나고 1-2년이 지난 후에만 꽃을 피운다.

어쩌면 글레이셔 국립 공원 같은 장소의 다차원적 현실은 성경의 이미지와 심지어 우리 신앙의 이미지가 갖는 복합성을 이해하는 데 도움을 줄 수 있다. 불과 유황을 심판으로 두려워하도록 배운 우리들에게 불이 때로는 추운 밤에 필요한 온기를 의미할 수 있고, 때로는 씻기고 정화해 주고, 때로는 그것이 없었다면 자유를 기다리며 휴면 상태에 머물러 있었을 새 생명의 씨앗들을 발아시키는 해방의 힘이 되기도 한다는 사실은 많은 가르침을 준다.

아찔한 경사면에 그토록 안정적으로 서 있는 산양은 어떤가? 산양은 어떤 지도를 보고 집으로 가는 길을 찾는 걸까? 광야가 그토록 험악해 보이는 것은 우리에게 몸이 기억해서 산을 오르고 길을 찾아내는 능력이 없기 때문인지 모른다.

500년을 넘게 사는 거대한 침엽수인 북미솔송나무는 나 같은 조무래기가 나타나면 무슨 생각을 할까? 꾀꼬리버섯은 이 나무를 알아보고 그 발치에서 자신이 자랄 넉넉한 자리를 찾았다. 아메리카 원주민도 이 나무를 알았다. 그들은 이 나무의 껍질이 식용 가능하고 케이크 밑단으로 쓰기에 좋으며 어린 솔잎으로는 비타민 C가 풍부한 차를 끓일 수도 있다는 것을 알았다. 캐나다 원주민인 코스탈 샐리시 부족들은 북미솔송나무 가지를 사용해 월경 중인 여인들의 임시 주거지를 지었는데, 이 나무 종은 특별히 여성의 기운을 담고 있는 것으로 알려져 있다.

광야의 '문제'가 실은 광야에 있는 것이 아니라 우리에게, 부족한 우리의 지식에, 잘려 나간 우리의 상상력에 있는 것이라면? 광야는 우리에게 모든 것이 대개 보이는 것처럼 단순하거나 일차원적이지 않음을 일깨워 준다. 그런 공간에 대한 우리의 고정 관념은 그곳을 유배의 장소이자 생명이 없는 공간으로 상상한다. 그곳을 집으로 삼는 생명체들에겐 이런 생각이 의외일 것이다.

아마도 진짜 분투하며 사는 쪽은 우리일지 모른다. 우리는 알지 못하는 것을 좋아하지 않는다. 정말로 우리는 그것을 두려워한다.

때로 광야는 우리가 원하지 않을 때에 찾아온다. 내 친구 케이틀린 커티스는 자신의 책 『글로리 해프닝』에서, 그들이 고향으로 알고 있던 오자크의 산과 계곡을 강타한 크리스마스 홍수에 대해 묵상한다. 한때 목가적 고요함의 장소였던 곳은 완전히 뒤바뀌었고, 그녀와 가족들이 차를 타고 물에 잠긴 그 풍경을 지날 때 모든 것이 새롭게 보였다. "춥고 앙상한 나무들은 윗부분만 보였다"고 케이틀린은 쓴다. "홍수가 모든 것을 덮어 버렸다. 강물이 거의 다리까지 차올랐고, 고속도로 전 구간이 봉쇄되었다."[7]

홍수는 어마어마한 파괴를 가져올 수 있다. 우리는 우리 시대의 기사 제목뿐 아니라 고대 성경에서 이 사실을 알고 있다. 그렇지만 내가 케이틀린의 묵상에서 발견한 진가는 이것이 이야기의 전부가 아님을 일깨워 준다는 것이다. 그녀는 "홍수는 흥미로운 일"이라고 이어 간다. "홍수가 가져오는 모든 슬픔에도 불구하고, 그것은 깊고 온전한 정화를 가져오고 다시 시작하도록 모든 것을 걷어 간다. 새로운 공간, 새로운 풀, 다른 곳으로 전해진 씨앗, 뒤엎어진 뿌리. 어쩌면 나무들은 이렇게 말했는지 모른다. '드디어 마음껏 물을 마실 수 있게 되었군. 내 뿌리는 너무 오랫동안 목이 말랐어.' 어쩌면 풀밭은 이렇게 속삭였는지 모른다. '봄이 되면 나는 그 어느 때보다 더 푸르를 거야. 이 물이 나에게 새로운 생명을 주었거든.'"[8]

어쩌면.

어쩌면.

어쩌면.

어쩌면 광야의 부름은 그 수많은 '어쩌면'에 대해 더 깊이, 더 넓게, 더 흥미진진하게, 더 대담하게 생각해 보라는 요청일 수 있다.

성경이 우리를 광야로 데려갈 때마다 그곳은 보통 처음 볼 때 그런 것처럼 척박한 황무지만은 아니다. 거듭 또 거듭해서 하나님의 백성은 물이 솟아나는 샘으로 인도되었다. 그리고 어찌된 일인지 그곳에는 충분한 양식이 있어 목자가 자기

양 떼를 먹일 수 있었다. 뱀, 전갈, 로뎀나무, 부엉이, 들당나귀, 타조 같은 온갖 종류의 생명체가 이 길들여지지 않은 땅에서 집을 찾는다. 만약 광야에서 울부짖는 소리를 들린다면 그것은 자칼이 살기 때문이다. 이곳에서는 희생양조차 자유를 발견한다. 겸손과 구원이다.

우리가 광야를 야생이라 부르는 것은 그곳을 정복할 방법을 아직 찾아내지 못했기 때문은 아닐까? 우리가 광야를 험하다고 보는 것은 그곳이 험하기 때문이 아니라 그저 낯설기 때문은 아닐까?

어쩌면 광야가 주는 교훈 중 하나는 그곳이 우리가 익숙한 것에 의존할 수 없는 장소일 수 있다는 것이다. 그것이 역경처럼 보일 수 있지만 또한 초대일 수도 있다. 우리 존재의 현실로, 우리 취약함의 진실로 들어가라는 초대이다.

광야를 통과하는 긴 여정에서 살아남은 이스라엘 백성은 다시 한 번 일깨움을 받는다. 그곳에서 "당신들은, 주 당신들의 하나님이 마치 아버지가 아들을 돌보는 것과 같이…… 당신들을 돌보아 주시는 것을 직접 보았소."[9] 광야는 그런 곳이었다.

어쩌면 우리에게도 마찬가지일지 모른다.

196

12

—

하나님이 우리 가운데
장막을 치시다

나는 여전히 하나님이 내가 될 수 있을 어떤 모습이 아닌, 있는 그대로의 나를 사랑하신다는 것을 믿기 위해 몇 날 며칠을 씨름한다. 누군들 안 그러겠는가? "성경의 영광스러운 메시지는, 우리의 창조주께서 우리를 사랑하시기 위해 우리가 완벽할 필요는 없다는 것이다"라고 매들렌 렝글은 쓴다. "그 모든 위대한 이야기 내내 하늘의 사랑은 눈에 띄게 불완전한 사람들에게 아낌없이 부어졌다."[1]

렝글은 거짓말을 통해 복을 얻고자 했던 이삭과 리브가의 아들 야곱을 예로 든다. 이야기는 복잡하고, 야곱은 복잡한 인물이다. 수 세기 동안 랍비들은 이 이야기와 씨름하면서, 본문 자체가 남겨 놓은 빈 구멍을 메꾸기 위해 이렇게도 돌려 보고 저렇게도 돌려 보았다. 렝글의 해석은 이렇다. "성경은 우리에게 야곱을 있는 모습 그대로, 우리 자신을 있는 모습 그대로 보라고 요청한 다음, 바로 이 사람이 하나님이 사랑하시는 사람임을 깨달으라고 요청한다."[2]

여기서 잠깐 멈추어 나와 함께 깊이 숨을 들이 마시자. 야곱을 있는 모습 그대로 보는 것은 괜찮지만, 나 자신을? 진짜 내 모습 그대로? 별로 괜찮지가 않다. 내가 교외 주택가에 머무는 안락한 영성을 선호할 때, 어떤 의미에서 그것은 그 자체로 개인적인 광야다.

"하나님은 야곱이 사기꾼이어서 사랑하신 것이 아니라 야곱이어서 사랑하셨다"고 렝글은 이어서 말한다. "하나님은 복합적인 정체성을 지닌 우리 그대로를 사랑하신다. 우리로서는 결코 될 수 없을 충분히 고결하고 도덕적으로 완벽한 사람이 되는 데 집착할 때, 우리가 이러한 조건 없는 사랑을 받아들이거나 풍성한 복합성을 지닌 다른 사람들을 사랑하기란 불가능해진다."[3]

달리 말해 보자. 만약 그 모든 시간 내내 하나님의 사랑이 우리를 위해 이미 곁에 있었다면? 하지만 우리는 우리를 위해 예비된 사랑을 인식하거나 이미 우리에게 주어진 사랑에 온 마음 다하여 빠져드는 대신, 그 사랑을 얻기 위해 너무 많은 시간과 에너지를 쏟는다. 우리는 실적을 쌓아서 우리 죄를 사면 받으려는 것처럼 행동한다. 우리는 전능하신 분의 환심을 사서 우리를 그분 옆에 두고 싶어 하시도록 해야 할 것처럼 생각한다. 우리는 하나님 앞에 눈부신 존재가 됨으로써 그분이 우리를 사랑하게 만들 수 있다고 믿는다.

정말로 하나님을 그렇게 속일 수 있을까? 하나님이 그렇게 쉽게 감동을 받으실까?

우리가 실제로 해내고 있는 단 한 가지는 자기 자신을 고갈시키는 것뿐이다. 그렇게 함으로써 우리는 아름다운 진리와 매력적인 현실에서, 즉 하나님이 이미 우리를 사랑하신다는 사실에서 눈을 돌리게 된다.

미국의 백인 중심 복음주의의 수많은 오류에도 불구하고, 나는 하나님과의 '개인적 관계'를 키우는 일의 중요성을 강조하는 교회 전통에서 자란 것에 감사한다. 어렸을 때부터 나는 깊고 적극적인 기도 생활을 했다. 이는 내 머리에 떠오르는 어떤 것에 대해서든 예수님과 수다를 떠는 게 자연스러웠다는 뜻이다. 친구, 죄, 소망, 의문, 두려움, 그 남학생에 대한 집착…… 예수님은 그 모든 이야기를 들으셨다.

그렇지만 어린 시절 교회에서 간혹 사람들이 하나님 앞에 눈부신 존재가 되려고 노력하는 한 가지 방법이 기도인 것처럼 보일 때가 있었다. 많을수록 좋았다. 더 많은 말, 하나님께 하나님 자신의 위대하심을 일깨워 드리는 더 많은 찬사, 더 많이 반복되는 "하나님 아버지." 이런 종류의 기도는 공연처럼 보였고, 나이가 들면서 나는 이렇게 묻지 않을 수 없었다. '누구를 위한 공연이지? 하나님이 우리의 허울을 꿰뚫어 보실

수 있다고 정말 믿는다면, 이런 기도는 도대체 왜 하는 걸까?'

듀크 신학대학원에서 가르치는 성경학자 엘런 데이비스는 많은 사람들이 피상적으로 기도하는 방식을 비판하면서 시편을 정반대의 예로 제시한다. 그녀는 시편이 "하나님 앞에 우리 머릿속에 있는 것을 정직하고 온전히 말하는 것"이라고 설명한다.[4]

하지만 우리는 목가적 풍경과 잔잔한 물가를 담은 엽서로 다가오는 온화한 시편이나 환호성과 열광적인 구절로 빛나는 경축의 시편을 쉽게 기억한다. 다양한 시편 저자들이 고대의 '가장 경건한 시' 경연 대회에서 경쟁하고 있는 것처럼 느껴질 때도 많다. 의심과 불확실함을 마음에 오래 품고 있는 이들에게 이러한 시편들은 마치 우리가 두려움을 떨쳐낼 만큼 경건하지 못하다고 꾸짖는 것처럼 느껴질 수도 있다.

우리는 따지는 듯 느껴지는 시편 44편을 잊는다. 이 시가 하나님에게 자책감을 느끼시도록 부추기는 방식은 무례하게 느껴지기까지 한다. "우리는 언제나 우리 하나님만 자랑합니다." 그러다가 시편 저자는 부르짖는다. "그러나 이제는 주님께서 우리를 버려, 치욕을 당하게 하시며…… 주님, 깨어나십시오. 어찌하여 주무시고 계십니까?"[5]

우리는 가장 이해심 많은 독자조차 절대로 온화하거나 상냥하다고 여길 수 없을 시편 58편을 잊는다. 이 시편은 생생하고 거친 기도를 담고 있다. 이 시편의 저자는 하나님이 자신의 원수를 "움직일 때 녹아내리는 달팽이같이 되게" 다루시기를, 그들에게 "달을 채우지 못한 미숙아가 죽어서 나와 햇빛을 못 보는 것" 같은 고통이 임하게 하시기를 기도한다. 유산을 경험한 이에겐 특히 읽기 잔인한 기도다.[6]

우리는 자신을 "구덩이의 밑바닥"에 내던지신 하나님을 원망하고, 그분을 가장 잔인한 종류의 사회 공학자라고 단언하는 시편 88편을 잊는다. "주님께서는 나의 가까운 친구들마저 내게서 멀리 떠나가게 하시고, 나를 그들 보기에 역겨운 것이 되게 하시니."[7] 또한 이 시편은 다른 시들처럼 열광적인 찬양이 아닌 순전한 절망으로 끝난다.

우리는 시편의 어떤 내용이나 어조에는 본능적으로 귀를 막는다. 내 안의 작은 부분 또한 마땅한 분노를 느끼기도 한다. 하지만 **나**는 하나님께 그런 식으로 말해 본 적이 없다. **나**는 아주 은유적인 방식 말고는 하나님께 정말로 내 원수들을 죽여 달라고 구한 적이 없다. 그러나 이 시편의 저자들을 괴롭게 했던 것, 그들이 처한 문화적 사회적 위치의 피비린내 나는 생생한 세부 사항이 성경에 들어와 있다는 사실은 의미심장하다. 이것은 분명 마음을 사로잡는 초대다.

데이비스를 읽으면서 나는 이 시편들이 일종의 영적 용해제 역할을 하는 것처럼 느껴졌다. 인간 상태의 진실을 가리고 있는 겹겹의 두터운 막, 어쨌든 조금씩 떨어져 나가고 있던 그 막을 녹여 내고 있었다. "성경의 이러한 기도들은 종종 기도를 가장한 공허한 감상주의를 드러내고, 하나님이 가까이 계실 때 우리가 어떤 식으로 생각하고 말해야 하는지에 대해 우리가 들었던, 어쩌면 우리 스스로도 생각했던 것들의 위험한 허위성을 폭로한다"고 그녀는 쓴다. "바로 이런 것들이다. **'우리의 분노는 하나님께 아무 소용이 없어. 우리가 우리의 원수를 진작 용서한 후에야 하나님이 우리의 기도를 들으실 거야.'"**[8]

데이비스는 의로운 것이든 아니든 하나님 **앞에** 우리의 화를 토로할 수 없다는 생각뿐 아니라 하나님**께** 화를 낼 수 없다거나 내서는 안 된다는 인식에조차 강하게 반발한다. 그녀는 그렇게 금지하는 사고방식이 더 풍성한 기도 생활을 가로막은 해로운 도구라고 본다. 여전히 우리는 하나님과의 대화를 인위적으로 아름답게 만들려고 하기 때문이다. 그러나 취약함이 없이는 진정한 친밀함이 있을 수 없다는 것이 참이고 그것이 우리가 다른 사람들과 맺는 관계를 설명한다면, 우리가 하나님이라고 부르는 분에 대해서는 얼마나 더 참이겠는가?

온 마음 다하는 삶으로 하나님이 초대하신다는 것은 내 마음이 완전하지 않더라도 하나님이 내 마음의 갈망에 관심을 갖으신다는 것을 인식하는 것이다. 내가 신경 쓰는 일에 하나님도 신경 쓰신다는 것을 이해하는 것이다. 하나님이 나를 사랑하신다는 진리를 또 다른 방식으로 받아들이는 것이다.

성경에서 내가 가장 좋아하는 기도는 '마리아의 찬가'(Magnificat)이다.

마리아의 찬가는 성경에서 여성이 남긴 진술 중 가장 길다. 이 놀라운 기도에서 마리아는 정말로 아무것도 구하지 않는다. 이것은 우리들 다수의 전형적인 기도 방식과 대조를 이룬다. 우리의 기도는 우주의 창조자와의 대화라기보다는 쇼핑 대행인과의 예약과 더 비슷하다(나는 쇼핑 대행인을 써 본 적이 없으니 지금 상상력을 동원해 말하는 중임을 밝혀 둔다).

우리는 보통 마리아를 보다 부드러운 색조로 그리기 좋아한다. 마리아의 옷은 깨끗하고 밝으며, 단정히 빗은 머리는 덮개로 가려져 있고, 몸은 평온하게 순종적으로 기도하는 자세를 취하고 있다. 하지만 이 어린 여인은 매우 당찼고 힘과 맹렬함으로 가득했다. 자기 앞에 놓인 위험한 임무를 받아들일 때(당시 모든 출산은 위험을 안고 있었으므로), 그녀는 얌전한 어머니의 축복 기도를 외우거나 하늘을 향해 부드러운 말을 속삭이지 않았다. 대신, 마리아는 '이미 그러나 아직'이라는 하나님의 역설에 강력한 목소리를 부여하는, 예언이기도 한 기도를 드린다.

내 영혼이 주님을 찬양하며
내 마음이 내 구주 하나님을 좋아함은,
그가 이 여종의 비천함을 보살펴 주셨기 때문입니다.
이제부터는 모든 세대가 나를 행복하다 할 것입니다.

힘센 분이 나에게 큰 일을 하셨기 때문입니다.

그의 이름은 거룩하고,

그의 자비하심은 그를 두려워하는 사람들에게

대대로 있을 것입니다.

그는 그 팔로 권능을 행하시고

마음이 교만한 사람들을 흩으셨으니,

제왕들을 왕좌에서 끌어내리시고

비천한 사람을 높이셨습니다.

주린 사람들을 좋은 것으로 배부르게 하시고,

부한 사람들을 빈손으로 떠나보내셨습니다.

그는 자비를 기억하셔서,

자기의 종 이스라엘을 도우셨습니다.

우리 조상들에게 말씀하신 대로 그 자비는

아브라함과 그 자손에게 영원토록 있을 것입니다.[9]

대림절에 따뜻하게 초를 밝힌 교회에서 마리아의 찬가를 낭송하노라면, 이 노래가 둥글둥글하고 부드럽게 느껴지기 쉽다. 우리 마음을 안도하게 하여 이 노래가 위안을 주고 특정적이지 않으며 심지어 상징적이라고 생각하게 만들 수 있다. 그러나 그런 생각이 전혀 옳지 않다고 느껴질 때가 있다. 그리고 나는 그런 종류의 여리여리한 감성이, 대담함과 솔직함으로 가장 마음을 시원하게 해 주는 시편들을 되울리는 이 기도를 오독하는 것은 아닌가 하는 생각을 하게 된다.

어떤 시기에는, 마리아의 찬가를 노래하는 게 아니라 큰
소리로 외치는 게 더 적절하게 느껴지기도 했다.

미슐랭 스타급의 레스토랑과 주식 거래소 바닥에서⋯⋯
"주린 사람들은 좋은 것으로 배부르게 하시고, 부한 사람들은
빈손으로 떠나보내셨습니다!"

백악관 집무실의 긴 복도와 국회 의사당에서⋯⋯"제왕
들을 왕좌에서 끌어내리시고, 비천한 사람을 높이셨습니다!"

샬로츠빌, 홍콩, 모스크바, 만달레이의 거리에서⋯⋯"그
는 그 팔로 권능을 행하시고, 마음이 교만한 사람들을 흩으셨
습니다!"

폭행, 괴롭힘, 성폭행의 피해자이지만 힘있는 가해자에
게 공개적으로 비방을 받는 여성들 사이에서⋯⋯"그가 이 여
종의 비천함을 보살펴 주셨으니, 이제부터는 모든 세대가 나
를 행복하다 할 것입니다!"

가난한 사람, 난민, 총기 사고 피해자, 국가주의와 백인
우월주의의 거짓 종교에 용기 있게 맞서는 신실한 복음의 일
꾼들 사이에서⋯⋯"그의 자비하심은 그를 두려워하는 사람
들에게 대대로 있을 것입니다!"

자신의 찬가에서 마리아는 단지 임신 사실을 공표하고
있지 않다. 이 기도는 분명 고대 팔레스타인식 성별 공개 파티
가 아니다. 그녀의 말은, 잘라 보면 안에 밝은 파란색 크림이
잔뜩 들어 있는 버터크림 케이크 절단식을 성경적으로 표현
한 것이 아니다. 대신, 마리아의 거룩한 독백은 그 허세가 대

단해 보인다. 그녀는 새로운 나라가 시작되었음을 선포하고 있다. 그 나라는 '위대함'을 성취하기 위해 폭력과 착취에 의존하는 (과거와 현재와 미래의) 다른 모든 정권과 극명한 대조를 이루는 나라다.

어떤 고대 예전집에서 마리아의 찬가는 다른 이름으로 불렸다. '에반겔리움 마리애'(Evangelium Mariae), 즉 마리아의 복음이다. 이는 올바른 이름 같기도 한데, 그녀의 기도 안에는 너무도 많은 좋은 소식이 들어 있기 때문이다. 마리아는 하나님이 정말로 어느 편에 서실 것인지 정하셨다고 선포한다. 힘 있는 사람들이 아닌 겸손한 사람들의 편이다. 부자들이 아닌 가난한 사람들의 편이다. 점령 세력이 아닌 점령당하고 억압받으며 무시되고 힘을 빼앗긴 사람들의 편이다. 허영심 많고 자기도취에 빠진 왕들이 아닌 하나님을 낳고 키우는 거룩한 임무를 맡은 미혼의 신뢰받지 못하는 십대 소녀의 편이다.

난민 그리고 식민지 소수 종교의 일원이 될 까무잡잡한 피부의 여성 마리아는 자신의 도전적인 기도에서 장차 올 성육신의 실재에 이름을 붙인다. '하나님이 우리와 함께 계신다.' 그리고 하나님이 우리와 함께 계신다면, 누가 우리를 대적할 수 있는가?

그렇지만 때로 나는 이 사실을 잊는다. 대신, 예언자들의 분개와 시편 저자들의 동요 안에서 뒹군다. "주여, 어느 때까지이니까?" 그들이 물으면, "주님의 얼굴을 영원히 숨기시겠나이까?" 내가 묻는다.

때로 나는 마리아의 용감한 정신을 호출하지 못하고 잊어버린다.

때로 나는 마리아가 자신이 지금 무엇을 하고 있는지가 아닌 하나님이 이미 무슨 일을 행하셨는지를 인식하고 있었음을 잊어버린다.

때로 나는 이 놀라운 여인이 어떤 것도 요청하지 않는 기도를 드렸음을 잊어버린다. 요청하기는커녕, 그녀는 그저 자신이 마치 본 일처럼 터무니없게 대담한 현재 시제로 위대한 역전이 이미 일어났다고 선포했다. 우리도 그러한 거룩한 담대함을 되울려야 하지 않을까?

힘있는 자들이 낮아졌습니다.
취약한 자들이 높여졌습니다.
하나님이 사람들 가운데 장막을 치셨습니다.
하나님이 우리 가운데, 우리의 모든 아름다운 복잡함과
우리의 모든 엄청난 혼란 안에 장막을 치셨습니다.

마리아가 죄를 호명하기를 꺼리지 않는 점에 주목하라. 죄는 진짜다. 그것이 우리에 관한 것일 때에는 가장 일반적인 방식으로 말하고 다른 사람에 관한 것일 때에는 의기양양하게 구체적으로 말하는 경우를 제외하면, 우리는 죄에 대해 말해야 할 때 주저한다. 죄는 우리를 하나님에게서 떼어 놓는다. 그리고 죄는 우리와 다른 사람과의 관계를 해친다.

고대 헬라어에서 '악마'(demon)이라는 단어의 어원이 갖는 의미 중 하나는 '산산조각 내다'이다. 다른 말로 하면, 우리를 와해시키는 것, 우리를 나뉘게 하는 것, 우리의 온전함을 파괴하는 것은 어떤 것이든 악마적이다. 나는 내가 어떻게 나 자신을 갈기갈기 찢어 놓고, 좋은 것과 나쁜 것, 가치 있는 것과 없는 것을 나누려고 했는지 안다. 그러니 어쩌면 트위터에서 나를 보고 악마적이라고 했던 모든 비방자들이 사실은 무심결에 어느 정도 진실을 말한 것일 수도 있다.

성인이 된 후 나의 기도 생활을 어렵게 한 가장 큰 장애물 중 하나는, 내가 마음을 기울이는 일이 너무 시시하고 바보 같아서 하나님이 그런 일에 마음을 쓰실 리 없다는 생각이었다. 그런데 이것은 그 자체로 하나님—수시로 나타나시는 하나님, 모든 것을 아시고 모든 것을 보시는 하나님—에 대한 모욕이다. 예컨대, 나는 마감 기한에 맞춰 글을 쓰는 것에 너무 열을 낸 나머지 균형 잡힌 시각을 잃어버릴 때가 있다(많다). 몇년 전 아들을 낳은 지 얼마 안 되었을 때 나는 주님 보시기에 가증스러운 것이라 확신했던 원고를 편집장에게 보냈다. 아이를 키우면서 쓰는 첫 책이었다. 마감이 다가오는 어느 시점에 너무 다급해진 우리 부부는 뉴저지에 사시는 시어머니를 모셔와 아이를 봐 달라고 했다. 그 일은 작가 생활에 대한 시어머니의 낭만적 인식을 완전히 산산조각 냈거니와, 어머님은 "네가 우는 모습을 아이에게 보여 주지 말거라"라는 말씀을 한 번 이상 하셨던 것 같다.

눈물로 얼룩지고 커피를 연료 삼아 완성한 초안을 보낸 뒤 나는 글쓰기 수업을 가르치기 위해 미시간으로 날아갔다. 그곳에 모인 학생들에게 나의 완벽한 작가 생활에서 그동안 주워 모은 온갖 지혜를 나눠 줄 준비를 하고 있던 중 침대 정리를 하던 남편 댄에게서 문자 메시지를 받았다. 내 쪽 침대 시트에서 "누가복음 주석서와 치토스 몇 조각"을 발견했다고 했다.

단지 하나님이 나에게 관심을 가지신다는 이유만으로 나의 엉망진창인 글 쓰는 삶과 지나치게 마시는 커피와 길 잃은 내 치토스와 내가 고른 복음서 주석에도 관심을 가지신다면? 나에게 그런 것들이 시시하거나 바보 같지 않다는 이유로 하나님께도 그런 것들이 시시하거나 바보 같지 않다면?

그런 식으로 기도는 악마적인 것에 대한 꾸짖음이자 온전함으로 돌아오라는 초대일 수 있다. 그리고 만약 그것이 정말로 온전함으로의 부름이라면, 그것은 내 안에만 머무를 수 없다. 온전함은 나와 내 주변 사람들 사이에도 있어야 한다.

하나님이 우리를 사랑하신 것같이 차별 없이 조건 없이 사랑하는 것, 나는 이것이 하나님의 자녀가 부름 받은 목적임을 하루 종일이라도 선포할 수 있다. 바로 이것이 우리가 지어진 목적이며 우리가 태어난 이유다. 그러나……

프레드릭 비크너의 『어둠 속에서 부는 휘파람』에는 이 목적을 달성하는 것이 얼마나 어려운지를 상기시켜 주는 끔찍하게 아름다운 구절이 나온다. 특히 원수를 사랑하고 우리를 핍박하는 자를 위해 기도하라는 예수님의 급진적인 요청을 기억할 때 더욱 그렇다. 어떻게 그런 일을 할 수 있을까? 사랑하기 힘든 사람들에 대한 우리의 감정과 관련해서 기도는 정확히 어떤 일을 해야 할까?

비크너는 주의 깊은 긍휼을 말한다. 원수에 대한 당신의 감정을 당신의 원수 역시 지으시고 사랑하시는 하나님께 내려놓는 묵상의 과정에서 일어나는 관점의 재구성. "당신은 그들의 얼굴에 패인 주름과 피곤할 때 바뀌는 걸음걸이를 본다. 그들의 배우자가 어떤 사람인지 본다. 그들의 취약한 지점을 본다. 그들이 두려워하는 지점을 본다." 비크너는 이어서 말한다. "그들의 혐오스러운 면을 보면서 그 혐오스러움의 근원까지 엿보게 될지도 모른다. 그들이 당신에게 입힌 상처를 보면서 그들이 그들 자신에게 준 상처도 보게 될지 모른다."[10]

인간의 조건과 사랑할 수 있는 능력에 대한 비크너의 글은 놀랍도록 명료하고 고무적이다. "당신이 그들을 사랑하기까지는 분명 수억 광년은 더 가야 하겠지만, 적어도 당신은 당신 자신이 인간인 것처럼 그들 역시 인간임을 보게 되었고, 적어도 그것은 옳은 방향으로 한 걸음 나아간 것이다." 그는 이어서 말한다. "심지어 그들을 위해 기도하는 데까지 나아갈 수 있다. 설령 그 기도가 당신 자신은 그들을 용서할 수 없으니 하나님이라도 그들을 용서하시기를 구하는 기도라 할지라도, 어쨌든 그들을 위해 기도하는 것 자체가 핵심 돌파구다."[11]

그렇다면 기도는 나비의 날갯짓보다 짧은 순간일지라 할지라도 우리를 하나님께로, 온전함으로, 사랑으로 조금 더 가까이 잡아끌고, 거룩하지 않고 악마적이고 증오에 찬 것에서 우리를 조금 더 멀리 밀어낸다. 나는 기도가, 특히 시편이 모델이 되는 기도가 우리를 무겁게 짓누르고 괴롭게 하는 것들이나 우리를 당혹스럽고 당황하게 만드는 것들을 터놓을 수 있도록 하나님이 공간을 마련해 주시는 방법이라고 생각하고 싶다. 기도는 우리가 우리 자체로 존재할 수 있도록 하나님이 우리를 초대하시는 성스러운 공간이다. 그곳에서 우리는 불안전하고, 엉망이고, 상충하는 감정들이 툭툭 튀어나오는 그대로, 이 땅에서 우리의 가감 없는 모습 그대로 존재할 수 있다.

엘런 데이비스가 시편을 묘사하는 글로 돌아가 보면, 그녀는 이러한 기도들이 "하나님 앞에 나아올 때 우리의 모든 감정 상태를 표현할 수 있는 언어를 주거니와, 이는 경배, 환희, 감사뿐만 아니라 '성도'로서 우리가 부정해야 한다고 느끼는 분노, 절망, 두려움까지도 포함한다"고 쓴다.[12] 오직 반쪽짜리 인간이라면, 성도가 된다고 해서 좋을 게 무엇이겠는가? 부분적으로 가면을 쓸 때에만 하나님과 함께 있을 수 있다면, 거기에 무슨 의미가 있겠는가?

그것은 좋지도 않을뿐더러 의미도 없다. 시편이 좋은 소식인 것은 지금 우리가 어디에 있고 우리가 누구인지를 온 마음 다하여 표현해도 좋다는 하나님의 초대를 담고 있기 때문이다. 데이비스의 『하나님의 진심』에서 내가 가장 좋아하는 구절은, 억압받는 이가 힘이 빠져 하나님께 슬픔을 쏟아 놓는 기도인데 유독 생생한 탄식 시편인 102편을 묵상하는 부분에서 나온다.

나는 재를 밥처럼 먹고
눈물 섞인 물을 마셨습니다.
주님께서 저주와 진노로
나를 들어서 던지시니,
내 사는 날이 기울어지는 그림자 같으며
말라 가는 풀과 같습니다.[13]

나는 이게 뭔지 안다. 지난 몇 년간 나의 단골 칵테일은 잭 대니얼 한 잔과 내 눈물 한 잔을 섞은 것이었다. 하지만 이 시편이나 이와 비슷한 시편으로 기도하는 편이 더 건강한 선택이지 않았을까 싶다. 이 시편은 고대의 예배자들에게 그들 자신의 상황을 똑바로 직시할 때에만 얻을 수 있는 위로를 주었을 것이다. 데이비스는 이렇게 쓴다. "이 시편은 장수와 풍요의 약속이 할 수 없는 것을 그들에게 해 준다. 바로 신앙의 지도 위에 그들이 처한 현실의 위치를 알려 주는 것이다."[14]

현실이 정말로 얼마나 엿같을 수 있는지에 대한 꾸미지 않은 날것 그대로의 표현. 바로 이런 것이 내가 기독교에 대한

212

이 시대의 수많은 진술에서 볼 수 없었던 것이다. 이 시편은 판단하지 않는다. 적어도 우리가 생각하는 식으로는. 이 시편은 그것을 쓴 이가 우는소리를 한다고 비난하지 않는다. 그가 지금 그의 존재와는 다른 무엇이 되어야 한다거나, 그가 느끼는 것과 다른 무엇을 느껴야 한다고 훈계하지 않는다. 이 모든 것이 하나님이 갖고 계신 계획의 일부라고 가르치려는 암시조차 하지 않는다.

많은 현대 교회의 맥락에서 시편 102편은 반문화적 외침을 제공한다. 이것은 우리가 으레 주님의 날에 적합하다 여기는 표현이 아니다. 이것은 우리가 배운 하나님께 말하는 방식이 아니다. 이것은 예배에 올 때 우리가 보이는 전형적인 태도가 아니다. 모든 교회마다 한 명씩은 있게 마련인 까탈스러운 할머니들이 예배 중간에 하는 동작, 그러니까 회중석 앞쪽에서 느리게 몸을 돌려 안경 너머로 잡아먹을 듯 노려보는 전매특허의 그 동작을 특별히 즐길 게 아니라면 말이다.

그러나 우리 문화의 상상력 속에 있는 그 하나님은 성경의 하나님이 아니다. 성경의 하나님은 결혼식에 참석하시고, 해변에서 친구들과 물고기를 구워 드시고, 사랑하는 이의 죽음에 눈물을 흘리시는 하나님이다. 그리고 여기서의 초대는 구원에 관해 거들먹거리거나 구원에 관해 논문을 쓰라는 게 아니다. 기도로의 초대다. 그것은 질그릇 조각으로 종기 난 몸을 긁는 사내를 보셨던 하나님께, 오래전 잃어버린 아들이 돌아온 것을 축하하기 위해 살진 송아지를 잡은 아버지에 대한 이야기를 들려주신 하나님께, 고대의 기도를 가져와 자신이 버림받았는지 물으셨던 하나님께 우리 자신을 정직하게 보여 드리라는 초대다.

이 모든 것이 성경에 있다. 수천 년 동안 성경에 있었고 예배에서 함께 불려졌다.

적어도 시편 102편에는, 이 기도를 드리는 어떤 이들에게는 공상 속 외침처럼 보일 수도 있겠지만, 소망을 향한 반전이 있다. "〔주님께서〕 헐벗은 사람의 기도를 들으시며, 그들의 기도를 업신여기지 않을 것입니다."[15]

종종 우리는 자기 자신의 언어로는 이 스산하고 바람이 몰아치는 것처럼 느껴지는 우리의 영적 풍경 전체를 묘사할 수 없을지 모른다. 하지만 우리에게는 시편이 있고, 시편은 왜 내가 여전히 이 신앙을 나 자신의 신앙이라고 부를 수 있는지 기억할 수 있게 도와준다. 시편은 복잡다단함을 위한 공간을 만들고 인생의 난해함을 부정하려고 하지 않는다. 데이비스는 이렇게 말한다. "우리 입술로 시편을 하나씩 읽어 가면서 우리는 마침내 그러한 각각의 경험과 느낌이 우리 자신의 것이라고 말할 수 있게 되고, 따라서 자신을 이스라엘이라 부르던 이들의 삶으로 온전히 들어가게 된다."[16]

시편 119편 145절은 "온 마음을 다하여 부르짖으니, 주님, 나에게 응답하여 주십시오"라고 말한다. 나는 그런 시편 저자를 되울려 이렇게 기도한다.

온 마음 다하여, 하나님께 부르짖습니다.

모든 슬픔을 다하여,

모든 분노를 다하여,

나 자신이 충분히 잘 해내지 못했고 그래서 충분하지 못하다는 모든 두려움을 다하여,

어린 시절 고생한 피부염이 내게 남긴 모든 수치심을 다하여,

내 모습 그대로, 또 내가 바라는 모습 그대로 인정받기 바라는 모든 갈망을 다하여,

부모님에 대한 모든 존경심과 자랑스러움을 다하여,

자신의 힘을 오용하는 지도자들을 향한 나의 분노를 다하여,

드라마를 즐겨 보는 나의 우스꽝스러움을 다하여,

바뀌지 않는 총기 규제법으로 인한 모든 좌절감을 다하여,

내가 '정치적'이 되어 간다고 비난하고, 그러기 전의 나를 좋아했다고 말하는 사람들 때문에 치미는 모든 짜증을 다하여,

기도가 과연 어떤 소용이 있나 싶은 모든 회의감을 다하여,

자매가 있다는 것, 아만다라는 선물로 인한 모든 감사함을 다하여,

성별, 성 정체성, 인종, 국적을 이유로 다른 사람들을 예속하는 이들에게 치미는 모든 분노를 다하여,

트위터에 대해 드는 모든 복합적 감정을 다하여,

댄과 우리 아들, 우리 딸을 향한 모든 사랑을 다하여,

방귀 대장 뿡뿡이에게 드는 모든 혼란스러운 감정을 다하여,

내가 자란 교회들과 미국 백인 복음주의에 대해 갖는 모든 복합적인 감사함을 다하여,

미국 예외주의의 오만함에 대한 모든 역겨움을 다하여,

형편없이 쓰인 디트리히 본회퍼 전기를 대하는 모든 옹졸함을 다하여,

친구들에게 보낸 문자 메시지에 담긴 애정 어린 모든 신랄한 비판을 다하여,

그것이 모두 잘못 전해졌을까 봐 불안해하는 모든 염려를 다하여,

다크 초콜릿과 치토스로 인해 느끼는 모든 감사를 다하여,

성경에서 내가 오해했거나 오독했을 수 있는 측면에 대한 모든 염려를 다하여,

세상이 치유되기를 바라는 모든 소망을 다하여.

온 마음 다하여, 부르짖습니다.

이것이 내가 할 수 있는 전부입니다. 주님, 이제 내게 응답해 주시고, 나로 주님의 선하심 안에서 안식하게 해 주십시오. 주님이 우리 가운데 장막을 치셨으니.

13

—

원수 사랑하기

'왜 그리스도인인가' 마지막 컨퍼런스는 샌프란시스코 놉힐 꼭대기에 자리 잡은 그레이스 대성당에서 열렸다. 나디아 볼 즈웨버와 아홉 명의 남녀와 나는, 왜 우리가 아직도 그리스도 인인가에 대해 간증하는 20분짜리 강연을 했다.

우리가 선 연단 뒤의 제단에는 우리에게 들려줄 나름의 사연이 있었다. 그레이스 대성당의 제단은 시에라 네바다산 화강암과 삼나무로 만들어졌는데, 오랫동안 사람들은 그것이 캘리포니아산 삼나무라고 믿었다. 캘리포니아 북부의 목재 야적장에서 가져왔기 때문이다. 그저 추측이자 소문일 뿐이 었지만. 우리는 교회에서 루머가 어떻게 진실로 탈바꿈할 수 있는지 잘 알지 않는가.

몇 년 전 이 교회는 연륜연대학자*를 초청하여 제단에 사 용된 나무의 기원에 대해 좀 더 정확한 사실을 판독할 수 있는지 알아보고자 했다. 하나의 목재에 어떤 이야기들이 새겨질 수 있는지는 참으로 놀라울 정도다. 나이테를 새는 것은 그 나무가 쓰러질 때 수령이 얼마였는지 가늠하는 데 도움이 된다. 나이테의 간격은 해당 해에 홍수든 가뭄이든 화재든 그 나무가 원래 살던 숲에 일어났던 일에 대한 기록을 제공해 준다. 각각의 나무에 새겨진 증언을 다른 나무들과 비교함으로써 그 나무의 지리적 기원을 드러내는 지표 역시 얻을 수 있다.

삼나무에는 뚜렷이 구분되는 세 가지 종이 있는데, 그레이스 대성당의 제단을 자세히 살펴본 결과 정말로 연안에서 자란 삼나무인 것이 확인되었다. 그것의 라틴어 이름, '세쿼이아 셈페르비렌스'는 그 종의 긴 수명을 말해 준다. '셈페르비렌스'는 '영원히 산다'는 의미다. 이것은 살짝만 과장한 것인데, 실제로 연안 삼나무는 2천 년 이상 살 수 있으며, 이는 오늘날 가장 오래된 삼나무가 예수님이 땅 위를 걸어 다니시던 당시 어린 묘목이었음을 의미한다.

연륜연대학자는 이 삼나무가 16세기 후반이나 17세기 후반의 것임을 확인할 수 있었다. 나이테에 남아 있는 분명한 패턴은 이 나무가 샌프란시스코 연안 위쪽, 캘리포니아 북부의 숲에서 왔다고 말해 주기에 충분했다.

연안 삼나무는 키가 100미터 넘게 자랄 수 있고, 이 온화

---

[*] 나무의 나이테를 분석하여 연대를 측정하고 이를 토대로 과거 기후와 상태를 연구하는 과학자.

한 거인들의 밑동은 직경 6미터, 수관(樹冠) 부분은 폭이 30미터까지 커질 수 있다. 이 관(冠)에는 셀 수 없이 많은 보석들이 달려 있는데, 저 아래 숲 밑바닥에 사는 생명체들에게는 사실상 보이지 않는 광대하고 다채로운 공동체가 그것이다. 그 가지마다 새들이 둥지를 틀고 벌레와 도롱뇽이 더불어 살아가고 있다. 거기에는 태평양에서 쓸려온 안개에 흠뻑 젖은 양치류와 이끼가 무성하고, 허클베리덤불이 이들과 뒤엉켜 자란다. 이 모든 생명이 높은 곳의 가지에서 떨어진 잎들이 썩어서 만들어 내는 영양분에 의존해 살아간다.

토양 밑에는 또 다른 중요한 지하 세계의 이야기가 있다. 그처럼 높고 웅장한 것 치고는, 연안 삼나무는 놀랄 만큼 뿌리가 얕다. 대부분의 삼나무는 뿌리가 1.5-3미터 이상 깊이 자라지 않는다. 대신, 넓게 또 멀리 나아가 이웃 나무들의 뿌리와 망을 이루며 얽혀 있다. 태평양에서 폭풍이 몰려올 때(1962년 잊지 못할 폭풍 때는 시속 270킬로미터의 강풍이 불었는데) 이 삼나무 이웃들은 소중한 생명을 지키기 위해 서로를 꼭 붙잡아 주면서 공동체의 안정감과 수적 안전을 확보한다.

한 가지가 더 있다. (데이비드 애튼버러*는 언제쯤 이 연안 삼나무에 대한 시리즈를 내놓으려나?) 이 웅장한 삼나무가 인간의 손에든 화마에든 쓰러진 후에도, 죽음은 그 이야기의 끝이 아니다. 쓰러진 나무 한 그루의 뿌리에서 새로운 묘목이 여럿 자라날

---

* 동물학자이자 세계적으로 유명한 다큐멘터리 영화 감독.

219

수 있다. 종종 이 묘목들은 그 조상을 뺑 둘러서 자란다. 마치 자기들보다 앞서 왔던 나무에게 욥기의 말씀을 따라 이렇게 증언하려는 듯 말이다. "한 그루 나무에도 희망이 있습니다. 찍혀도 다시 움이 돋아나고, 그 가지가 끊임없이 자라나고, 비록 그 뿌리가 땅 속에서 늙어서 그 그루터기가 흙에 묻혀 죽어도, 물기운만 들어가면 다시 싹이 나며, 새로 심은 듯이 가지를 뻗습니다."[1]

프랑스의 위대한 철학자 시몬 베유는 "아마도 뿌리를 내리는 것은 인간의 영혼에 가장 중요하면서도 가장 잘 인식되지 못하는 필요일 것이다"라고 썼다.[2] 삼나무는 왜 그런지를 나에게 일깨워 준다.

나는 어느 누구도 필요하지 않으며 독립적이고 자율적으로 존재할 수 있다고 말하고 싶지만, 그것은 거짓말일 것이다. 기독교에서는 하나님이 관계를 위해 우리를 창조하셨고 우리는 공동체를 위해 지음 받았다는 말을 다반사로 한다. 우리가 그러한 부름을 살아 내는 데 계속 실패함에도 불구하고 계속해서 그런 말을 하는 것은 그 말이 참이기 때문이다.

신약의 상당 부분이 개인이 아닌 회중에게, 즉 식탁에 둘러앉아 함께 빵을 떼고 함께 포도주를 따르고 함께 성경을 낭독하는 믿음의 작은 가족들을 위해 쓰여졌음을 기억하는 것은 중요하다. 바울이 로마의 신자들에게 편지를 쓸 때 그는 그들을 만난 적이 없었다. 그들은 자신들에게 큰 소리로 낭독되는 그 글을 통해 바울의 목소리를 들을 수 없었다. 그 빽빽한 신학적 담화의 숲을 통과하는 유일한 길은 '함께'였다.

대부분의 히브리 성서*는 수 세기 동안 그래왔듯이 전 세계의 회당에서 예배를 드릴 때 여전히 낭독된다. 고대의 이야기들, 시간에 매이지 않는 시편. 이들은 모두 홀로 고립된 채로가 아니라, 몸부림치고 안간힘을 쓰는 다른 영혼들을 벗 삼아, 유약하고 통증에 시달리는 다른 육신들과 더불어 경험하도록 의도된 것이다. "각 공동체가 읽고 함께 읽을 때에만 성경은 비로소 시간을 초월한 본문, 하나님의 말씀이 된다"고 랍비 버튼 비소츠키는 쓴다. "그런 일이 일어날 때 성경은 더 이상 책장에서 먼지만 쌓여 가는 그저 또 한 권의 책이기를 멈춘다. 그것을 읽는 이들의 공동체 안에서 대화가 일어난다. 해석을 주고받을 때 방 안에는 부가적인 목소리, '그 책을 읽는' 소리가 창조된다."³

한 걸음 더 나아가, 나는 우리가 단지 공동체를 위해 지어진 것이 아니라고 단언할 수 있다. 우리는 **공동체들**을 위해 지어졌다. 비소츠키가 주장하는 것처럼, 해석을 주고받을 때 방 안에 부가적인 목소리가 창조되는 게 사실이라면, 다음과 같은 질문 역시 던져 볼 가치가 있다. 어느 방이든 의도치 않게

---

*   구약 성서를 말한다.

들어오지 못한 사람은 누구인가? 환영받지 못한 사람은 누구인가? 문 밖에 서서 들어오기를 두려워하는 사람은 누구인가? 주차장에서 나오는 것조차 엄두를 못 냈을 사람은 누구인가? 차를 몰고 근처를 지나가는 것조차 상상할 수 없었던 사람은 누구인가?

최근 몇 년 사이에 나는 내 어린 시절의 교회들에 오지 않았거나 올 수 없었던 이들로부터 하나님에 대해, 하나님의 사랑에 대해, 사랑의 위험과 어려운 여정에 대해 많은 것을 배웠다. 그들은 유색인종, 성소수자, 무신론자와 불가지론자, 장애인과 발달장애인, 이민자와 난민이다. 나는 소셜 미디어와 책에서 그들의 목소리와 마주쳤고 그들의 지혜를 발견했다.

이런 태도는 내가 자란 공동체를 포함한 수많은 근본주의 기독교 공동체들이 갖는 승자독식의 입장과 극명하게 대조된다. 그들은 예수 그리스도와 개인적 관계를 맺고 있는 개별 독자, 개별 신앙인을 진리의 객관적 판결자의 자리에 둔다. 본문에 대한 그 사람의 해석은 최종적이고 배타적이다. 그 사람의 하나님에 대한 이해가 전부다. 내가 후렴처럼 반복해서 들었던 말은 기억하기로 이것이다. "성경이 그렇게 말했고, 나는 그것을 믿으니, 그것으로 끝." 이것은 사람들을 하나로 모으거나 심지어 방으로 들어오게 하기 위한 부드럽고 친절한 대화의 출발점과는 거리가 멀다.

물론 보수주의자들만 근본주의적 사고방식을 독점하는 것은 아니다. 진보적인 다른 쪽 극단에서도 우리는 비슷한 후

렴구를 듣는다. "과학이 그렇게 말했고, 나는 그것을 믿으니, 그것으로 끝." 혹은 "레이첼 매도*가 그렇게 말했고, 나는 그것을 믿으니, 그것으로 끝." 혹은 "버락 오바마가 그렇게 말했고, 나는 그것을 믿으니, 그것으로 끝." 혹은 "트위터에서 누군가 그렇게 트윗을 날렸고, 나는 그것에 동의하니, 그것으로 끝." 이런 종류의 근본주의 역시 과학의 역동성과 인간의 오류 가능성, 말의 뉘앙스를 담지 못하는 소셜 미디어의 심각한 한계를 인식하지 못한다.

신학자 제임스 콘의 글에서 내가 가장 좋아하는 다음의 문장은 이야기가 관계적이며 거기에는 수많은 관계의 층위가 개입되어 있음을 떠올려 준다. "누구에게나 이야기가 있다. 자기 생각과 삶에 대해 자신과 자녀들 그리고 세상에 해 줄 수 있는 이야기 말이다. 존재의 이유를 찾고 확인하는 과정에서 이야기는 태어난다." 콘은 이어서 쓴다. "아무것도 아닌 존재에서 그 무엇이 되어 가는 기적을 표현하는 동시에 그 기적을 만들어 가는 과정이 바로 이야기이다." 중요한 이야기는 말할 뿐만 아니라 누군가에게 들려져야 한다. 그리고 듣는 가운데 우리는 초대를 받는다. "다른 사람의 이야기를 들을 때 나는 내 이야기의 주관성에서 벗어나 또 다른 영역으로 들어가 생각하고 행동하도록 초대받는다. 나의 이야기를 들려줄 때 다른 이들에게도 똑같은 일이 일어난다."[4]

---

* 미국의 진보적 입장의 정치 평론가.

우리가 어떤 공동체 또는 **공동체들**에 속해 있든 우리에게 주어진 도전과 부르심은 충실하게 귀 기울이는 사람이 되는 것이다. 아마도 그리고 심지어 특히 우리 자신의 이야기와 다른 이야기들에 호기심을 가지고 받아들이는 사람이 되는 것이다.

우리 모두는 괴상한 구석을 조금씩은 가지고 있으니, 우리의 삶이나 회중 속에서 괴짜들을 사랑할 방법을 상상하기란 그다지 어렵지 않을 것이다. 그러나 우리의 원수들과 그들을 사랑하라는 예수님의 속 터지는 제안은 어려운 문제다.

나에게는 천적이 있다. 여기서 그 사람의 이름을 밝히지는 않겠다. 그가 나에게서 가장 거룩하지만은 않은 반응을 이끌어낸다고 말하는 것으로 충분하리라.

출처가 불교 사상가라고도 하고 기독교 사상가라고도 하고 세속 활동가라고도 하고 종교적 인물이라고도 하는, 수년간 떠도는 밈 문구가 있다. "원수는 당신이 아직 이야기를 들어 보지 못한 그 사람이다." 누가 말했든, 이 말은 진실의 울림만이 아니라 오류의 메아리도 담고 있다. 경청이 만병통치약은 아니다. 다른 사람의 이야기를 듣는다고 해서 반드시 그 사람과 나 사이의 분열의 간극이 메꿔지는 것도 아니고 우정으로 향하는 고속도로가 열리는 것도 아니다. 백인 우월주의와 남성 우월주의를 신념으로 가지고 있어서 〔여자인〕 내게는 설교하거나 책을 출간할 권리가 없다고 믿는 사람들의 이야기를 내가 듣는다면, 나는 그의 이야기를 듣느라 나의 시간을 약간 희생했을 수는 있겠지만 그렇다고 그 사람을 사랑하는 데까지 나의 사랑이 자동적으로 확장되었다고 할 수는 없다.

나는 관계를 쌓고 벽을 허무는 일에서 이야기가 발휘하는 힘을 아주 믿는 편이기는 하지만, 원수를 사랑하는 데는 더 많은 것이 필요하다고 본다. 거기에는 원수에 대한 더 나은 정의(定義)도 포함된다.

어떤 (어쩌면 상당수의) 원수는 성급하게 일반화되고 그 자신보다 훨씬 더 큰 사안의 화신이 되기도 한다.

오사마 빈 라덴이 죽었다는 소식을 들었을 때 내가 곧바로 어떻게 반응했는지 기억난다. 다른 많은 사람들처럼 나도 곧장 트위터에 접속했다. 마이크 허커비는 "지옥 입성 환영"이라고 썼고,[5] 롭 벨의 팬들은 "사랑이 이긴다"고 선언했다. 온갖 부류의 그리스도인들이 온갖 종류의 성경 구절을 인용했고, 온갖 부류의 방구석 전문가들은 이 사건이 알 카에다와 세상의 미래에 대해 어떤 의미를 갖는지에 대해 형편없는 지식에 근거했음에도 믿기 힘들 정도의 확신에 찬 논평을 내놓았다.

다행히도 나는 그날 나로서는 드문 자제력을 발휘하여 곧장 트위터에 글을 쓰지 않았다. 마침내 뭔가를 썼을 때 다음 문장을 썼다. "원수의 죽음에 내가 어떻게 반응하느냐는 원수에 대해서만큼이나 나 자신에 대해서 말해 준다는 사실을 기억하려고 애쓰는 중."⁶ 나는 여전히 그렇게 믿는다. 한 상징적 원수의 죽음에 우리가 어떻게 반응하는지를 봄으로써 우리는 우리 자신이나 서로에 대해 많은 것을 알 수 있다.

미국의 그리스도인들이 온라인에서 옥신각신한 말들은 사실 오사마 빈 라덴과는 별 상관이 없었다. 그 모든 말은 상충하는 신학적 입장, 경쟁하는 의제, 민감한 성격 차이와 관련된 것이었다. 전쟁, 평화, 정치, 성경 해석, 종말론, 선교학 등과 관련된 기독교 세계 내의 깊은 분열이 그의 죽음의 여파로 표면에 드러났고, 그러한 분열을 둘러싼 선언들은 지구 반대편의 원수보다는 우리 신앙의 가족 안에 있는 이들에 대해 더 많은 것을 말해 주었다.

우리와 특별한 관계를 맺고 있기 때문에 우리에게 그리고 우리 안에 그와 같은 힘을 행사하는 다른 종류의 진짜 원수들이 있다.

그 원수는 쉬는 시간마다 학교 놀이터에서 당신을 괴롭히는 아이일 수 있고, 졸업한 지 여러 해가 지났건만 여전히 계속 당신을 따라다니며 괴롭히는 그 아이의 망령일 수 있다.

그 원수는 이해할 수 없는 이유로 당신을 저격하는 직장 내 반대자일 수도 있고, 한때는 친구였기에 당신을 너무 잘 알아서 당신의 가장 약한 부분을 공격할 수 있는 누군가일 수도 있고, 자기 좋을 때는 친한 척하지만 언제든 등을 돌리는 누군가일 수도 있다.

그 원수는 당신이 알거나 알지 못하는 이유로 당신을 힘들게 하면서 정작 당신을 보거나 듣거나 이해하지는 않으려는 어느 친척일 수도 있다.

그 원수는 당신 자신일 수도 있는데, 때로 우리는 우리 자신의 최악의 원수이기 때문이다.

오래된 두려움과 불안이라는 친숙하고 낡아빠진 담요에 몸을 감싸고, 미지의 세계와 용감하게 맞서기보다는 이미 알고 있는 것에 안주하려 때, 나는 나 자신의 최악의 원수다.

자신의 나쁜 행동을 합리화하고 선한 일로의 부름을 무시할 때, 나는 나 자신의 최악의 원수다.

자신의 성격을 전체적으로 보기보다는 가장 못난 부분에만 시선을 고정할 때, 나는 나 자신의 최악의 원수다. 우리 안에서부터 우리를 향해 소리 지르는 그 추악한 목소리야말로 자신에 대한 가장 신랄한 독설일 수 있다. 거기서 빠져나갈 길은 없다. 자기 자신으로부터 도망칠 수는 없으니 말이다.

아무도 나를 이해할 수 없을 거라 확신하며 자기 자신을 모든 인류로부터 고립시킬 때, 나는 나 자신의 최악의 원수다.

자신의 죄를 정당화할 때, 나는 나 자신의 최악의 원수다.

자신이 사랑받는 존재임을 부정할 때, 나는 나 자신의 최악의 원수다.

하나님이 아름답게 만드신 것을 추하다고 할 때, 하나님이 잘못되었다고 하신 것을 사랑스럽게 여길 때, 다른 사람이 말한 추하지만 참이 아닌 말을 믿고 곱씹다가 결국 그 말에 좌

우될 때, 나는 나 자신의 최악의 원수다.

그리고 내가 나 자신의 최악의 원수일 수 있음을 인정하기 시작한다면, 어쩌면 내 원수를 사랑한다는 것이 어떤 것일지도 상상해 볼 수 있을 것이다. 그러면 우리는 원수가 하는 이야기를 들을 뿐만 아니라 그것과는 다른 이야기, 하나님의 샬롬을 향해 우리의 시선을 돌리는 이야기를 쓰기 시작할 수 있지 않을까?

작가이며 목사인 오쉐타 무어는 샬롬의 개념을 광범위하게 살핀다. 샬롬은 익숙한 히브리어로 '평화'를 의미하지만 반드시 우리가 전형적으로 이해하는 식의 평화는 아니다. 그것은 두 아이가 싸우기를 멈추고 어른들이 억지로 시키는 대로 우물거리며 사과를 한 다음 말없이 억울해 하는 것 같은 거짓된 평화가 아니다. 그보다 샬롬은 온전함에 뿌리를 두고 있다. 실제로 온전함이 이 히브리어 단어의 어근이다. 이 평화는 무어가 말한 바 "하나님이 의도한 세상을 향한 꿈"을 가리킨다. 이 평화는 인간의 번영을 향해 나아간다. 무어는 2018년에 열린 첫 번째 '진화하는 신앙' 컨퍼런스에서 이 평화에 대해 이렇게 말했다. 이 평화는 "하나님의 사랑이 우리를 끌어내어 '내가 바라보는 너는 사랑받는 존재이며 너로서 그저 충분해'라고 말씀할 때 일어나는 일입니다. 그리고 그럴 때 우리는 세상으로 돌아가서 그곳을 온전하게 만듭니다.…… 샬롬 속에서 살 때 우리는 우리 주변의 모든 곳에 선함을 창조하고 있는 것입니다."[7]

샬롬은 우리가 독립적이라는 생각을 밀어내고 실상은 우리가 상호 의존적인 존재임을 인식한다. 랍비 데이비드 자슬로우는 "히브리인의 시각에서 샬롬은 이분법적 사고를 하나로 모으며, 좌뇌의 선형적 사고 양식과 우뇌의 직관적 양식을 통합한다"고 쓴다. 그는 히브리어에서 샬롬은 만날 때의 인사이자 작별의 인사인 점에 주목한다. "오는 것과 가는 것보다 더 정반대인 것이 무엇인가? '안녕하세요'와 '안녕히 가세요'보다?" 그는 이어서 말한다. "샬롬은 상상할 수 있는 정반대인 것들의 가장 급진적인 연합이다. 샬롬은 서로 의견이 다른 이들을 한자리에 모음으로써 그 각각이 '다른' 쪽의 이야기를 깊이 들을 수 있게 한다. 당신과 의견이 다른 그 사람들이야말로 당신을 위한 가장 큰 선물을 가져오는 이들이다. 온전함의 가능성이라는 선물 말이다."[8]

원칙적으로는 근사하게 들리지만, 여전히 내 마음 깊은 곳에서는 내가 경멸하는 사람들이나 나와 내 신념을 경멸하는 사람들과 한자리에 모이는 것에 대해 저항감이 인다. 그런 일은 성가시다. 좌절감을 준다. 그 자리에 있고 싶지도 않은데 어디서부터 시작해야 할까?

셰인 클레어본과 심플웨이*가 이사야 2장을 삶으로 살아 내려고 지속적으로 노력하는 모습에 나는 정말로 감동을 받는다. 이사야 2장은 하나님의 정의가 이루어지는 때가 온다는 이사야의 장쾌한 예언을 담고 있다. 그때에 사람들은 "칼을 쳐서 보습을 만들고 창을 쳐서 낫을 만들" 것이다.[9] 클레어본과 그의 동료들은 전국을 다니며 총기를 바꾸어 농기구로 만들어 놓았다.

그들의 본은 나로 하여금 추한 것을 아름다운 것으로 바꿀 수 있게 해 주는 새로운 기술을 배워 보고픈 마음을 고취해 주었다. 몇 년 전 나는 사순절에 이것을 실천하기로 결정했다. AK47 소총을 쇠스랑으로 바꾸든, 폐타이어를 화단으로 바꾸든, 쓰레기를 예술 작품으로 바꾸든 부활절까지 창조적인 과정 안에서 씨름하면서 새로운 뭔가를 완성하고 그것을 통해 절제, 부활, 회복을 손으로 만지고 경험하는 것에는 이 절기와 심오하게 어울리는 뭔가가 있다.

나의 온라인상 '원수들'을 사랑하는 것과 관련해 명료함과 평화를 위해 기도하면서 나는 내가 받았던 비판들에 대해 생각했다. 내가 받는 편지의 압도적 다수는 격려와 긍정적인 메시지이지만, 내 메일함에는 여전히 상당한 수의 협박 메일이 있고, 블로그 세상의 어느 댓글 창에는 추한 문장이 가득하다. 그런 일은 대중을 상대로 글을 쓰고 강연을 할 때—특히 마음과 정신과 영혼의 문제를 다루는 경우에는—분명 예상되

✳   셰인 클레어본과 친구들이 필라델피아 빈민가에서 운영하고 있는 기독교 공동체.

는 결과이지만, 여전히 상처가 되는 것은 사실이다. 가장 지독한 메시지들은 무시하려고 애쓰는 만큼 여전히 쓰리고 아프지만, 나는 그것도 괜찮다고 생각한다. 앞에서 말한 것처럼, "얼굴은 두껍게, 마음은 부드럽게"이니까. 그리고 마음을 부드럽게 한다는 것은 움켜쥔 주먹을 펴고 때로 그 말들이 내게 상처 입히는 것을 허락하는 것일 수 있으니까.

한번은 갑자기 떠오른 생각을 페이스북에 적었다. 일본의 유서 깊은 종이접기 기술을 배워서 내가 받은 협박 편지들을 예쁜 새와 배, 꽃과 연으로 만들어 보면 어떨까 하는 것이었다. 켄터키주로 여행을 갔다가 집에 돌아왔는데, 현관 문앞에 상자가 하나 놓여 있었다. 예술가 친구인 멜리사가 보내 준 종이접기 세트였다.

나는 일단 이메일 몇 개를 출력해서 식탁 의자에 앉았다. 그리고 아주 느리고 서투르게 종이접기를 시작했다. 처음에는 간단한 백조가 내가 할 수 있는 최선이었다. 하지만 여기 있는 이 사람이 누군가. 유치원에서 만들기 시간마다 울고불고 난리를 쳐서 거의 제원 조치까지 당할 뻔했던 아이 아닌가. 그러니 이 정도 한 것만도 나는 스스로 꽤 자랑스러웠다.

손가락의 감각이 어색했다. 손가락을 이런 식으로 사용해 본 적이 없었기 때문이다. 내 손가락은 종이를 꾹꾹 접어 자국을 내고 정확하게 끝을 맞춰서 접는 일에 익숙하지 않았다. 눈 조절도 필요했는데, 종이에 쓰인 상처 주는 단어들에 내 눈이 자동적으로 끌렸기 때문이다. 마음에 대해서는 더 말할 필요도 없을 것이다. 이것이 사순절 실천이었다고 말한 것을 당신은 기억할 것이다. '실천'이라고 부르는 이유는 그것이 훈련의 행위이며 자연적으로는 하고 싶지 않은 뭔가를 하려는 단련의 행위이기 때문이다.

나는 책에 나온 순서를 따라가며, 평면적인 비난의 종이를 이리저리 접어 전혀 다른 3차원의 재현으로 바꾸었다. 날개 한쪽이 나타나고, 이어서 나머지 날개 한쪽이 나타났다. 그다음은 목, 그 다음은 앞으로 살짝 굽은 조그만 부리. 점차 치유의 눈물이 떨어지기 시작했고, 나는 손가락이 기도하도록 두었다.

그다음 사십 일 동안, 나는 매일은 아니지만 이 손가락 기도로 더 많은 백조를, 그다음에는 돛단배와 꽃을, 그다음에는 여우를 만들었다. 이로부터 몇 가지를 배웠다. 뒤집어 접기와 접었다 펴기에 대해, 시도와 실수에 대해, 인내와 참음에 대해, 순서 되짚어보기와 지시 사항대로 하기에 대해, 용서와 자유에 대해, 불안하고 자기중심적인 에너지를 창조와 치유의 목적을 가진 행위로 재조정하는 것에 대해, 놓아주는 것과 도움을 구하는 것에 대해.

마지막 항목, 즉 도움을 구하는 것이 그중에서도 가장 유익한 교훈이었을 것이다. 때로 우리는 혼자 힘으로 해낼 수 없기 때문이다. 나는 나 자신을 사색의 대가로 상상할 수 있겠지만(테네시 동부의 현자 레이첼이라 불러 주오), 조용한 명상이나 시적 성찰은 나의 원래 성향도 타고난 강점도 아니다.

친구 멜리사가 종이접기 책을 보내 준 것을 기억했다.

첫 번째 돛단배를 접을 때 제부 팀이 도와주었던 것을 기억했다.

친구 모니카가 나와 함께 식탁에 앉아 있던 것을 기억했다. 그녀는 크레용을 들고 가장 지독한 협박 편지의 글자를 까맣게 칠해 시로 바꾸었다. 추한 것을 아름다운 것으로 만드는 방법은 한 가지만 있는 게 아니다. 모니카와 나는 종이로 조그마한 펠리컨, 오리, 펭귄을 비뚤비뚤 접으며 성토요일을 함께 보냈다.

어느 친애하는 독자가 아름답고 긍정적인 말로도 같은 작업을 해 보면 어떻겠느냐고 제안했던 것을 기억했다. 그래서 나는 선명한 색깔의 사각형 색종이 위에 아빌라의 테레사의 기도를 적었고 다른 색종이에는 성령의 열매를 써 넣었다.

부활절 저녁 식사를 기다리는 동안 내 동생 아만다가 개구리를 접던 것을 기억했다.

내가 하나님이 창조하신 조류의 형상을 아주 희미하게만 닮은 노란색 덩어리를 겨우 구깃거려 만드는 동안, 나의 사랑하는 솜씨 좋은 댄은 단 몇 분 만에 완벽하고 정확하게 학을 만들어 냈던 것을 기억했다.

그러한 악질적인 편지 가운데 하나를 보냈던 당사자가 나의 이런 사순절 실천에 대해 읽고서는 시간과 힘을 내서 사과의 이메일을 보내온 것을 기억했다. 나는 그것이 종이접기가 만들어 낸 다리라는 생각이 들었다. 그 사과는 나 자신도 몇몇 사람에게 사과해야겠다는 생각을 하게 했고, 듣기는 빨리 하되 말하기는 더디게 하고, 새롭게 싹트는 어떤 분노든 좀 더 자제해야겠다는 일깨움을 주었다.

협박 메일을 종이접기로 바꾸면서 깨달은 것은, 우리는 함께 이 세상을 다시 만들어야 한다는 것이다. 우리는 함께 상처 입는다. 그리고 함께 치유하도록, 함께 용서하도록, 함께 창조하도록 부름 받는다. 알고 보니 이러한 실천은 그저 조용하고 사색적이고 시적이고 자기 성찰적인 것이기는커녕, 시끌벅적한 웃음소리와 뒤죽박죽이 된 식탁, 불만에 대한 넋두리와 기쁨의 합창으로 가득 차 있다.

"그거 완전 플라밍고 같다!"라는 말이 그토록 할렐루야처럼 들렸던 적이 없었다.

어떤 면에서는, 계속해서 나를 싫어하고 나를 이세벨, 이단, 귀신 들린 여자, 사탄의 무리라고 부르는 사람들조차 이 아름다운 경험에서 필수적인 부분이었다. 그들의 생각과 기도, 글쓰기 과정에 대해 인터뷰한 적이 없으니 경솔하게 뱉은 말인지 신중하게 고른 말인지 알 수 없지만, 그들의 그 말은 그 사십 일 동안 우리 집에서 나와 함께하면서 구겨지고 접히고, 뭔가로 만들어지다가 저녁 식사를 위해 식탁에서 치워지고, 걸음마를 배우는 아이의 발에 밟히고, 내 동생이 큰 소리로 읽고, 커피로 얼룩지고, 손님이 오기 전에 닥치는 대로 들려 옷장 안에 숨겨지고, 까맣게 칠해져 버려지고, 시로 바뀌고 새로운 뭔가로 변형되었다.

그 모든 말은 모두 내가 상처 입을 수 있지만 또한 치유될 수 있고, 미워할 수 있지만 또한 사랑하고 사랑받을 수도 있으며, 해를 끼칠 수 있지만 또한 용서할 수 있는, 생생하게 살아 있는 진짜 인생을 살아가는 진짜 사람임을 기억하도록 도와주었다. 또한 이것은 나의 원수들에게도, 그들을 위해서도 마찬가지다.

우리의 말이 다른 사람의 귀에 가 닿아 오랫동안 그 영혼 속에 머물 수 있음을 안다면, 우리는 좀 더 신중하고 좀 더 부드럽게 말할 수 있지 않을까. 그 말들이 변화되기를 기다리며 서로의 식탁 위에 놓여 있는 것을 상상해 본다면? 얼마나 많은 노력과 시간을 들여야만 그 추하고 무거운 말들을 날아오를 준비가 된 아름다운 무언가로 변화시킬 수 있는지 안다면?

색종이로 삼나무는 고사하고 어떤 종류의 나무도 접는 법을 아직 배우지 못했지만, 나는 가끔 그 많은 학과 비둘기가 내 책상 위에서 나를 물끄러미 바라보는 것을 느낀다. 그들은 나에게 우리가 함께할 때의 힘과 잠재력을 일깨워 준다. 당신에게는 학이 부르는 소리나 비둘기의 우는 소리가 들리지 않을 수도 있겠지만, 나에게는 들린다. 그들은 이 세상과 이 삶이 나 혼자만의 것이 아니라고 말해 준다. 그 구성원들을 좋아하든 좋아하지 않든, 우리는 공동체 안에 살고 있다고 속삭여 준다. 내 시선이 닿을 때마다 그 학과 비둘기는 우리 모두가 사랑받는 존재임을 가르쳐 준다.

14

—

안식일 안에 거하기

내 어린 시절의 복음주의 문화는 쉼이나 안식의 신학이 탄탄했다고 볼 수 없다. 내가 이렇게 말하는 것은 모든 안식이 쉼이지만 모든 쉼이 안식은 아니기 때문이다.

내가 어렸을 적 일요일 아침에는 주일 학교가 있었고, 그 후에는 '성인' 교회가 있었다. 이름은 밝히지 않겠지만, 헬드성을 가진 가족의 모든 구성원은 잠에서 깨었을 때 아주 약간이라도 감기 기운이 있었으면 하는 기대를 내심 품었다. 그러면 집에 머무를 수 있고(물론 이것은 교회 회중을 사랑하는 자발적 배려의 실천이었다) 오전 10시에 팀 러서트가 진행하는 〈밋 더 프레스〉를 볼 수 있었기 때문이다.

아빠에게는 엄정하지는 않지만 안식일 제한 항목이 있었다. 잔디 깎기나 정원 일을 하지 않으셨고, 일요일은 가족이 함께하는 날임을 분명히 하셨다. 일요일의 식사 습관 역시 안식일의 쉼을 암시했는데, 엄마는 일요일에 요리를 하고 싶어 하지 않았기 때문이다. 앨라배마주에 살 때는 교회에서 집에 오는 길에 프라이드치킨과 비스킷을 사 오곤 왔다. 데이턴으로 이사한 뒤로는 항상 '북경 하우스'라는 식당에 갔는데, 그곳 종업원들은 우리 가족을 잘 알고 있어서 우리가 식당에 들어가 아무데나 앉고는 나를 뺀 나머지 모두가 "항상 먹는 걸로요" 하고 주문할 수 있었다. 아빠는 땅콩치킨, 엄마는 깨맛치킨, 아만다는 팔보채치킨이었다. 예상하겠지만, 오직 나만 순응주의자가 아니었다. 나는 어떤 때는 훈둔탕을, 어떤 때는 야채해산물볶음밥을 먹었다.

미식축구 시즌에는 일요일 오후마다 텔레비전에서 댈러스 카우보이스 경기를 보았다. (나는 부모님이 1974년 추수 감사절의 전설적인 카우보이스 대 레드스킨 경기를 관중석에서 직접 보았던 이야기를 들으며 자랐다. 부상당한 로저 스타우벅을 대신해 투입되었던 신인 후보 선수인 쿼터백 클린트 롱리가 경기 종료를 몇 초 남기고 드루 피어슨에게 50야드 역전 터치다운 패스를 정확하게 날린 이야기를 우리는 듣고 또 들었다.) 경기를 시청한 다음에는 모두 각자 알아서 저녁을 먹었다. 이따금 아만다와 나는 계란 프라이를 하거나 팬케이크 반죽을 휘저었다. 어떤 때는 팝콘을 튀기고 그 위에 아이스크림을 얹어서 맛있게 먹었다. 정말로 맛있었다.

그런 저녁에 우리가 입는 요리사 복장은 상당히 특이했다. 우리는 일요일 아침마다 가장 좋은 원피스를 입고 교회에 갔다. 일요일에 찍은 가족사진이 (아마도 여러 장) 있는데, 사진속 나는 도자기 튜더 공주 인형처럼 머리에는 특히 사각거리는 소리를 내는 핑크 리본을 하고 목선에 정교한 주름 장식이 달린 흰색 원피스를 입었다. 아만다와 내가 그렇게 차려입는 것에서 가장 좋아했던 점은, 교회에서 돌아온 뒤 엄마가 날이 끝날 때까지 우리가 흰색 레이스 슬립만 입고 집 안팎을 돌아다닐 수 있게 해 주셨다는 것이다. 그렇다, 우리는 원피스 밑에 슬립을 입어야 했다. 우리는 **단정하고 정숙한 어린 숙녀**였으니까. 그래서 우리는 여왕 요정이나 신부 흉내를 내며 놀 수 있었다. 성가실 정도로 호기심이 많은 아이였던 내가 생각해 낸 그 모든 질문에도 불구하고 신부가 둘인 결혼식의 의미에 대해서는 한 번도 궁금하지 않았다는 게 신기하다.

나이가 들면서 나는 안식일이 사치스러운 상품처럼 되었음을 깨달았다. 안식일은 이미 더할 나위 없이 편리한 삶을 사는 사람들에게 가장 편리할뿐더러 자신들의 삶을 용이하게 만들어 주는 모든 것에 용이하게 접근할 수 있는 사람들이 가장 쉽게 접근할 수 있는 상품이 되어 있었다.

엄마가 요리하지 않을 자유를 누릴 수 있는 것은 다른 누군가가 치킨을 튀기고 비스킷을 굽고 중국 음식을 요리해 주기 때문이라는 생각을 나는 한 번도 하지 못했다. 최근에서야 나는 우리 가족의 쉼이 쉬지 못하는 타인의 노동에 의존하고 있다면, 그 쉼은 참 안식이 아님을 이해하게 되었다. 당신의 편안함이 다른 이의 불편함에 달려 있다면, 그 쉼은 안식이 아니다. 불평등을 줄이지 않고 더 악화시킨다면, 그 쉼은 안식이 아니다.

여기서 내가 말하려는 바는 안식일을 지키지 못했다고 수치심을 느끼게 하려는 것이 아니다. 그것 역시 안식에 대한 잘못된 이해이기 때문이다. 안식은 정확히 수치심의 반대다.

느헤미야서의 많은 부분은 건설과 재건, 실행과 재실행에 관한 내용이다. 앗시리아의 왕 아닥사스다의 궁정에서 일하던 유대인 관리 느헤미야는 예루살렘의 애석한 상황에 대한 소식을 듣는다. 이야기 초반에서 그는 왕에게 자신의 조상이 살던 땅으로 돌아가서 거룩한 도성의 성벽을 다시 세우고 성문을 다시 달 수 있도록 허락을 받는다. 책의 나머지 대부분은 물리적 보수 작업뿐만 아니라 영적 재건에 관한 내용이다. 이 모든 생산성은 에니어그램 3번들의 꿈이다.

느헤미야는 예루살렘을 재건하는 일이 공동체적으로 이루어진다는 점을 강조한다. 그는 앞장서서 수고한 다양한 사람들의 이름과 그들이 어느 성문과 성벽의 어느 부분을 재건했는지를 함께 열거한다. 이 긴 목록 한 중간에 "자기 딸들과 함께 보수하였다"고 기록된 살룸이라는 남자에 대한 언급이 나온다.[1] 나는 이 자매들이 예루살렘의 한낮의 내리쬐는 태양 아래서 남자들과 함께 파편을 치우고 벽돌을 쌓고 모르타르를 긁어내는 광경을 상상해 보기 좋아한다.

책의 말미에서 느헤미야는 백성의 죄에 대해 깊이 탄식하는데, 주요한 악폐 가운데 하나가 안식일을 무시하는 것이다. 일꾼들이 밭에 있고, 나귀의 등은 곡식을 실어 나르고, 시장은 장을 보는 사람들로 북적인다. "안식일을 이렇게 더럽히다니, 어쩌자고 이런 나쁜 일을 저지르는 거요?" 느헤미야는 지도자들을 꾸짖는다.[2]

몇 개의 짧은 구절 안에 너무도 많은 흥미로운 내용이 상세히 채워져 있다. 우리는 물건을 파는 이들이 주로 이방인임을 알 수 있다. 네 번째 계명이 안식의 날에 대해 말하는 점에 비추어 볼 때 짐을 진 나귀는 특히 눈에 띈다. "안식일을 기억하여 그날을 거룩하게 지켜라. 너희는 엿새 동안 모든 일을 힘써 하여라. 그러나 이렛날은 주 너희 하나님의 안식일이니, 너희는 어떤 일도 해서는 안 된다. 너희나 너희의 아들이나 딸이나 너희의 남종이나 여종만이 아니라, 너희 집짐승이나 너희의 집에 머무르는 나그네라도 일을 해서는 안 된다."[3]

이 계명의 마지막 부분이 특히 주목할 만하다. 이는 당시 사회의 위계질서가 결함이 있었음에도 불구하고 이를 호명하고 인정하니 말이다. 종으로 살아가는 이들이 있다. 어디에도 속하지 못한 소외된 사람들이 있다. 안식으로의 부름은 소와 나귀, 양과 염소를 포함할 만큼 포괄적이다. 안식일은 모든 사람과 모든 것을 위한 것이다.

느헤미야는 안식일 개혁을 제도화한다. 재건의 노력이 공동체적이었던 것처럼 안식일 준수 역시 공동체적이다. 느헤미야의 감독 하에 예루살렘 사람들 남녀가 함께 재건했던 바로 그 성문을 닫음으로써 모든 사람이 거룩한 안식의 날을 지키고 존중할 수 있게 했다. 이것은 단지 율법주의의 문제가 아니었다. 또한 그 단락이 끝나는 방식은 특히 감동적인데 하나님의 한결같은 사랑의 위엄에 호소하며 끝난다.

하나님의 사랑—그리고 우리가 사랑받는 존재라는 것—이 안식일 계명과 무슨 상관이 있는지 불분명해 보일 수 있다. 그러나 실천신학자 네이선 T. 스투키는 『쉼과 씨름하기』에서 칼 바르트를 인용하면서 내가 전에 알아채지 못했던 점을 지적한다. 즉 안식일의 쉼은 하나님이 인류에게 생산적으로 한 주를 보낸 것에 대한 보상으로 주시는 상이 아니라는 사실이다. 첫 안식일은 인간이 존재하여 처음부터 끝까지 보낸 첫날이기도 했다. 다른 말로 하면, 그들은 아직까지 한 일이 하나도 없었다. "그렇게 때문에 창조의 일곱 번째 날에 인간이 안식일의 쉼에 참여한 것은 인간의 성취에 기초할 수 없다. 그것은 오직 하나님이 하신 일과 그분의 초대에 근거할 수밖에 없다"라고 스투키는 쓴다. "이 지점에서 인류가 묵상해야 하는 것은 오직 하나님이 하신 일뿐이다.…… 그렇다면 태초부터 하나님은 안식일의 쉼을 순전한 은혜의 선물로 주신 것이다."[4]

안식일의 쉼은 우리의 끝으로 의도되지 않았다. 오히려 안식은 그때에도 지금도 우리의 시작이며, 그 안에는 하나님의 창조성을 흠뻑 누리고 맛보는 하나님의 은혜의 시간으로 표현된 하나님의 한결같은 사랑이 가득 차 있다.

수년 전 사랑하는 친구 사라 베시가 쓴 안식일에 대한 에세이를 읽고 나는 한 방 세게 맞은 듯 정신이 번쩍 들었다. "당신은 끊임없이 앞으로 나아가고, 끊임없이 일을 하고, '열심히 일하는 사람에게 좋은 일이 찾아온다' 같은 말을 자신에게 하면서 그러한 자신의 직업윤리를 자랑스러워할 수 있다." 그녀는 이렇게 쓴다. "그럴 수 있다. (그러나 유익하지는 않다.)"5 현실은, 우리가 끊임없이 앞으로 나아가고 일하도록 창조되지 않았다는 것이다. 우리는 존재하도록 지어졌다. 그래서 사라는 우리에게 그것을 기억하고 하루부터 시작해 보라고 권한다. 쉼의 하루, 회복의 하루, 일과 생활의 끝없는 요구에서 잠깐 물러서는 하루.

사라는 이렇게 쓴다. "이번 주, 하루부터 시작하라. 그리고 즐거움과 기쁨으로 창조된 하나님의 선하고 멋진 세상에서 인간으로 존재하게 하신 선물로 인해 작은 승리를 선언하라."6

내가 생각할 때 핵심 구절은 "하나님의 선하고 멋진 세상에서 인간으로 존재하게 하신 선물"이다. 이 표현은 하나님이 누구신가라는 맥락에서, 또 하나님이 행하신 일의 맥락에서 우리가 누구인지를 일깨워 준다. 우리는 피조물이다. 우리는 지음 받은 존재다. 그리고 안식일이 우리에게 일깨워 주는 것은 창조주와 창조 배후에 있는 마음이다.

예수님이 안식일에 병자를 고치셨을 때 율법주의적인 그의 비판자들과 반대자들은 격분했다. 그러나 그분이 하고 계신 일은 안식일의 핵심과 전적으로 일치했다. 그것은 하나님이 만드신 창조세계의 아름다움과 존엄과 온전함을 존중하는 일이었다. 그분이 하고 계신 일은 사실 **무효화**하는 일이었다. 어떤 인간이 다른 인간에게 쌓아 놓은 치욕의 무효화, 하나님의 피조물로서 우리 모두가 하나님 앞에서 갖는 동등한 지위를 묵살하는 것의 무효화, 어떤 인간들이 그들 자신과 인간의 위계질서를 중심에 놓을 때 발생한 해악과 소외의 무효화.

나는 안식일에 고침 받은 모든 이들을 생각한다. 그리고 내가 이러한 치유를 어떻게 바라보는지를 명확히 해 보겠다. 나는 예수님이 고쳐 주신 사람들 중 어느 누구도 그들의 장애 때문에 그들을 열등하게 여기셨다고 생각하지 않는다. 오히려 그분은 **사회**가 그들을 그런 식으로 보고 있음을 인식하셨다. 누가복음에 따르면, 18년 동안 악한 영의 무게에 짓눌려 살아온 한 여인을 고쳐 주실 때 예수님은 그녀를 "아브라함의 딸"이라고 칭하셨다. 그녀의 본질적인 가치를 강조하는 경칭으로 말이다.[7] 안식일 식사를 하러 고위급 바리새인의 집으로 가시던 길에 수종병에 걸린 사람을 고쳐 주실 때에는, 저녁식사 자리에서 환대와 환영, 그리고 존중 받지 못하는 이들을 존중하는 것에 대해 후속 가르침을 주셨다.[8]

안식일의 핵심이 온전함이고 하나님이 우리를 창조하실 때 의도하셨던 대로 동등하고 사랑받으며 번성하고 번영하는 사람들로 존재하는 것이라면, 그 거룩한 날에 그분이 사람들을 고쳐 주시는 것보다 더 옳은 일이 어디 있을까? 안식일의 핵심이 온전함이고 하나님이 우리를 창조하실 때 의도하셨던 대로 동등하고 사랑받으며 번성하고 번영하는 사람들로 존재하는 것이라면, 그 거룩한 날 우리가 온 마음 다하여 우리 자신의 치유를 향해 나아가는 것보다 더 옳은 일이 어디 있을까?

당신은 이 장을 읽으면서 당황스럽고 심지어 절망스러운 순간이 있었을지 모른다. 더 많은 것을 하라고, 뭔가 다른 것을 시도해 보라고, 이전에는 생각해 보지 않았던 방식으로 생각하라고 자꾸 요청하는 것처럼 보였을 수 있기 때문이다. 너무 많은 가르침! 너무 많은 요구!

안식일에 대한 숙고와 관련해 나의 요점—그리고 안식일 **안에** 거하는 것과 관련해 내가 갖는 소망—은, 우리의 시작이 은혜와 쉼이었고 우리의 마침 역시 그러하리란 것을 기억하는 것이다. 그리스도인이나 지키는 이 안식일에서 어떤 진리를 찾을 수 있다면, 그것은 바로 우리의 존재가 쉼과 함께 시작되었고 우리 존재의 완성 역시 쉼 안에서 발견되리라는 것이다. 우리는 어떤 것을 성취하거나 행하기도 전에 영광을 누리는 존재로 시작해서, 그 완성의 날에는 이 모든 부요함과 선함이 우리가 노력해서 얻는 것이 아니라 그저 받기만 하면 되는 것임을 앎으로 마음껏 축하하는 기쁨을 누릴 것이다.

나는 하나님이 이 안식일의 리듬을 제정하신 것은, 우리가 아무리 노력해도 조금이라도 이 진리를 이해하기 어려울 것을 그분의 무한한 지혜로 잘 아셨기 때문이 아닐까 싶다. 우리에게는 또 한 주의 연습이 필요할 테다. 사랑을 쫓고 자신을 증명하는 또 다른 엿새가 필요할 테다. 그 후에 녹초가 되고 소진된 채 납작 엎드려 쉼을 맞이할 것이다. 우리에게는 은혜를 일깨워 주는 표지가 필요할 테고, 그 후에 또 필요할 테고, 그 후에도 또 필요할 것이다.

하나님이 우리에게 더 많이 하라고 하시는 게 아니라 더 적게 하라고 하신다는 사실을 받아들이려 할 때 내 안에 있는 모든 것이 저항한다. 그러나 바로 그때 나는 어릴 적 내가 누리던 자유의 기쁨을 떠올린다. 일요일 저녁식사로 사랑하는 동생과 함께 무제한 팝콘과 아이스크림을 신이 나서 나누어 먹던 나를. 그러면 모든 것이 조금 더 이해가 되기 시작한다. 이제 분명히 알겠거니와, 그 일요일 저녁에 내가 느꼈던 것은…… 자유다. 이제 그것을 말할 수 있다. 그리고 어떤 식으로든, 바로 그 자유 안에서 나는 그저 존재할 수 있었다.

당신만의 일요일 저녁 메뉴가 무엇인지 나는 모른다. 당신이 필요한 만큼 웃거나 울거나 침울해하거나 소리를 지르거나 혹은 놀 수 있도록 해 줄 누군가가 함께 있는지—혹은 없는지—나는 모른다. 당신 안에 있는 의문들이 해소하려면, 당신의 근심과 걱정을 잠시나마 가라앉히려면, 불끈 쥔 주먹의 힘을 빼고 숨을 가라앉힌 뒤 하나님이 당신을 위해 준비해 두신 것을 향해 당신의 영혼이 조금 더 열리기 위해 무엇이 필요할지 나는 모른다.

쉼을 향해,
안식을 향해,
은혜를 향해,
사랑을 향해 열리기 위해.

나가며

—

텔로스

댄과 나는 지금 살고 있는 집에서 차로 몇 분 거리에 있는 땅을 조금 샀다. 우리는 그곳에 새 집을 짓고 있다.

　그 집에서 내 책상은 지금 살고 있는 이 집에서처럼 지하에 둘 것이다. 그러나 새 집의 지하는 조금 다를 것이다. 70년대식의 몰딩이나 낡은 카펫은 더 이상 없을 것이다. 그 대신 큰 창이 있고 충분한 빛이 들 것이다.

　마음의 눈으로 보면, 나는 벌써 그 지하실의 내 책상 앞에 앉아서 트위터를 열지 않기 위해 노력하며(그리고 실패하며) 키보드를 두드리고 있다. 창밖으로 보이는 잔디밭에서 우리 아이들이 뛰어놀고 있다. 아이들의 금빛 머리칼이 드넓은 하늘을 배경으로 흘날린다. 멀리 키 큰 나무들이 보인다. 위에서 이 모든 것을 목격하고 있는 새들이 보인다. 근처 숲 어딘가에 있을 둥지 속 새끼들의 배를 채우기 위해 새들은 왔다갔다 휙

획 빠르게 움직인다. 나는 우리 모두가 원래부터 해야 하는 일을 하고 있는 모습을 상상하고 있다.

나의 바람은 우리의 새 집이 사랑 위에 지어지는 것이다. 내 아들과 딸이 뛰어놀면서 엄마 아빠가 자기들을 얼마나 사랑하는지 아는 것이다. 잡초를 뽑아들고 꽃이라 우기고, 가을 낙엽 더미에 뛰어들었다가 그 후에 다시 무성한 푸른 잎으로 풍성해진 나무를 지켜보고, 태양을 향해 몸을 돌려 자신들을 감싸안는 따스함을 기뻐하고, 그러면서 하나님이 자기들을 얼마나 사랑하시는지 알게 되는 것이다. 그리고 그 모든 사랑으로 인해 그 아이들도 사랑하는 법을 배우게 되는 것이다.

이렇게 우리는 끝에 이르렀다. 하지만 성경이 일깨우듯, 끝은 결코 우리가 일반적으로 이해하는 끝이 아니다. 그것은 오직 시작일 뿐이다.

'끝'을 의미하는 성경의 단어 가운데 하나가 '텔로스'(*telos*)다. 그런데 이 헬라어 단어에는 영어 단어 '끝'(end)이 가지고 있는 종료의 느낌이 들어 있지 않다. 다른 말로 하면, 끝은 막다른 길이 아니다. 오히려 끝은 생명으로 가득하다. 충만함과 만족감이 있기 때문이다. 당신이 부름 받은 일을 하고 있다는 만족감, 되어야 했던 존재가 되었다는 성취감이 그 안에 있다.

사과나무의 텔로스는 꽃을 피우고 열매를 맺는 것이다. 꽃봉오리와 사과와 씨앗을 맺어 다음 세대의 나무를 번식하게 하는 것이다.

꿀벌의 텔로스는 꽃가루를 모으고 꿀을 만드는 것이다. 풍족한 계절 내내 다른 벌들과 협력하여 결핍의 계절을 위한 양식을 저장하는 것이다.

서핑보드의 텔로스는 서퍼가 파도를 탈 수 있게 도움을 주는 것이다.

빵과 포도주의 텔로스는 생명을 지탱해 주고, 양분을 공급하고, 미각을 즐겁게 하고, 다음 식사 때까지 몸을 충족시키는 것이다.

앨라배마 크림슨 타이드 축구 프로그램의 텔로스는 전국 챔피언을 달성하고, 오번 타이거스에게 합당한 패자의 자리를, 신께서 복되다 하신 질서를 일깨워 주는 것이다.

인간의 텔로스—당신의 텔로스, 나의 텔로스, 우리의 텔로스—는 우리 하나님이 우리를 사랑하신 것처럼 아낌없이 차별 없이 사랑하는 것이다. 우리는 사랑하기 위해 지어졌다. 그러나 그 이상으로, 우리는 사랑이 되기 위해 지음 받았다.

아이들이 일반적으로 가장 처음 배우는 성경 구절 중 하나는 요한복음 3장 16절이다. 나는 이 결론에 이르기까지 시간이 꽤 걸렸지만, 이 구절로 우리의 이야기를 끝내는 것도 나쁘지 않은 것 같다. "하나님이 세상을 이처럼 사랑하사……."

하나님이 세상을 이처럼 사랑하사 우리를 사랑을 위한 존재로 지으셨다.

하나님이 세상을 이처럼 사랑하사 예수님의 인격 안에서 사랑이 되어 오셨다.

하나님이 세상을 이처럼 사랑하사 우리에게 우리의 원수까지 사랑할 힘을 주셨다. 트위터에서 마주치는 최악의 사람들과 자기 자신조차 사랑할 수 없을 것 같은 사람들까지 사랑할 힘을 주셨다.

하나님이 세상을 이처럼 사랑하사 우리를 앞서 죽음으로 걸어가셨고 우리를 또한 죽음으로 부르셨다. 저 반대편에서 우리가 부활을 발견할 것을 아셨기에.

세상이 당신으로 무엇을 믿게 했든, 사랑은 약하지 않다. 사랑은 최악의 인간성 한가운데서도 견뎌 낼 강인함이 있다. 사랑은 가장 추악한 편견과 가장 살기등등한 증오에도 살아남을 수 있는 힘이 있다. 사랑은 세상이 사랑의 죽음을 선언할 때조차 다시 일어설 회복력이 있다. 그리고 이 사랑은 우리와 아주 멀리 동떨어져 있는 것처럼 보일지라도 당신과 내가 지음 받은 목적이다.

바바라 브라운 테일러는 이렇게 쓴다. "우리가 서 있는 지점과 하나님이 우리를 지으며 의도하신 지점 사이의 간격을 헤아려 보는 것—그 간격을 괴로워하고, 그 간격의 정체를 밝히고, 더 이상 그 간격을 가지고 살아가지 않겠다고 결심하는 것. 그것은 바로 우리가 죽어 있음을 알고 내일은 어떤 존재가 될 것인지 결정하는 순간이다."[1] 당신의 텔로스, 나의 텔로스, 우리의 텔로스가 사랑이라면, 나처럼 당신 역시 이것이 얼마나 불가능해 보이는지, 실제로 얼마나 불가능한지 알고 있다. 우리 스스로는 할 수 없다. 그리고 우리 스스로 사랑받고 있다고 느끼지 않는다면 우리는 사랑할 수 없다.

노력의 성과를 칭찬하는 문화 속에서 사는 우리에게는 은혜의 경제 안에서는 자격이 있고 없고 하는 기준이 통용되지 않는다는 말이 어렵게 들릴 수 있다. 우리의 노력으로 하나님의 사랑을 얻어 낼 수 없다는 것은 절대적 참이다. 그러나 그것은 하나님이 차마 우리를 쳐다보실 수도 없을 만큼 우리가 죄 많은 몹쓸 인간이어서도 아니며, 우리의 영혼에 영구히 지워지지 않을 얼룩을 남긴 엄청난 잘못을 우리가 저질렀기 때문도 아니다. 진실은, 우리의 노력으로 하나님의 사랑을 얻어 낼 수 없는 것은 우리에게 이미 그 사랑이 주어져 있기 때문이다. 우리는 우리가 이미 받고 있는 사랑보다 더 많이 사랑받을 수 없다. 하나님의 사랑이 이미 값없이 그리고 넘치도록 주어졌기 때문이다. 우리는 더 많은 하나님의 사랑을 얻어 내기 위해 어떠한 일도 할 수 없다. 우리를 향한 하나님의 사랑은 이미 무조건적이며 이미 무한하기 때문이다.

당신이 나와 조금이라도 비슷한 구석이 있다면 여기서 내가 나눈 이야기와 의견이 그동안 당신이 품고 있던 회의를 조금이나마 벗겨 내는 경험을 했을 것이다. 하지만 그런 일은 물이 바위를 서서히 부드럽게 깎아 내는 것처럼 아주 천천히 일어난다. 나의 소망은 여러분의 텔로스를 넌지시 가리키는 것이었지만, '최우수 기독교인 상'을 연속 수상했음에도 불구하고 당신을 그곳으로 인도할 능력이 내게는 없다.

요한복음 13장에서 사랑받는 사도는 "예수께서는 자기가 이 세상을 떠나서 아버지께로 가야 할 때가 된 것을 아시고"라고 쓴다. 이 이야기를 묵상할 때면 놀라지 않을 수 없다. 사랑이 몸을 입고 오신 그분이 또한 친구들과 떡을 떼셨고, 그들과 함께 웃으셨고, 그들을 기뻐하셨고, 그들과 우셨고, 그들의 짐을 나누어 지셨다. 그분은 "세상에 있는 자기의 사람들을 사랑하시되, 끝까지 사랑하셨다"고 요한은 쓴다.[2]

물론 우리는 이것을 문자적으로 읽을 수 있다. 그분은 지상에서의 그분의 삶이 끝날 때까지 그들을 사랑하셨다고. 그러나 여기서 '끝'—헬라어 원어로 '텔로스'—은 그 이상을 의미한다. 예수님과 그분의 사랑은 그 이상이었기 때문이다. 그분은 그들을 사랑하시되 완전하게 사랑하셨다. 그분은 그들을 사랑하시되 그들이 이 생애에서 경험한 그 어떤 것도 능가하는 한없는 사랑으로 그들을 사랑하셨다. 그분은 그들을 사랑하시되 그들의 모습 그대로, 그리고 그들이 될 수 있는 모든 모습 그대로 온전히 사랑하셨다.

인간의 텔로스—당신의 텔로스, 나의 텔로스, 우리의 텔로스—는 아낌없이 그리고 차별 없이 사랑하는 것이다. **우리가 아낌없이 그리고 차별 없이 사랑받았기 때문이다.** 우리는 감사하기 때문에 은혜를 베풀 수 있다. 우리는 사랑받았기 때문에 사랑할 수 있다.

내가 믿는 날에는 이 모든 것이 사실임을 안다. 당신이 믿는 날에는 당신도 이것이 사실임을 알게 되면 좋겠다. 당신을 만드신 분, 당신을 구속하신 분, 모든 끝을 통과해 모든 시작을 향해 나아가는 모든 걸음마다 당신과 동행하시는 분이 당신을 붙들고 계시면 안고 계심을, 당신의 마음 깊은 곳에서, 당신의 세포 하나하나가 느낄 수 있게 되면 좋겠다.

내가 온 마음 다하여 믿을 수 있을지 확신이 들지 않는 날에도, 나는 이 이야기를 의심하는 내가 틀렸기를 기꺼이 바란다.

아멘.

후기

내 타투 아티스트는 내가 물어봐 주었으면 하는 질문은 하지 않습니다. 2019년 5월, 그가 일회용 면도기를 들고 내 팔의 잔털을 제거하는 동안 나는 그의 낡고 익숙한 의자에 앉아 있었습니다. 전에도 여러 번 이곳에 와 봤던 나는 보통 느긋하게 수다를 떨곤 하지만, 그날은 아마추어처럼 서투르게 안절부절못했습니다. 나는 친구를 잃은 슬픔을 조용히 느리게 통과하는 중이었습니다. 내 피부에 새기고 있는 특이한 문구 '에쉐트 하일'(eshet chayil)이 무슨 의미인지, 내 타투 아티스트는 묻지 않았습니다. 그것은 레이첼 헬드 에반스를 기념하는 타투였습니다.

지난 6년 동안 레이첼과 나는 무대에 여러 번 함께 섰습니다. 카디건을 입은 키가 작고 예쁘장한 젊은 남부 여자 레이첼과, 청바지와 검정색 쫄티를 입고 타투를 한 키 큰 도시 여자인 나. 레이첼은 언제나 청중에게 이렇게 말하며 재미있어했습니다. "나디아와 내가 어른이 된 뒤에 만난 게 정말 다행이지 뭐에요. 만약 우리가 고등학생 때 만났다면, 경건한 예수쟁이였던 나는 아마 나디아를 보고 무서워서 도망가기 바빴을걸요."

우리는 친구가 될 만한 사람들처럼 보이지 않았습니다. 그렇지만 우리가 열한 살 때 만났더라면 단짝처럼 보였을 거라고 나는 장담합니다. 주일 학교 신발을 신고, 형광펜으로 빼곡하게 밑줄을 그은 성경을 들고, '착한 여자아이'에 대해 배운 모든 것을 완벽하게 흡수한 모습으로 교회에 들어서는 우리. 레이첼과 나는 교회에서 자란 아이였고, 신앙은 우리의 첫 언어였습니다.

그 후로 어느 지점부터 우리의 신앙은 올이 풀려 나가기 시작했습니다. 우리는 그저 받아들이라고 배웠던 것들에 질문을 하기 시작했습니다. 그런데 여기서 나의 길과 레이첼의 길은 갈립니다. 레이첼이 의문을 갖기 시작했을 때, 머리를 비스듬히 기울여 교회와 성경과 교리를 다른 각도에서 바라보았을 때 그녀는 내가 했던 것처럼 그저 분노하거나 쌍욕을 하거나 뒤돌아서 가 버리거나 닥치는 대로 마약을 하고 술을 마시지 않았습니다. 레이첼은 **일하기** 시작했습니다. 내가 기독교에 반기를 드는 것에 만족했다면, 그녀는 그것을 구하려고 (redeem) 애썼습니다. 그녀는 성경과 해석의 역사를 공부했습니다. 어려운 질문을 두려워하지 않았습니다. 교회의 가르침이 위장된 편견에 지나지 않을 때 그것을 지적했습니다. 다른 이들은 오직 신앙의 문자만을 볼 수 있을 때 그녀는 그 **정신**을 역설했습니다. 그리고 그러한 레이첼의 더없이 뛰어난 자질이 가장 잘 드러난 작품은, 수많은 여성들이 교회에서 듣고 또 들은 "잠언 31장의 여성"에 대해 썼던 그녀의 글입니다.

잠언 31장에는 "누가 현숙한 아내를 맞겠느냐?", 히브리어 원어로는 "누가 '에쉐트 하일'을 맞겠느냐?"라는 말로 시작하는 스물두 행의 시가 나옵니다. 시의 나머지 부분은 어느 상류층 아내가 하는 일들을 묘사합니다. 그녀는 아직 밤일 때 일어나 남편을 위해 음식을 만듭니다. 바느질을 하고, 물건을 사고, 수선하고, 식물을 가꾸고, 가업을 관리합니다. 이 시의 의도는 남편이 자기 아내의 하는 일과 성취를 어떻게 알아보고 그런 다음 어떻게 칭송해야 하는지에 대한 본을 제공하는 것입니다. 그러나 복음주의 업계 전체는 그것을 에두르며 듣고 일어서서는 여성들에게 "잠언 31장의 여인"의 소중한 자격을 갖추라고 독촉했습니다. 일 년 동안 여성에게 주어지는 성경의 모든 규칙을 따라 살아 보고 쓴 기발한 책『성경적 여성으로 살아 본 1년』에서 레이첼은 이렇게 말합니다. "잠언 31장은 더 이상 남자가 자신의 아내를 칭송하는 노래가 아닌, 여자가 그러한 칭송을 받기 위해 해야 할 과제 목록으로 제시된다.…… 우리는 찬가를 숙제로 바꾸었다."[1]

'에쉐트 하일'을 가장 잘 번역한 말은 "현숙한 아내"가 아니라 사실 **"용감한 여성"**입니다. 그리고 레이첼이 가르쳐 주는 것처럼, 잠언 31장은 여성이 칭찬을 받을 만한 자격을 얻기 위해 도달해야 하는 도저히 이룰 수 없는 기준이 아닌, 여성의 삶과 일이 **이미** 칭찬 받기에 얼마나 충분한지를 보여 주는 예로 사용될 때 그 역할을 가장 충실히 하는 것입니다.

오랫동안 레이첼은 친구 중 누군가 아기를 낳고, 마침내 상담 치료를 시작하고, 새 직장을 구하고, 책을 출간하고, 가족의 식사를 위해 피자를 성공적으로 주문하고, 불의에 맞서고, 60대에 대학 공부를 마치고, 혹은 그저 세탁소에 맡긴 옷을 찾는 것을 기억해 낼 때마다 "용감한 여성!"이라고 외치며 칭찬을 아끼지 않았습니다. 레이첼이 일깨워 주듯, 여성으로서 우리가 행하는 행동에는 용감함이, 즉 용맹함과 용기와 강인함이 들어 있기 때문입니다.

레이첼은 숙제를 찬가로 바꾸었습니다.

물론 나의 타투 아티스트는 이 모든 것에 대해 묻지 않지만, 나는 조용히 기도하는 마음으로 내 팔에 '에쉐트 하일' 타투가 새겨지는 동안 그 하나하나를 마음속에 떠올립니다.

이 타투 의자에 앉기 26일 전, 나는 내슈빌에 있는 한 병원의 중환자실에서 그녀의 가족, 친구들과 함께 서 있었습니다. 우리는 이 생애를 떠나 그 다음으로 건너가는 그녀에게 작별 인사를 하기 위해 그녀가 누워 있는 침대를 삥 둘러 서 있었습니다. 우리는 기도하고 울고 노래를 부르고 그녀에게 성유를 바르며, 왜 이런 일이 일어나는 것인지 이해하고자 애썼습니다. 써야 할 글도, 그녀가 사랑하는 이들 옆에서 살아가야 할 시간도, 그녀의 아기들을 키우며 기뻐해야 할 날들도, 친구들과 함께 떠나야 할 모험도 그토록 많이 남아 있는 이렇게 젊은 레이첼이 어째서 죽음으로부터 단 몇 분밖에 떨어져 있지 않다는 말인가? (내 친구 레이첼은 진부한 이야기나 쉬운 답에 만족하지 않았기에, 나 역시 여기서 그런 것은 내놓지 않을 생각입니다.)

나는 그녀의 병실에 붙어 있는 사진들을 한동안 멍하니 바라보았습니다. 그중에는 그녀가 "댄 최고!"라고 쓴, 집에서 만든 푯말을 들고 있는 사진도 있었습니다. 그녀 옆에는 그녀가 사랑하는 테네시주 고향 마을로 들어가는 길목에 있는 '데이턴에 오신 것을 환영합니다'라는 푯말이 보였습니다. "남편은 성문에서 존경을 받는다"(NIV)는 잠언 31장 23절 말씀을 그대로 따르기 위한 행동이었습니다. 나는 레이첼의 삶과 일에 언제나 스며들어 있던 은혜와 훌륭한 유머 감각에 미소 지었고, 너무 짧게 주어졌던 그 선물에 감사했습니다.

사진들 아래 작은 테이블에는 레이첼의 남편 댄이 가져다가 쌓아놓은 레이첼의 책들이 잘 보이게 올려져 있었고, 그 옆에는 병원 관계자들을 위해 이렇게 적은 작은 메모가 붙어 있었습니다. "레이첼은 나의 아내이고, 내 아이들의 엄마이며, 나의 가장 좋은 친구입니다. 또한 뛰어난 작가이기도 합니다. 너그러운 그녀의 정신은 영감의 원천입니다. 그녀가 한 일은 수많은 사람에게 영향을 끼쳤습니다. 그녀의 삶은 우리 모두에게 선물이었습니다."

잠언 31:28-29

남편도 아내를 칭찬하여 이르기를,

"덕을 끼치는 여자들은 많이 있으나,

당신이 모든 여자 가운데 으뜸이오" 한다.

레이첼 헬드 에반스

1981년 6월 8일—2019년 5월 4일

레이첼은 마지막 순간까지 '에쉐트 하일'이었습니다. 한 달 뒤, 차타누가에서 치른 장례식에서 그녀에게 마지막 작별 인사를 하기 위해 우리가 모였을 때, 나는 나의 책 『어쩌다 거룩하게』에서 처음 발표했던 축도문을 사용했습니다. 그러나 나는 레이첼과 내가 그토록 사랑했던 모든 종류의 사람들을 차례로 호명하는 이 축복의 말을, 레이첼의 책 『다시, 성경으로』에 나오는 문구로 끝맺었습니다. 레이첼은 늘 최종 발언자가 되는 것을 좋아했기 때문입니다. 물론 그녀는 그럴 자격이 충분했습니다.

불가지론자는 복이 있습니다.

의심하는 자는 복이 있습니다.

아무것도 내줄 게 없는 자는 복이 있습니다.

성찬식 때 새치기하는 유치원생은 복이 있습니다.

심령이 가난한 사람은 복이 있습니다.

천국이 여러분의 것이며 예수께서 여러분에게 복을
주십니다.
점심을 혼자 먹는 중학생, 병원 세탁부, 성 노동자, 야간조
환경미화원은 복이 있습니다.
커밍아웃하지 못한 자, 손목에 새로 난 희끗한 자국을
어떻게든 감추어야 하는 십대 아이는 복이 있습니다.
온유한 자는 복이 있습니다.
천국이 여러분의 것이며 예수께서 여러분에게 복을
주십니다.
상실의 아픔을 알 만큼 깊이 사랑한 자는 복이 있습니다.
아기를 유산한 엄마는 복이 있습니다. 나머지 모두를 위해
버텨 내느라 무너질 수조차 없는 자는 복이 있습니다.
'아직도 극복하지 못한' 자는 복이 있습니다.
애통하는 자는 복이 있습니다.
천국이 여러분의 것이며 예수께서 여러분에게 복을
주십니다.

여기에서 나는 우리에게 복을 주시는 예수님을 상상합니다. 바로 그것이 우리 주님의 본성이기 때문입니다. 이 예수님은 친구의 무덤에서 우셨고, 반대쪽 뺨을 돌려대셨으며, 자신을 십자가에 매단 이들을 용서하셨습니다. 그분 자신이 하나님의 팔복이셨습니다. 오직 강한 자들만을 숭배하는 세상에서 약한 자들에게 주어지는 하나님의 축복.

예수님은 우리 자신과 우리의 상상력보다 더 큰 이야기로 우리를 초대하시지만, 우리 모두는 이 순간, 이 장소라는 파격적인 특정성 안에서 그 이야기를 들려주어야 합니다. 우리는 이야기를 들려주는 피조물입니다. 이야기를 들려주시는 하나님의 형상으로 지음 받았기 때문입니다. 우리가 언제까지나 이 선물을 소홀히 여기지 않기를. 언제까지나 이야기를 들려주는 사랑의 마음을 잃지 않기를 바랍니다.

아멘.

나디아 볼즈웨버 목사

레이첼에게

레이첼 헬드 에반스 님,

　제가 작가 님을 이렇게 풀네임으로 부르는 것은 『온 마음 다하여』를 읽은 후 나를 사로잡은 경외심 때문입니다. 37년이라는 짧은 여행을 마치고 떠나신 당신의 삶을 나는 온전히 알지 못합니다. 하지만 남기신 글을 통해 나는 비록 희미할망정 당신이 어떤 분인지를 느낄 수 있었습니다. 한국의 시인 천상병 님의 시 「귀천」의 한 대목이 떠오릅니다. "나 하늘로 돌아가리라 / 아름다운 이 세상 소풍 끝내는 날, / 가서, 아름다웠더라고 말하리라." 예기치 않은 시간에 삶의 여정을 마쳐야 했지만 주어진 생을 한껏 살아 냈기에 그런 말을 할 자격이 충분하다 여겨집니다. 살아온 삶의 내력은 다르지만 우리는 존재의 토대이신 하나님이라는 중심을 향해 나아가는 순례자라는 점에서 일치합니다. 나는 작가 님보다 오래 살았지만 진리의 언덕을 허위단심으로 오르다가 마침내 당도한 인식의 자리가 다르지 않다는 사실에 묘한 동지 의식을 느낍니다.

어린 시절 미국 남부의 복음주의적 전통 속에서 살아온 당신은 교회의 가르침에 순응할 뿐만 아니라 학교에서 주는 '최우수 기독교인 상'을 갈망하는 열정적인 소녀였습니다. 당신은 스스로를 종교적 과잉 성취자라 일컫더군요. 하지만 어린 시절은 지속될 수 없습니다. 세상에 켜켜이 쌓인 모순에 대한 질문이 생기는 순간 믿음은 흔들리기 시작합니다. 확실하던 것이 불확실하게 변하고, 안다고 생각하던 것이 무지의 구름에 뒤덮일 때 사람은 누구나 당혹감을 느낍니다. 당신에게도 어김없이 그런 시간이 있었습니다. 영혼의 어둔 밤에 당신을 지켜 준 것은 불완전한 믿음을 떠받쳐 주는 사람들이었습니다. "온 마음을 다한다는 것은 보다 큰 신앙의 가족 안에서 나의 자리를 발견하고 이해하는 일"(35쪽)이라는 당신의 고백은 적실합니다. '큰 신앙의 가족'은 당신이 속했던 공동체만을 가리키지 않습니다. 생의 취약함을 받아들이면서도 끈질기게 살아남기 위해 필요한 일을 했던 성경의 인물들, 특히 여인들이야말로 당신의 진실한 가족입니다. 삶을 더 큰 서사의 일부로 이해할 때 그 이야기는 무의미의 심연에 빠지지 않도록 우리를 지켜 줍니다.

회의의 여지를 허용하지 않는 보수적 기독교인들 속에서 당신이 느꼈던 답답함을 저 또한 절감한 바 있습니다. 교회 생활에 익숙한 이들이 당연한 것으로 받아들이는 신조나 가르침에 의문을 제기하면 사람들은 심각한 표정을 지으며 내게 말하곤 했습니다. "시험 들었구나!" 인식의 장벽 혹은 현실의 부조리 앞에서 당혹감을 느끼는 이에게 건넬 적절한 말은 아닙니다. 시인 김승희도 이런 경험을 하고 살았던 것 같습니다. 「세상에서 가장 무거운 싸움 2」라는 시에서 그는 "당연한 세계에서 나만 당연하지 못하여 / 당연의 세계가 항상 낯선 나"라고 고백합니다 회의를 허용하지 않는 믿음은 철옹성처럼 보여도 언제든 무너질 수 있는 거푸집에 불과합니다. 지나고 보니 당신이 하신 말씀이 옳음을 알겠습니다.

> "복음주의 기독교나 그들의 성경 해석, 그들의 교회,
> 그들의 하나님은 문제가 없었다. 내가 문제였다"(72쪽).

우리는 하나님에 대해 아는 것보다 모르는 것이 더 많습니다. 아는 것을 바탕으로 하여 모름을 두려움이 아니라 신뢰로 대하는 것이 믿음이 아닌가 싶습니다. 십자가 위에서 예수님 또한 인식의 장벽에 부딪혔지만 하나님에 대한 신뢰를 포기하지 않았습니다. 언어는 하나님 경험을 오롯이 담아낼 수 없습니다. "봄날의 산들바람을 어떻게 상자에 담을 수 있으며, 반딧불이의 반짝임을 어떻게 붙잡아 둘 수 있단 말인가?"(94쪽) 하나님 체험은 이야기를 통해 어렴풋이 드러낼 수는 있지만 개념을 통해 온전히 파악할 수는 없습니다. 하나님을 경외하는 이들에게 필요한 것은 불확실함을 받아들이는 용기입니

다. 그 용기는 타자들과 소통하고 배우려는 태도인 개방성과 연결됩니다. 자폐적인 확신의 덫에 빠지는 순간, 사람들은 자기 속에 갇힌 채 그것을 확신이라는 외피로 단단히 감쌉니다. 그 단단한 외피는 타자들에게 영향을 받지 않겠다는 완강한 결심을 보여 주지만 결국 자기를 가두는 감옥입니다. 당신은 '모든 것을 아는 사람에서 해방되기'라는 장에서 진리는 엿보고 탐험하고 발견하는 것이라면서 "확실성은 믿음이 아니다"(100쪽)라고 말합니다. 이 서슬 퍼런 선언은 사람들을 억압하는 신학이나 교회 전통에 대한 결연한 저항 의지를 보여 줍니다.

이런 태도 때문일 겁니다. 사람들은 당신을 보고 이세벨이니 귀신 들린 여자니 사탄의 무리라고 비난하기도 했습니다. 협박 메일을 받을 때도 많았습니다. 비난의 채찍을 무덤덤하게 웃어넘길 수 있으면 좋겠지만 그러지 못할 때가 많습니다. 그것을 알기에 확신의 외피를 걸친 이들은 폭력적인 언사와 표정과 행동으로 자기들이 구축한 세계를 뒤흔드는 이들을 위협합니다. 그들은 하나님의 변호인을 자처하지만 하나님은 그들의 변호를 받아야 할 만큼 허약하지 않으십니다. 그런 비난을 자주 받다 보면 교회에 대해 염증을 느낄 수밖에 없습니다. 그런데도 당신은 내면의 분열을 요구하는 교회를 떠나거나 냉소주의로 도피하지 않았습니다. "교회(내가 세례를 받았던 교회도, 지금 내가 소속된 교회도 아닌 하나의 세례를 공유하는 보편적 교회)는 서로를 대신해 사랑하고 기도하고 믿는, 지난 2천 년의 시간과 지구상의 모든 대륙과 문화를 아우르는 사람들로 연결되어 있는 전체 네트워크다"(162쪽). 이 근원적 확신이 당신을 지켜 주었습니다. 고래 무리는 상처 입은 동료를 등으로 떠받쳐 주어 숨을 쉴 수 있게 해 준다지요? 전통의 아름다움이 그런 것이 아닐까 싶습니다.

그런 비난을 해결하기 위해 당신이 한 일이 제게는 놀라움이었습니다. 비난 메일을 종이로 출력하여 그것을 잘 접어 각종 동물 형태를 만들 생각을 어떻게 하셨나요? 상처의 기억과 잘 헤어지는 방법을 찾아내야 하는 것이 우리 생의 과제 가운데 하나입니다. 어두운 그림자처럼 우리를 따라다녀 도무지 떨쳐 버릴 수 없는 기억들을 그렇게 능동적으로 대면하는 순간 그 기억들의 쏘는 힘은 약화되게 마련입니다. 나무는 꺾이거나 벌레 먹어 상처를 입은 자리를 치유하기 위해 수액을 낸다고 합니다. 그 수액이 뭉친 것이 혹처럼 보이는 옹두리입니다. 가끔 숲을 거닐며 그 옹두리에 눈길을 주며 나무에게 소곤소곤 말을 건넵니다. '참 애썼다, 장하다, 고맙다.' 그럴 때면 자연과 내가 내통하는 것 같은 은밀한 기쁨이 찾아오기도 합니다.

당신은 한때 세상이 당신의 말을 들어야 한다고 생각했지만 이제는 더 잘 듣는 법을 배우기 위해 세상의 도움이 필요했다고 시인했습니다. 이런 놀라운 방향 전환의 능력을 어떻게 익히셨나요? 유머가 응집된 긴장감을 일시에 해소시키듯 생각의 전환은 우리에게 새로운 현실을 열어 보여 줍니다. 익숙한 세계에서 잠시만 벗어나도 가슴을 짓누르던 답답함이 해소됩니다. 과거에 교회는 '어머니와 교사'를 자처했습니다. 늘 가르치려고 했습니다. 그런데 당신은 이제 더 큰 하나님의 세계를 이해하기 위해 세상의 도움을 구합니다. 가르치거나 고쳐 주려는 태도를 내려놓을 때 우리 앞에는 새로운 세계가 열립니다. 주변부가 가장 풍요로운 장소일 수 있다는 말이 생각납니다. 주변부 혹은 변방은 낯선 세계와 이어져 있고, 낯선 세계의 개시는 더 커지라는 부름입니다.

> "협박 메일을 종이접기로 바꾸면서 깨달은 것은, 우리는 함께 이 세상을 다시 만들어야 한다는 것이다. 우리는 함께 상처 입는다. 그리고 함께 치유하도록, 함께 용서하도록, 함께 창조하도록 부름 받는다"(234쪽).

우리를 심연 쪽으로 잡아당기는 어두운 기억을 오히려 타자와 만나기 위한 촉수로 바꾸는 그 눈부신 전환의 능력에 놀랐습니다. 어둔 그늘을 흰 그늘로 바꾸는 것이야말로 존재의 용기입니다. 당신은 인간의 텔로스는 하나님이 우리를 사랑하신 것처럼 아낌없이 차별 없이 사랑하는 것이라고 말합니다. 20세기에 양차에 걸친 세계대전을 겪으며 사람들은 인간에 대한 낙관론을 철회했습니다. 인간이 얼마나 잔혹할 수 있는지를 경험했기 때문입니다. 인공 지능과 메타버스 등으로 인해 인간의 능력이 확장된 지금, 세상은 안녕한 것일까요? 포스트휴머니즘이나 트랜스휴머니즘이니 하는 말이 있는 가 하면 포스트트루스(post-truth)라는 말도 있습니다. 공적 공간에서 떠도는 어떤 말도 신뢰하기 어렵다는 말일 겁니다. 위험한 세상입니다. 도처에서 전쟁이 벌어지고 있고, 증오와 갈등을 부추기는 목소리가 곳곳에서 들려옵니다.

하지만 우리는 새 하늘과 새 땅을 열어 가자고 우리를 부르신 분을 바라보아야 합니다. 아우구스티누스는 "시작이 있기 위해 인간이 창조되었다"고 말했습니다. 모든 인간은 새로운 시작입니다. 한 사람의 변화가 주변의 변화를 일으킵니다. 레이첼 헬드 에반스, 당신이 바로 그 예입니다. 당신이 넘어진 그 자리를 딛고 일어나서 새로운 여정을 시작하는 이들이 있습니다. 그 거대한 흐름을 거스를 수 있는 것은 아무것도 없습니다. 당신은 이 세상을 떠났지만 지금 여기서 우리와 함께 있습니다. 고맙습니다.

김기석
청파교회 원로목사

주

들어가며

1. 렘 29:11.

2. 창 16:13. *Womanist Midrash*에서 윌다 가프니(Wilda Gafney) 박사는 이 이름을 "보시는 하나님"(God of seeing)이라고 번역하는 반면((Louis-ville, KY: Westerminster John Knox, 2017), p.43), 로버트 알터(Robert Alter)는 히브리 성서를 번역하면서 "이 히브리 이름의 가장 분명한 의미는 '나를 보시는 하나님'일 것이다"라고 쓴다(*The Five Books of Moses* (New York: W. W. Norton, 2004), p.80).

3. 막 16:3.

4. 마 28:1-8, 막 16:1-8, 눅 23:55-24:11, 요 20:1-2.

5. 요 20:18, 마 28:7.

6. Nadia Bolz-Weber, *Pastrix: The Cranky Beautiful Faith of a Sinner and Saint* (New York: Jericho Books, 2013), 138.

7. Madeleine L'Engle, *And It Was Good: Reflections on Beginnings*, (New York: Crown, 2017), 15.

8. L'Engle, *And It Was Good*, 15.

1장 내가 믿는 날에는

1. 신 6:4-5.
2. 신 6:7.
3. 마 22:37-39.
4. 히 11:1.
5. Ann Patchett, *Commonwealth* (New York: Harper Perennial, 2020), 258. (『커먼웰스』, 문학동네)

2장 심히 부패한 나의 작은 마음

1. DC Talk, "Jesus Freak," by Mark Heimermann and Toby McKeehan, track 3 on *Jesus Freak*, Forefront Communications, 1995.
2. Ernest Kurtz and Katherine Ketcham, *The Spirituality of Imperfection: Storytelling and the Search for Meaning* (New York: Bantam, 1992), 2.
3. 고전 2:11하.
4. 고전 13:12.
5. Thomas Merton, *No Man Is an Island* (Boulder, CO: Shambhala, 2005), 245.
6. Anne Lamott, *Plan B: Further Thoughts on Faith* (New York: Riverhead, 2006), 257. (『플랜 B』, 청림출판)

3장 굳은 돌덩이가 부드러운 살갗이 되는 곳

1. 겔 36:26.
2. Global Oneness Project, "Turning to Face the Dark: A Conversation Between Rabbi Dr. Ariel Burger and Parker Palmer," interview, May 2019, https://www.globalonenessproject.org/library/interviews/turning-face-dark?fbclid=IwAR08M5GGTySO-lEvEq727fgbElCi-vgl2dcG69g37w_cypiefBGPJ4Auf3n8.

3. Brené Brown, *The Gifts of Imperfection: Let Go of Who You Think You're Supposed to Be and Embrace Who You Are* (Center City, MN: Hazelden, 2010), 1. (『불완전한 나를 사랑한다』, 가나출판사)

4. Brown, *The Gifts of Imperfection*, 21.

5. 시 10:1.

6. 전 1:14.

7. Daniel Trotta, "Letters Reveal Mother Teresa's Doubt About Faith," Reuters, August 24, 2007, https://in.reuters.com/article/idINIndia-29140020070824.

8. Daniel Taylor, *The Myth of Certainty: The Reflective Christian and the Risk of Commitment* (Downers Grove, IL: InterVarsity, 1992), 97.

9. Justo L. Gonzalez, *The Apostles' Creed for Today* (Louisville, KY: Westminster John Knox, 2007), 8.

10. Gonzalez, *The Apostles' Creed for Today*, 9.

4장 모든 것을 아는 사람에서 해방되기

1. 벧전 3:15.

2. 벧전 3:15, 벧전 3:13.

3. 신 6:4-5.

4. 마 14:31.

5. 벧전 4:8.

6. Rachel Musleah, "Profile: Angela Buchdahl," *Hadassah Magazine*, June/July 2013, https://www.hadassahmagazine.org/2013/06/26/profile-angela-buchdahl/.

7. Miguel de Unamuno, *The Tragic Sense of Life*, trans. J. E. Crawford Flitch (New York: Dover, 1954), https://www.gutenberg.org/files/14636/14636-h/14636-h.htm.

5장 얼굴은 두껍게, 마음은 부드럽게

1. Lois Tverberg, *Walking in the Dust of Rabbi Jesus: How the Jewish Words of Jesus Can Change Your Life* (Grand Rapids, MI: Zondervan, 2013), 46. (『랍비 예수』, 국제제자훈련원)

2. Amy-Jill Levine and Marc Zvi Brettler, eds., *The Jewish Annotated New Testament* (New York: Oxford Univ. Press, 2011), 10.

3. Jonathan Haidt, *The Righteous Mind: Why Good People Are Divided by Politics and Religion* (New York: Vintage, 2013), 32-34. (『바른 마음』, 웅진지식하우스)

4. Plato, *Timaeus* 42, trans. Benjamin Jowett (New York: Random House, 1937), 23. (『티마이오스』, 아카넷)

5. Tverberg, *Walking in the Dust of Rabbi Jesus*, 38.

6. "Devarim-Deuteronomy-Chapter 6," verse 5, *Tanakh-The Hebrew Bible*, Chabad.org, https://www.chabad.org/library/bible_cdo/aid/9970/showrashi/true/jewish/Chapter-6.htm#lt=primary.

7. "What Is the Shema? Intro to the Most Important Jewish Prayer," posted by BimBam, October 11, 2018, video, 3:25, https://www.youtube.com/watch?v=9geXjErjvfw.

6장 조나단 에드워즈가 내 고향 선배라고?

1. 날카로운 눈과 예리한 기억력을 가진 독자들은 2013년의 블로그 글에서는 이것과 조금 다른 이름을 보았던 것을 기억할지 모른다. 이제 복수 대명사를 사용하는 이브 에팅거가 내 블로그에 자신의 이야기를 공유할 당시 '그들'은 한나 에팅거로 알려져 있었다.

2. C. J. Mahaney, "Better Than I Deserve-Philippians 2:14-18," from the series *Pressing on in Joy* (The Book of Philippians), January 13, 2013, audio recording, 48:30, https://www.sgclouisville.org/mediaPlayer/#/sermonaudio/19.

3. Hännah Ettinger, "Growing Up in SGM," *Rachel Held Evans* (blog),

June 27, 2013, https://rachelheldevans.com/blog/growing-up-in-sovereign-grace-ministries-abuse.

4. Ettinger, "Growing Up in SGM."

5. Book of Concord, "The Formula of Concord: Solid Declaration," section I, article 11, https://bookofconcord.org/formula-of-con-cord-solid-declaration/article-xi/.

6. Jonathan Edwards, "Sinners in the Hands of an Angry God (Enfield, CT, 1741)," in *Sinners in the Hands of an Angry God and Other Puritan Sermons* (Mineola, NY: Dover, 2005), 178.

7. Thomas Hardy, *Tess of the d'Urbervilles: A Pure Woman* (Minneapolis: Lerner, 2014), 34. (『더버빌가의 테스』)

8. Collin Hansen, "Young, Restless, Reformed," *Christianity Today*, September 22, 2006, https://www.christianitytoday.com/ct/2006/september/42.32.html.

9. 여기에서 내가 대학 시절 마주했던 신칼뱅주의 운동과, 그 안에 보다 진보적인 목소리를 포함하여 여러 다양한 목소리가 존재하는 보다 광범위한 칼뱅주의와 개혁주의 신학 사이에는 차이가 있음을 주지하는 것이 좋을 듯하다.

10. John Piper, "Tsunami and Repentance," *Desiring God* (blog), January 5, 2005, https://www.desiringgod.org/articles/tsuna-mi-and-repentance.

11. Daniel James Ladinsky, "God Would Kneel Down," *Love Poems from God: Twelve Sacred Voices from the East and West* (New York: Penguin Compass, 2002). 허락받고 사용하였음.

12. 습 3:17, 사 43:1, 렘 31:3.

13. 롬 8:38-39.

14. Brown, *The Gifts of Imperfection*, 26.

15. Brené Brown, *Daring Greatly: How the Courage to Be Vulnerable Transforms the Way We Live, Love, Parent, and Lead* (New York: Penguin Random House, 2015), 145. (『마음 가면』, 웅진지식하우스)

16. Brown, *Daring Greatly*, 9.

7장 사랑으로 다시 시작하기

1. Danielle Shroyer, *Original Blessing: Putting Sin in Its Rightful Place* (Minneapolis: Fortress, 2016), xi.
2. 창 3:8.
3. 잠 3:18.
4. 잠 8:35-36.
5. 잠 9:10, 전 1:14.
6. Carlos Mesters, *Eden: Golden Age or Goad to Action?* (Maryknoll, NY: Orbis, 1974), 52.
7. 창 3:7.
8. Shroyer, *Original Blessing*, 32.
9. Lisa Sharon Harper, *The Very Good Gospel: How Everything Wrong Can Be Made Right* (Colorado Springs, CO: WaterBrook, 2016), 32-33, 50.
10. 요일 4:7-8.
11. 요일 4:16하.

8장 죽음에서 생명으로

1. Don Richard Riso and Russ Hudson, *The Wisdom of the Enneagram: The Complete Guide to Psychological and Spiritual Growth for the Nine Personality Types* (New York: Bantam, 1999), 153-155. (『에니어그램의 지혜』, 한문화)
2. 막 8:33.
3. Burton L. Visotzky, *Reading the Book: Making the Bible a Timeless Text* (New York: Jewish Publication Society, 2010), 10.
4. Visotzky, *Reading the Book*, 12.
5. Leonard Sweet, *The Well-Played Life: Why Pleasing God Doesn't Have to Be Such Hard Work* (Carol Stream, IL: Tyndale House, 2014), 102.
6. Sweet, *The Well-Played Life*, 102.
7. 롬 8:21.

9장 흐르는 물이 한결같이 하는 일

1. 막 1:11.
2. Amy-Jill Levine, *Short Stories by Jesus: The Enigmatic Parables of a Controversial Rabbi* (New York: HarperOne, 2015), 14.
3. 행 10:34-35.
4. 행 10:28.

10장 수많은 목소리, 수많은 가면

1. 요 6:7.
2. 창 30:1.
3. Wilda C. Gafney, *Womanist Midrash: A Reintroduction to the Women of the Torah and the Throne* (Louisville, KY: Westminster John Knox, 2017), 62.
4. 창 35:18.
5. Susan Niditch, "Genesis," in *Women's Bible Commentary*, eds. Carol A. Newsom, Sharon H. Ringe, and Jacqueline E. Lapsley (Louisville, KY: Westminster John Knox, 2012), 40.
6. Henri J. M. Nouwen, *Life of the Beloved* (Chestnut Ridge, NY: Crossroad, 2002), 153. (『이는 내 사랑하는 자요』, IVP)

11장 광야

1. Delores S. Williams, *Sisters in the Wilderness: The Challenge of Womanist God-Talk* (Maryknoll, NY: Orbis, 1993), 19.
2. 창 16:11.
3. 창 21:11-12.
4. 창 21:17.
5. Williams, *Sisters in the Wilderness*, 32.

6. 창 21:20.
7. Kaitlin B. Curtice, *Glory Happening: Finding the Divine in Everyday Places* (Brewster, MA: Paraclete, 2017), 6.
8. Curtice, *Glory Happening*, 6-7.
9. 신 1:31.

12장 하나님이 우리 가운데 장막을 치시다

1. Madeleine L'Engle, *The Genesis Trilogy* (Colorado Springs, CO: WaterBrook, 2001), 222.
2. L'Engle, *The Genesis Trilogy*, 222.
3. L'Engle, *The Genesis Trilogy*, 222.
4. Ellen F. Davis, *Getting Involved with God: Rediscovering the Old Testament* (Lanham, MD: Rowman & Littlefield, 2001), 8. (『하나님의 진심』, 복 있는 사람)
5. 시 44:8, 9, 23.
6. 시 58:8.
7. 시 88:6, 8.
8. Davis, *Getting Involved with God*, 8.
9. 눅 1:46-55.
10. Frederick Buechner, *Whistling in the Dark: An ABC Theologized* (New York: Harper & Row, 1988), 43.
11. Buechner, *Whistling in the Dark*, 43.
12. Davis, *Getting Involved with God*, 11.
13. 시 102:9-11.
14. Davis, *Getting Involved with God*, 163.
15. 시 102:17.
16. Davis, *Getting Involved with God*, 12.

13장 원수 사랑하기

1. 욥 14:7-9.

2. Simone Weil, *The Need for Roots: Prelude to a Declaration of Duties Towards Mankind* (New York: Routledge, 2002), 41. (『뿌리내림』, 이제이북스)

3. Visotzky, *Reading the Book*, 4.

4. James H. Cone, *God of the Oppressed* (Maryknoll, NY: Orbis, 2018). (『눌린 자의 하느님』, 이화여자대학교출판문화원)

5. Jon Ward, "Huckabee's 'Welcome to Hell' Stands Out from GOP Bin Laden Responses Downplaying Obama," *HuffPost*, May 2, 2011, https://www.huffpost.com/entry/huckabees-welcome-to-hell_n_856186.

6. Rachel Held Evans, "What Our Enemy Brought Out in Us..." *Rachel Held Evans* (blog), May 2, 2011, https://rachelheldevans.com/blog/osama-bin-laden-death-christians.

7. Evolving Faith, "The Evolving Faith Podcast, Season 1 Episode 12: Enemies, Empathy, and Shalom with Osheta Moore," transcript, September 9, 2020, https://evolvingfaith.com/all-podcast-episodes/ep-12-osheta-moore.

8. David Zaslow, "The Deeper Meaning of Shalom," RabiDavidZaslow.com, January 5, 2004, https://rabbidavidzaslow.com/the-deeper-meaning-of-shalom/.

9. 사 2:4.

14장 안식일 안에 거하기

1. 느 3:12.

2. 느 13:17.

3. 출 20:8-10.

4. Nathan T. Stucky, *Wrestling with Rest: Inviting Youth to Discover the Gift*

of Sabbath (Grand Rapids, MI: William B. Eerdmans, 2019), 107.

5. Sarah Bessey, "Start Small, Start with Sabbath," SheLovesMaga-zine.com, August 18, 2012, https://shelovesmagazine.com/2012/start-small/.

6. Bessey, "Start Small, Start with Sabbath."

7. 눅 13:16.

8. 눅 14:1-11.

나가며: 텔로스

1. Barbara Brown Taylor, *Speaking of Sin: The Lost Language of Salvation* (London, UK: Canterbury, 2015), 43. (『잃어버린 언어를 찾아서』, 비아)

2. 요 13:1.

후기

1. Rachel Held Evans, *A Year of Biblical Womanhood: How a Liberated Woman Found Herself* (Nashville: Thomas Nelson, 2012), 76, 89. (『성경적 여성으로 살아 본 1년』, 비아토르)

리딩 가이드

서론

1. 레이첼은 자신의 신앙에 힘이 되어 주고 담대함을 전해 주었던 이들에게 감사의 뜻을 표합니다. 당신의 삶에서는 누가 당신과 당신의 신앙에 이런 선한 영향력을 끼쳤나요?

2. 레이첼은 "당신은 왜 그리스도인입니까?"라는 질문에 그저 "모르겠어요. 딱히 아닐 이유도 없으니까요"라고 답할 수밖에 없을 때가 많다고 인정합니다(34쪽). 이 책을 읽는 당신도 그리스도인이라면, 이 질문에 어떻게 답하시겠습니까?

1장 내가 믿는 날에는

3. 레이첼은 신앙을 움직이고 변하는 것으로 묘사합니다. 어떤 날에는 믿지만, "다른 날, 그렇지 않은 날도 있다"고 말하지요(53쪽). 당신은 신앙 여정에서 이런 역학을 어떤 식으로 경험했습니까?

4. 레이첼은 때로 기도하는 일이 어렵게 느껴진다고 말합니다. 그렇지만 믿는 날에는 "기도가 마치 [하나님과의] 길고 긴 대화 중에 등장하는 또 하나의 아름다운 리듬처럼 느껴진다"고 털어놓습니다(53쪽). 행복한 나날을 보내는 당신에게 기도란 어떤 것과 같습니까? 힘든 날을 보낼 때는 어떤가요?

2장 심히 부패한 나의 작은 마음

5. 레이첼은 어린 시절 다닌 근본주의 교회에 대해 들려주면서, 그 교회를 자신의 부모님이 이룬 가정과 가만히 비교합니다. 그녀는 자신이 "사랑받아 마땅한 가치 있는 존재"라고 느끼게 해 주었던 자신의 가정을 "성소"라고 부르지요(65쪽). 어린 시절, 당신이 가장 사랑받고 있다고 느끼게 해 준 사람은 누구였습니까? 왜 그런가요?

6. 당신에게 가장 도전이 되는 도덕적, 종교적 질문은 무엇입니까? 이유가 뭔가요?

3장 굳은 돌덩이가 부드러운 살갗이 되는 곳

7. 레이첼은 취약해지는 것에 따라오는 위험에 대해 쓰면서, 때로 자신이 "냉소주의와 경계심, 탄수화물 섭취가 제공하는 자기 보호"를 선호한다고 고백합니다(82쪽). 우리 모두는 숨고 싶을 때 가장 먼저 달려가는 장소와 선호하는 은신처가 나름 있기 마련인데요. 당신은 위험을 감수하고 취약함을 드러내는 것이 힘들게 느껴질 때 어디에서 위로와 보호를 찾습니까?

8. 하나님이 당신을 가장 한결같이 만나 주시는 것을 어떻게 그리고 언제 느낍니까?

4장 모든 것을 아는 사람에서 해방되기

9. 레이첼은 진리의 개념과 씨름합니다. 시편을 읽거나 독일 시인 "릴케의 특별히 사랑스러운 시구"를 읽을 때 진리를 엿볼 수 있었다고 말하지요. 또한 "내 아이들의 천연덕스러운 정직함에서, 싱어송라이터인 내 동생 아만다의 목소리에 묻어나는 멋진 리듬에서, 사랑하는 몇몇 친구들의 꾸밈없는 동행에서" 그 진리를 발견하기도 합니다(93-94쪽). 당신이 희미하게 반짝거리는 진리의 빛을 발견하는 곳은 어디인가요?

10. 질문하는 것이 두렵거나 망설여질 때, 무엇이 당신을 북돋

워 준다고 느낍니까? 당신이 온 마음 다하여 질문하는 것을 가로막는 것은 무엇이었나요?

5장 얼굴은 두껍게, 마음은 부드럽게

11. 레이첼은 전형적인 서구 세계관에 존재하는 마음과 정신의 분리를 개략적으로 살펴보면서, 일반적으로 정신과 이성이 마음과 감정보다 우선시되어 왔다고 주장하는데요. 당신은 경험적으로 이런 식의 역학이 작동하는 것을 본 적이 있습니까? 있다면, 어디에서였나요?

12. 레이첼은 자신이 사랑받는 존재임을 기억하기 힘들게 만들었던 어려운 순간 가운데는, 누군가가 그녀를 "이세벨"이라고 부르거나 "교회의 수치요 부끄러운 줄 모르는 관종"으로 여겼던 경험이 포함된다고 털어놓습니다(108쪽). 그리고 가끔은 비싼 와인을 마시거나 정말 좋은 다크 초콜릿을 먹는 것이 자기 자신을 잘 사랑하는 것을 기억하도록 도와준다고 말합니다. 당신에게도 자신을 잘 돌보는 것을 기억하도록 도와주는 (물론 절제하면서 즐기는) 구체적인 것들이 있나요?

6장 조나단 에드워즈가 내 고향 선배라고?

13. 당신은 죄의 개념을 어떤 식으로 이해하도록 배웠습니까?

살아오면서 죄에 대한 당신의 이해는 어떻게 변화해 왔나
요?

14. 레이첼이 인용하는 브레네 브라운의 책은 수치심의 파괴
적인 영향력과 수치심이 어떻게 "우리가 가진 결점이 우
리를 사랑받을 자격이 없게 만든다고 말〔하는지〕"에 대해
쓰고 있습니다(122쪽). 당신 스스로 사랑받을 자격이 없다
고 느끼게 만드는 결점이 있나요?

7장 사랑으로 다시 시작하기

15. 레이첼은 아담과 하와의 이야기가 "원인론적"이라고, 즉
"모든 것이 어떻게 그런 식으로 존재하게 되었는지에 대한
설명을 제공한다"고 기술합니다(132-133쪽). 창조 이야기가
설명해 주기를 바라는, 어째서 그렇게 되었는지 이해하고
싶은 수수께끼 한 가지를 말해 보세요.

16. 이 장에서 레이첼은 자신이 하나님이 분노하시는 세상의
죄악이라고 믿는 것들의 목록을 일부 열거합니다. "이러
한 죄가 하나님이 만드신 이들의 존엄을 훼손하고 하나님
이 만드신 세상의 아름다움을 더럽히기 때문"인데요(136-
137쪽). 당신을 가장 괴롭히는 세상의 죄악은 무엇입니까?

8장 죽음에서 생명으로

17. 레이첼은 예수님을 위해서 시간과 재물은 기꺼이 희생하겠지만, 논쟁에서 지거나 "관계를 지키기 위해 상대방이 '이기도록' 기꺼이 허락"하고 싶지는 않다고 고백합니다 (139쪽). 당신에게 희생하기 가장 어려운 것은 무엇인가요?

18. 레이첼은 "유대교 전통에는 신실한 의문의 오랜 역사가 있다"고 씁니다(149쪽). 하나님이 어떤 질문이라도 답을 해 주시겠다고 보장하신다면, 어떤 질문을 하시겠습니까?

9장 흐르는 물이 한결같이 하는 일

19. "나에게 세례라는 고대의 기이한 의식은 기독교적 정체성의 심장에 있는 뭔가를 드러내 준다"(162쪽). 당신은 세례와 그 중요성을 어떤 식으로 이해합니까?

20. "물은 가장 단단한 바위에조차 꾸준히 작용하여 모양을 바꾸고 깎아 내고 표시를 남기는 힘이 있다"(170쪽) 이와 비슷하게 하나님이 당신의 인생에서 한결같이 일하신다는 증거를 어디에서 가장 분명히 볼 수 있습니까?

10장 수많은 목소리, 수많은 가면

21. 레이첼은 성경에서 가장 좋아하는 인물이 자신과 이름이

같은 성경의 라헬(영어로는 레이첼)이라고 말합니다(178쪽).
성경에서 당신이 가장 공감하는 인물은 누구이며, 그 이유
는 무엇인가요?

22. "우리는 특정 시각을 강조하고 다른 시각들은 간과하는
    선택을 하거나 특정 이해를 치켜세우는 반면 다른 이해들
    은 최소화하는 식으로 하나님에게 여러 가면을 씌운
    다"(183쪽). 당신은 하나님에게 어떤 가면을 자주 부여하나
    요?

11장 광야

23. 레이첼은 광야에서 눈이 열려 샘을 보았던 하갈의 이야기
    를 들려줍니다(188쪽). 당신의 인생에서 일종의 광야를 헤
    매고 있다고 느꼈던 시간을 떠올려 보세요. 당신은 소망을
    맛보게 해 주는 뜻밖의 샘을 어디에서 발견할 수 있었나
    요?

24. 레이첼은 우리에게 자신이 세상에서 가장 좋아하는 장소
    인 글레이셔 국립 공원에 대해 들려줍니다. 그녀는 그 아
    름다움을 묘사하면서, 그곳이 자신의 영혼을 잠잠하게 해
    준다고 말합니다(190-193쪽). 당신에게도 그런 장소가 있습
    니까?

12장 하나님이 우리 가운데 장막을 치시다

25. 레이첼은 자신이 마음을 기울이는 일에 하나님도 관심을 가지시기를 바라면서도 그 일이 "너무 시시하고 바보 같아서" 하나님은 그런 일 따위에 마음을 쓰실 리 없다고 생각한 적이 있었다고 인정합니다(208쪽). 당신에게는 어떤 일이 그런 범주에 들어가나요?

26. 레이첼은 자신이 하나님께 부르짖는 장황한 기도의 목록을 들려줍니다(215-216쪽). 당신도 비슷한 목록을 쓴다면, 어떤 기도를 그 안에 포함시키겠습니까?

13장 원수 사랑하기

27. "내가 나 자신의 최악의 원수일 수 있음을 인정하기 시작한다면, 어쩌면 내 원수를 사랑한다는 것이 어떤 것일지도 상상해 볼 수 있을 것이다"(228쪽). 당신의 인생에서 '원수'는 누구였나요? 당신이 당신 자신의 최악의 원수였을 때는 언제였나요?

28. 레이첼은 다른 사람들이 자신에 대해 남긴 추악한 댓글을 아름다운 종이접기 백조, 학, 배로 바꾸어 내는 것에 대해 씁니다. 당신은 어떤 추악한 말을 종이로 접어 사라지게 하고 싶은가요? 또한 그것으로부터 어떤 아름다운 것을 창조하고 싶은가요?

14장 안식일 안에 거하기

29. 이 장이 쉼과 안식일에 대한 당신의 생각을 어떤 식으로 도전했습니까?

30. 당신이 쉼을 갖도록 그리고 단순히 "존재하도록"(242쪽) 돕기 위해 당신의 인생에서 필요한 것은 무엇입니까?

마지막 질문

31. 이 책을 읽는 것이 신앙을 이해하는 당신의 방식을 어떤 식으로 도전했나요?

32. 이 책을 읽은 뒤 당신은 당신의 신앙 여정에서 무엇을 다르게 생각하고 싶어졌거나 어떤 부분을 다르게 살아가고 싶어졌나요?

온 마음 다하여

살며 사랑하며 믿는 것에 관하여

초판 1쇄 인쇄 2025년 1월 7일
초판 1쇄 발행 2025년 1월 16일

지은이 레이첼 헬드 에반스, 제프 추
옮긴이 백지윤
펴낸이 박명준

편집   박명준   펴낸곳 바람이 불어오는 곳
디자인   김진성   출판등록 2013년 4월 1일 제2013-000024호
제작   공간   주소 03041 서울 종로구 자하문로 5, 5층
                     전자우편 bombaram.book@gmail.com
                     문의전화 010-6353-9330   팩스 050-4323-9330
                     홈페이지 bombarambook.com

ISBN 979-11-91887-25-9 03230

바람이불어오는곳 은
삶의 여정을 담은 즐거운 책을 만듭니다.

🅵 🅾 bombaram.book